墨香财经学术文库

"十二五"辽宁省重点图书出版规划项目

Research on Promote the High-quality Development
along the Coast of Jiangsu Province Under the Strategy
of Land-Sea Coordination and River-Sea Linkage

翟仁祥 宣昌勇 黄萍 ◎ 著

陆海统筹 江海联动 推进江苏沿海高质量发展研究

东北财经大学出版社
Dongbei University of Finance & Economics Press

大连

图书在版编目（CIP）数据

陆海统筹 江海联动 推进江苏沿海高质量发展研究 / 翟仁祥，宣昌勇，黄萍著.
一大连：东北财经大学出版社，2021.12
（墨香财经学术文库）
ISBN 978-7-5654-4396-1

Ⅰ．陆⋯　Ⅱ．①翟⋯②宣⋯③黄⋯　Ⅲ．区域经济发展-研究-江苏　Ⅳ．F127.53

中国版本图书馆 CIP 数据核字（2022）第 039388 号

东北财经大学出版社出版发行

　　大连市黑石礁尖山街 217 号　邮政编码　116025
　　网　　　址：http：//www.dufep.cn
　　读者信箱：dufep @ dufe.edu.cn
大连永盛印业有限公司印刷

幅面尺寸：170mm×240mm　字数：210 千字　印张：14　插页：1
2021 年 12 月第 1 版　　　2021 年 12 月第 1 次印刷
责任编辑：孙晓梅　吴　焕　　责任校对：孙　平
封面设计：冀贵收　　　　　　版式设计：钟福建
定价：46.00 元

序

党的十八大以来，以习近平同志为核心的党中央高度重视海洋和海洋经济，党的十九大报告明确提出"坚持陆海统筹，加快建设海洋强国"的重大战略部署，凸显了海洋在新时代中国特色社会主义事业发展全局中的突出地位和重大作用。2021年，国家《"十四五"海洋经济发展规划》对"坚持系统观念，构建新发展格局，加快建设中国特色海洋强国"作出战略部署，海洋强国建设迈向了陆海统筹、系统发力的新时代。

由于海洋开发不足，苏中、苏北的临海优势未能得到充分发挥，导致了江苏特有的"江强海弱"的省情，加剧了江苏区域经济的南强北弱。在土地和环境等发展制约因素增大，特别是在"双碳"背景下，江苏要开拓新的发展空间，就必须推进陆海统筹江海联动发展。目前江苏陆海统筹江海联动方面存在的主要问题：一是陆海经济发展不协调。二是江海联动不活。上述两个问题直接导致陆海江海之间产业链、供应链、创新链和信息链的短链、断链。三是空间布局上不协调。沿江地区的过度开发和沿海地区的开发不充分造成沿江和沿海两地的空间不经济。四是沿海沿江地区的同质化竞争现象依然严重。2021年年底，国务院批复《江苏沿海地区发展规划（2021—2025年）》，江苏省第十四次党代会明确推动沿海地区高质量发展为江苏"十四五"发展的一项重大战略抓手。江苏沿海地区要用新发展理念指导新实践，坚决肩负起建设海洋强国的时代担当和实现江苏沿海地区高质量发展的历史使命。《陆海统筹 江海联动 推进江苏沿海高质量发展研究》一书的出版，对于完善江苏陆海统筹江海联动建设的理论体系，推进构建江苏陆海统筹江海联动发展新格局，推动江苏沿海地区高质量发展都具有重要的理论价值和现实意义。

一、系统阐述陆海统筹江海联动的基本理论问题

该书系统分析了陆海统筹江海联动的基本概念、内涵特征、作用机制和实践模式等基本理论问题。综合国内外"陆海统筹"相关研究成果，从时空、系统和能力三个视角深入阐述了陆海统筹江海联动的概念，揭示了陆海统筹江海联动主要包含陆海互动发展和陆海一体化两个方面的内涵特征，并从产业结构机制、能量转换机制、制度行为机制、要素条件机制四个方面对陆海统筹江海联动的作用机制进行了较为系统的研究，具有一定的理论高度和学术价值。该书还对国内外陆海统筹江海联动发展实践经验进行了深入的总结，总结了四个陆海统筹江海联动发展模式，这为江苏建立陆海统筹江海联动发展新模式提供了宝贵的实践经验借鉴。

二、全面分析江苏海洋经济和沿海经济发展基础

该书运用大量统计数据和翔实的调研资料对江苏海洋经济的发展规模和结构、海洋产业的基础条件、发展潜力、空间布局、现状特征进行了深入系统的分析，通过陆域经济与海洋经济、沿海城市与沿江城市的对比，深刻揭示了陆海统筹江海联动发展面临的主要问题和挑战，作出了江苏海洋经济初步形成"一带两轴三核"格局的基本判断，创新性地提出了加快构建特色鲜明、优势互补、集聚度高的"丰"形海洋经济空间布局的建设思路。通过计算产业结构变动指数、产业结构相似系数、

空间自相关系数、产业关联系数等方法对江苏陆海产业结构的空间特征、相似性特征、城市空间相关性、陆海产业关联效应进行深入比较和探讨，得出的结论有数据支撑，这就为规划陆海统筹江海联动路径和制定政策措施提供了重要的决策咨询参考。

该书基于新发展理念构建海洋经济高质量发展测度指标体系，对江苏海洋经济高质量发展水平进行科学动态评价，从定量层面揭示沿海地区海洋经济发展水平、时空差异、变化规律以及存在的问题，认为制度障碍、机制阻碍和薄弱支撑是制约江苏海洋经济空间布局的主要因素，这就为海洋经济政府部门科学决策提供了数据佐证。

三、提出江苏陆海统筹江海联动新格局建设措施

《江苏沿海地区发展规划（2021—2025年）》提出江苏沿海地区是长三角区域重要发展带、海洋经济创新发展区、东西双向开放新枢纽和人与自然和谐共生宜居地的战略定位。提出陆海统筹江海联动，以产业融合为核心；陆海统筹江海联动，做好"水"文章是关键；陆海统筹江海联动，以沿江优势为支撑；陆海统筹江海联动，以发挥港口群综合优势为优先的基本原则。在此基础上提出了江苏沿海地区应深度融入长三角一体化进程，利用上海、苏南辐射带动作用借势发展，促进跨江融合，吸引要素资源跨江北上，促进东西双向开放和沿海一体化发展，走出一条江苏沿海地区现代化建设的新路。

该书基于江苏13个城市海洋产业发展基础条件的深度剖析，创新性地提出了江苏沿海地区应发挥沿海地区河湖联通、海河交汇、江海联运等独特优势和基础条件，以多重国家战略交汇点的定位，推动战略合作与区域协同发展，构建新时代陆海统筹发展新格局，推动江苏海洋经济由数量规模型向质量效益型转变、海洋单向开发向陆海统筹双向开发转变，促进江苏海洋高质量发展，打造区域经济新增长点。创新性地提出了陆海统筹江海联动协同发展的江苏海洋经济强省建设，关键是要实现海洋产业协同发展，要以沿海沿江各城市间专业化分工协作为导向，努力构建合理分工、多元互补的沿海沿江海洋产业布局。

沿海地区高质量发展必须贯彻新发展理念，坚持创新驱动发展，以

加快海洋科技创新，培育海洋创新高地，全面塑造海洋经济发展新优势，助力碳达峰、碳中和。该书重点强调发展海洋经济，绝不能以牺牲海洋生态环境为代价。以生态优先绿色发展为引领，推动海洋经济由资源消耗型向循环利用型转变，以生态保护约束机制实现陆海生态和谐，将江苏沿海地区打造为人与自然和谐共生的宜居之地。

总体来说，该书的出版为我国实施陆海统筹战略建设海洋强国提供了理论指导，而且对于通过陆海统筹江海联动实现江苏沿海地区高质量发展提出具有指导性和针对性的对策建议。但是该书仍然存在一些不足之处，主要是涉海微观企业数据缺乏，未能运用微观企业或细分行业数据从陆海统筹江海联动演化机理角度揭示陆海统筹江海联动发展过程中，海洋企业和陆域企业的产业融合发展状态特征，以及陆海统筹江海联动是通过什么中介变量影响海洋强省建设水平的，希望作者在后续研究中进一步进行深入的研究。

对江苏这样在国家区域经济发展格局中具有重要地位的省份，深入系统地研究其海洋经济和沿海经济有着很大的挑战性，作者知难而进，实属不易。虽然本书中有些观点和结论值得进一步商榷，有些理论研究还需要进一步深入，但仍不失为一本具有创新性和重要学术价值与应用价值的著作。

是为序。

晏维龙

2021 年 12 月 1 日

前言

习近平总书记指出，海洋是高质量发展战略要地。要加快建设世界一流的海洋港口、完善的现代海洋产业体系、绿色可持续的海洋生态环境，为海洋强国建设作出贡献。陆海统筹战略是指国家统一筹划海洋和陆地国土空间开发（侯永志等，2012），根本目的是重构沿海经济带发展布局，推进海洋强国建设进程（路阳，2015），促进沿海经济带与中西部地区协调发展（蔡安宁等，2012；曹忠祥，2014）。党的十八大以来，中国沿海地区海洋经济已经成为国家和沿海地区国民经济重要组成部分和新增长点（王殿昌，2011），但沿海经济带陆海经济规模、陆海产业布局、生态环境保护、陆海城镇体系、经济带内外协调发展等方面仍然存在相对不足和结构性差异，沿海经济带发展不平衡不充分问题尚未解决。党的十九大报告提出"坚持陆海统筹，加快建设海洋强国""实施区域协调发展"两大目标。实施陆海统筹战略是沿海经济带解决发展不平衡不充分问题、加快建设海洋强国、促进东中西区域协调发展的关键策略、有效途径和重要手段。

江苏跨江滨海，江海资源丰富，坚持陆海统筹、江海联动，发展海洋经济，建设海洋强省，切合江苏经济社会发展规律，关系到"强富美高"新江苏建设。

第一，坚持陆海统筹，发展海洋经济，建设海洋强省，是落实党中央和省委决策部署的重要举措。习近平总书记 2013 年 7 月 30 日在第十八届中央政治局第八次集体学习时指出，建设海洋强国是中国特色社会主义事业的重要组成部分，发达的海洋经济是建设海洋强国的重要支撑。要提高海洋开发能力，扩大海洋开发领域，让海洋经济成为新的增长点。江苏省委省政府一以贯之高度重视海洋强省建设，《江苏省国民经济和社会发展第十四个五年规划和二〇三五年远景目标纲要》提出，"沿海地区深化港产城融合发展，着力提升海洋经济、生态经济和枢纽经济"，"加快打造沿海高质量发展增长极"。《江苏省"十四五"海洋经济发展规划》提出，"持续深化陆海统筹、江海联动、河海联通、湖海呼应、港产城融合，大力发展江苏特色海洋经济"。习近平总书记关于海洋强国建设的若干重要论述、江苏出台的相关政策和规划分别为国家海洋强国建设、江苏海洋强省建设指明了方向和路径。

第二，坚持陆海统筹，发展海洋经济，建设海洋强省，是区域经济社会发展客观规律的必然要求。习近平总书记在第十八届中央政治局第八次集体学习时指出，21 世纪，人类进入了大规模开发利用海洋的时期。海洋在国家经济发展格局和对外开放中的作用更加重要。2019 年 10 月 15 日，习近平总书记在致"2019 中国海洋经济博览会"的贺信中强调，"海洋对人类社会生存和发展具有重要意义，海洋孕育了生命、联通了世界、促进了发展"。江苏开发利用海洋资源具有坚实的产业基础和技术条件，以海洋为载体的经济联系日益紧密、文化交流日益频繁、产业布局日益优化、科教创新作用日益突显，海洋已经成为江苏和周边地区战略竞争与合作的重要领域。

第三，坚持陆海统筹，发展海洋经济，建设海洋强省，是江苏深入推进区域协调发展的重要途径。习近平总书记 2019 年 8 月 26 日在中央财经委员会第五次会议讲话中指出，我国经济发展的空间结构正在发生深刻变化，中心城市和城市群正在成为承载发展要素的主要空间形式，我们必须适应新形势，谋划区域协调发展新思路。2020年，江苏海洋生产总值为7 828亿元，占地区生产总值的比重为7.62%，海洋经济在全省经济的地位和作用与江苏全国排名前列的海洋资源丰裕度不相匹配。与此同时，江苏南北区域发展差距较大，2010年苏南、苏中、苏北地区生产总值占江苏地区生产总值的比重分别为60.2%、18.5%、21.3%。随着南北挂钩、合作共建，高铁、港口交通基础设施网络化建设等区域协调发展措施的实施，2020年苏南、苏中、苏北地区生产总值占江苏地区生产总值比重分别为56.8%、20.4%、22.8%。与2010年相比，苏南、苏中、苏北分别增长-3.4、1.9、1.5个百分点，表明三大区域发展落差正在逐年缩小，苏南、苏北区域经济深度合作推动全省区域经济一体化新发展格局。走依海富省、以海强省、人海和谐、合作共赢的发展道路，深入实施沿海开发战略，坚持陆海统筹，优化海洋经济发展布局，是推进区域协调发展的重要途径，我们力争把江苏建设成为海洋经济发达、海洋产业优化、海洋科技领先、海洋生态良好、海洋文化先进，在全国沿海地区具有影响力和综合竞争力的海洋强省。

本书根据海洋经济、区域经济、空间经济和演化经济等学科理论和方法，重点研究陆海统筹战略下江苏海洋经济发展现状及存在的问题，并给出江苏沿海地区和全省高质量发展的对策和措施。具体而言，在国家陆海统筹和海洋强国双重战略下，我国当前海洋经济发展在沿海地区、沿海城市、沿海地带三个层面具有地域差异性，沿海地区、沿海城市之间，以及沿海与腹地的海洋经济和陆域经济发展差距较大，包括江苏在内的沿海省（区、市）在海洋经济转型发展背景下，以促进江苏沿海和海洋经济高质量发展为研究对象，从陆海统筹视角，以推动江苏沿海和海洋经济高质量发展为目标，对国内外陆海统筹发展概念、机制、实践进行概要阐释并对相关研究观点进行梳理和述评，特别是对陆海统筹发展模式进行总结，在此基础上运用海洋经济和陆域经济数据进行对比分析，从政府、市场、行业、区域等层面提出相应的政策建议。

本书主要研究内容及章节安排如下：

第1章导论。主要对本书的研究背景及研究意义展开详细性阐释，文献综述部分主要围绕"陆海统筹"概念辨析及其与海岸带管理、区域空间发展规划以及海洋-陆域-内地等关系进行较为详细的阐释，并对陆海统筹测度、陆海统筹发展影响因素、陆海统筹与生态环境、陆海统筹对策进行简要概述。考虑到陆海统筹在实践过程中的制度性和规划指引性，还阐释了陆海统筹过程中的法律法规内涵以及我国陆海统筹逻辑演变过程。

第2章陆海统筹基本理论。在文献综述基础上，从时空、系统、能量三个视角阐释"陆海统筹"概念界定及陆海统筹与可持续发展的关系，从陆海互动发展、陆海一体化两个视角概述陆海统筹内涵特征。从产业结构、能量转换、制度行为、要素条件四个层面分析陆海统筹作用机制，揭示要素禀赋-产业布局-能量级差-区域发展是陆海统筹逻辑演化基本过程。他山之石，可以攻玉。简要总结美国"港口+产业+城市"、日本"区域+集群+支撑体系"，我国山东"陆海互动+产业互动+布局互联"、浙江"资源禀赋（群岛基地）+产业+贸易"等陆海统筹实践模式，为江苏沿海地区陆海统筹发展和海洋经济高质量发展提供借鉴和经验。

第3章江苏海洋经济发展现状分析。运用产业结构变动指数、产业结构相似系数、引力模型、Weaver-Thomas模型等多个指标或模型对比分析江苏2001—2020年海洋经济规模、海洋经济结构、海洋产业空间、海洋产业结构、陆海经济规模、陆海产业结构的趋势特征和发展差异，从全国沿海地区、江苏沿海沿江两个区域层面揭示江苏陆海统筹发展过程中总量和结构、科教和生态、竞合和集聚、海岸线和功能布局等方面存在的八个主要问题。从创新、协调、绿色、开放、共享五个层面构建海洋经济高质量发展测度指标体系和耦合度模型，定量评价江苏海洋经济高质量发展态势变化及在全国沿海地区中的省际差距。

第4章江苏海洋经济空间布局现状分析。基于江苏海洋经济发展现状，从全省和四个区域层面分析全省域、沿海城市、沿江城市、沿东陇海城市、沿淮海城市的海洋经济空间布局现状和不足。基于沿海产业园区视角，从沿海地区和沿海地带两个区域层面比较分析，揭示江苏省和连云港市、盐城市、南通市分别在全国沿海省份、全国沿海城市两个层面的陆海产业园区发展现状及不足。

第5章江苏海洋经济发展条件分析。在分析江苏海洋经济发展机遇和挑战基础上，从江苏海洋资源禀赋、区域基础条件、海洋产业基础三个层面分析江苏沿海地区和海洋经济高质量发展的基础和潜力。

第6章陆海统筹加快推进江苏海洋经济空间优化分析。在分析海洋经济空间布局存在问题的基础上，分析江苏海洋经济空间布局的制度、机制、支撑等主要制约因素。根据空间布局优化理论，提炼江苏海洋经济空间布局的基本原则，并从海洋主导产业、海洋生态环境、区域协同发展、海洋科技创新四个层面阐释江苏海洋经济空间布局优化总体思路。

第7章陆海统筹加快江苏海洋经济高质量发展对策措施。主要从九个方面提出江苏沿海地区和海洋经济高质量发展的对策和措施，主要有：坚持江海统筹发展，以提高海洋产业重型化扩大海洋经济规模；坚持区域统筹发展，以强化沿海城市融合打造沿海珍珠带；坚持产业统筹发展，以高关联度涉海产业扩展海洋经济宽度；坚持地区协同发展，以重点功能区为载体重塑区域协调发展；坚持综合交通优先，以建成综合交通通道打造对外开放高地；坚持科技兴海战略，以加快海洋科技创新培育海洋创新高地；坚持市场和政府分工，以体制机制创新构建海洋经济保障体系；建立涉海产权体系，以激励增长机制促进涉海企业扩张规模；强化污染排放监管，以生态保护约束机制实现陆海生态和谐。

第8章研究结论和展望。概括全书的主要研究结论，简要说明本书研究的不足，并对后续研究进行展望。

我们要充分发挥陆海统筹、以陆促海、以海带陆在海洋强国、沿海地区和海洋经济高质量发展方面的引领作用，在构建现代海洋产业体系、优化海洋经济空间布局、提升海洋科技创新能力、协调海洋资源保护开发中的关键作用，为发展具有全球特色海洋经济、建设具有中国特色海洋强国提供战略指引。从这个意义上说，本书对陆海统筹和沿海地区及海洋经济高质量发展的研究也仅是一次尝试，欢迎广大读者批评指正！

　　本书的出版得到江苏省高校哲学社会科学优秀创新团队（江苏海洋经济与开放型经济优秀创新团队）和江苏省高校哲学社会科学重点研究基地（江苏海洋经济与"一带一路"重点研究基地）的支持，在此深表谢意。

著　者

2021 年 8 月

目录

1 导论

1.1 研究背景

寻找新的资源、发展新的产业、扩大人类的生存空间是社会前进和发展的不竭动力。在经济和社会发展过程中，改造、整合和优化传统产业，给传统产业带来新的发展活力与生机是经济社会高质量发展的重要内涵。陆域经济经过长期发展已面临产业结构调整和升级的巨大压力，同时也面临资源与环境的巨大压力。海洋作为资源要素集聚、产业布局的新发展空间，已成为经济社会可持续发展的新支撑和新动力源。陆海统筹发展已经成为我国沿海地区经济进一步发展的必然选择。陆地和海洋是相对独立的两个子系统，它们相互影响、相互制约、相互促进。所以，海洋经济不能脱离陆域经济独立发展，陆域经济也不能离开海洋经济而实现升级转型。

陆海统筹是指在区域社会经济发展过程中，综合考虑海、陆的资源环境特点，系统考察陆海间经济、生态和社会功能，以陆海协调为基础进行区域发展规划，充分发挥陆海互动作用，促进区域经济社会和谐、健康、快速、协调发展。21世纪是海洋世纪，随着海洋在国家发展中的地位逐步提升，"陆海统筹"概念也逐渐成熟起来。陆海统筹研究依托于陆海关系、海陆一体化研究，由我国学者提出（张海峰，2005），经历了陆地倚重型（陈岳，2006）、海洋优先型（丁德章，2008）和陆海统筹型的迭代演变，从区域发展战略角度引申出解决陆海关系的方案是陆海统筹发展，考虑到陆海兼备的国情和陆域、海域综合竞争的实际情况，从发展战略和宏观政策角度逐渐将陆海统筹确立为国家战略。

"十二五"规划提出"坚持陆海统筹"，2012年提出"建设海洋强国"目标，此后多次强调，重要性日渐上升，研究日趋完善。目前，中国约有5.6亿人口居住于占总国土面积13.4%的海岸带地区，55%的国内生产总值依赖于海洋蕴藏的丰富资源（李彦平等，2021）。中国作为陆海兼备的发展中国家，已初步形成海洋强国战略体系，陆海统筹则是进一步深化海洋强国战略体系的重要发展理念（金永明，2019）。陆海统筹作为陆海协调发展的核心战略，对于统筹陆海发展水平和发展层次、释放海洋经济潜力具有重要实践价值。

1.2 研究意义

海洋蕴藏的丰富资源是国家和地区经济社会发展的重要基础，联合国于2001年首次提出"21世纪是海洋世纪"，主要沿海国家和地区逐渐将开发利用海洋资源、发展海洋经济、保护海洋环境、维护本国海洋权益列为重要发展战略，发展海洋经济已成为全球沿海国家和地区促进区域经济可持续发展的重要战略举措。

随着改革开放进程不断深化，我国经济发展在空间维度上不断拓展，逐渐从陆地延伸到海洋。海洋在我国政治、经济、文化、社会、生态方面占据越来越重要的地位。我国作为陆海兼备的发展中国家，在海洋经济快速增长的同时，海洋环境污染、海洋开发利用效率不高、海洋科技创新水平较低等问题依然存在。随着我国经济由高速增长向高质量发展转型，海洋经济发展模式亟须从规模速度优先型向高质量效益型转变。党的十九大报告提出坚持陆海统筹战略，加快建设海洋强国，"十四五"规划强调坚持陆海统筹、人海和谐、合作共赢，协同推进海洋生态保护、海洋经济发展和海洋权益维护，加快建设海洋强国。

江苏沿海地区是全省最具发展潜力的区域之一，自江苏沿海开发战略实施以来，江苏经济社会发展走上了快车道，但江苏沿海地区发展仍然相对滞后，对苏北经济乃至对全省经济发展的贡献度不大。面对江苏沿海地区进一步加快发展和高质量发展的巨大压力，一方面，陆海统筹发展理论创新相对滞后；另一方面，陆海统筹发展实践也相对落后。

与此同时，江苏海洋资源丰富，具有发展海洋经济的良好基础条件，也是全国少有的江海兼备的省份，江苏海洋经济高质量发展是建设海洋强省的重要手段和途径，也是建设"强富美高"新江苏的重要组成部分。"十三五"时期是江苏海洋经济高质量发展的起步阶段，随着海洋开发和利用更加注重绿色环保和生态文明，海洋经济呈现出开发和保护、污染防治和生态修复等结构性矛盾，江苏基于沿海和沿江双重优势，坚持"陆海统筹、江海并重"的开发利用策略，在传统海洋产业升级转型、海洋战略性新兴产业培育壮大、海洋资源集约性利用以及海洋环境保护修复等方面积极采取有效措施，海洋经济供给侧结构性改革稳步推进，海洋经济空间布局进一步调整，现代海洋产业进一步壮大，海洋科技创新能力进一步增强，海洋资源保护开发进一步加强，海洋生态环境质量进一步提高，海洋防灾减灾能力进一步提升。江苏海洋经济高质量发展水平不断提高，海洋经济强省建设取得了积极成效。

正是基于上述两个方面的现实考虑，我们研究了陆海统筹、推动江苏海洋经济高质量发展问题，希望能够为江苏陆海统筹研究与实践提供一些有意义的参考，为江苏沿海地区经济社会和全省海洋经济高质量发展提供一些政策建议。

1.3 文献综述

1.3.1 "陆海统筹"概念及关系研究

（1）关于"陆海统筹"概念及扩展。国外学者多从海岸带综合管理角度研究陆海统筹（Marea E.Hatziolos，1997；A.H.Pickaver etc.，2004；Hance D.Smith etc.，2011），认为海岸带是陆海统筹的重要载体（David M.Stoms etc.，2005；Takuro Uehara etc.，2016），海岸带综合管理旨在理解海岸自然演化过程及与人类活动的关系（Terrie Klinger，2004；John McKenna etc.，2009；Nandi，2017）。"陆海统筹"概念最早可以追溯至外国学者提出的海岸带综合治理（ICZM）理念（王天青，2021），即通过动态的、长期的、多维度的海岸带管理，实现海洋和陆地元素的整合。这种观点侧重于海岸带开发中的生态环境管理，宗旨是在推动海岸带长期可持续发展的同时维护其生态环境稳定（李宇等，2022）。在海岸带治理理念和实践基础上又衍生出了陆海一体化（海陆一体化）①。陆海一体化是运用系统论和协同论的理论和方法，将原本孤立的陆海视为一体（崔洪波等，2021），在兼顾海洋经济发展的同时，考虑沿海地区经济发展目标。陆海统筹扩大了海陆一体化的研究对象，从海岸带陆海相互作用扩展到沿海地区与海洋之间、沿海地区与内陆地区之间、海洋与陆域之间三大关系（姚鹏，2021），从资源环境（许学工，2020）、国土空间规划（李修颉，2020）、法律保障（李挚萍，2021）、生态监测和保护（李俊龙，2017）等角度切入，认为陆海统筹是综合考量资源、空间、生态和经济等要素，以陆域系统与海洋系统之间的互补和关联关系为基础，促进二者共生协调发展，合理配置要素，以实现可持续的高质量发展。在提出陆海统筹理念的基础上，国内学者对陆海统筹的概念、理论、内涵、特征等进行了大量研究和讨论，推动陆海统筹战略逐渐成为我国独有的政策性发展战略（孙才志等，2021）。"陆海统筹"概念逐渐由简单

---

① 海陆和陆海本质上是一样的，基于表述方便，本书未严格区分海陆和陆海。

的陆海经济协调发展扩展为经济、生态、环境、文化等多维度的综合协调。目前，围绕陆海统筹的研究主要集中于政策、污染治理、区域经济协调发展以及空间规划等方面（姚瑞华等，2021）。相比于 ICZM，陆海统筹不仅考虑了内陆地区，还充分考虑到陆海协同发展的可能性；陆海统筹不仅拥有更丰富的内涵，还有更广阔的未来。

（2）国外相关研究及实践发展。国外对于陆海统筹相关内容的研究较少。国外陆海发展战略主要是海岸带综合管理。换言之，在国外学者有关陆海统筹管理的研究中，ICZM 与"陆海统筹"概念是"殊途同归"的。早期的海岸带管理注重的是单独资源、单独部门的管理，是直线式管理模式，随着经济的发展，传统管理模式已不再适用，为了更好地解决海陆之间的矛盾，整体综合管理模式得到应用，比如加拿大政府的海洋战略与可持续发展管理框架（Mitchell，1998）、海洋综合管理和协同规划过程（Rutherford，2005），以及欧盟海洋政策总结（Suárez de Vivero、Juan Luis，2007）等。由此可见，陆海统筹和海岸带综合管理不仅都针对国土资源和海洋资源进行管理，还都注重资源、经济等因素的长期协调发展。海岸带综合管理最初源于旧金山湾自然保护与发展委员会，而后于 1992 年由"21 世纪议程"正式提出相关概念（薛婷婷，2021）。得益于 ICZM 的提出，美、欧、日、韩等发达国家和地区较早进行了海岸带综合管理探索，其体系构建及政策探索过程值得我们在完善陆海统筹体系时借鉴。美国最早探索 ICZM 立法实践，1972 年就颁布了海岸带管理法，从国家和州两个层面自上而下落实项目管理，提高公众参与的积极性（管松，2019）。各州又因地制宜，制定适合本州的规划和具体措施。自 2009 年开始，美国依据不同区域和目标对海岸带管理法的实施效果进行评估，确保评估的全面性。欧盟海岸带管理实践探索略晚于美国，完整的体系规划从 1978 年开始，直至 2002 年《与海岸带管理相关的欧洲议会与欧洲理事会建议》出台，各国才根据该建议制定规章制度，利用从上至下的管理模式，提高公众参与度。《与海岸带管理相关的欧洲议会与欧洲理事会建议》的出台为 ICZM 政策的出台奠定了基础，也为各国进行海岸带管理提供了建议。与此同时，欧盟建立了完善的评估体系和指标体系，对管理进程及最终效果进行评估（巩固，2015）。韩国到20世纪90年代才开始探索海洋管理，1995年提出"世纪新海洋政策指南"，历时5年将海洋规划提高到国家政策的高度（曹文振，2014）。韩国依据2000年提出的国家海岸带综合管理规划及2001年海岸带管理地方计划方针，将全国海岸带划分为10个圈域，提出5个基本目标和7项推进战略，每5年进行一次海岸带调研，对各层级管理计划进行修改。日本是发达国家中较晚开展海岸带管理的国家，2005年提出新时期"海洋立国"战略，2007年颁布《海洋基本管理法》。日本在内阁设立综合海洋政策本部，负责协调、策划、拟定中长期海洋基本计划，以及对重要研究开发活动进行评估（李欣，2020）。

（3）"陆海统筹"概念辨析。海岸带综合管理与陆海统筹是不同国家的海洋发展战略，二者的战略对象都包含陆域要素和海域要素，最终的战略目标都是实现海洋及沿海地区的可持续发展，因此海岸带综合管理对我国海陆统筹、海陆一体化具有一定的借鉴意义（朱宇，2020）。陆海统筹使得陆域与海域产业经济相互补充、相互促进，并彼此关联互动，主要表现在陆海资源梯度差异、技术差异、产业发展的互动性、产业经济关联程度等方面（段志霞，2016），它不再是传统观念中对产业经济数量的追求，不再忽视陆海经济发展中的质量问题，而是注重经济建设和产业发展的协调，强调陆域和海域经济在各产业经济要素的作用下相互补充、有效流动和有序发展（Svensson，2019）。

（4）陆海统筹中海洋、陆地、内陆关系研究。只有把握陆海统筹的核心问题，才能明确发展目标和发展方向。考虑到陆海统筹发展的重点应该包含陆地发展及海洋发展各个相关因素所代表的共性，部分学者认为，现在陆海统筹的重点应是海洋生态保护及陆海产业协整。由于这些问题过于具体，缺乏战略性和代表性，故而不能称为核心问题和重点问题。在陆海统筹理论体系中，国土空间被划分为海洋、沿海和内陆三大板块，而陆海统筹本质上是研究三者之间的相互关系（韩增林，2019）。因此，陆海统筹的发展重点可以依次分为海洋和沿海地区、沿海地区和内陆以及内陆和海洋之间的相互作用。海洋和沿海地区的相互作用主要体现为海岸带管理及针对不同海域的沿海地区功能划分，沿海地区和内陆的相互作用主要包括沿海与内陆之间的资源互换以及产业布局，内陆与海洋的相互作用主要体现为内陆经济与海洋经济发展的联动关系（李彦平等，2020）。海洋、沿海地区及内陆之间的相互关系不仅是对陆海统筹相关问题的高度概括，也对陆海政策起到一定的引领作用。陆海统筹三大关系具体表现在空间布局上，合理的空间布局不仅可以有效分配经济资源，还可以划分不同的主体功能区，进而便于各级政府对区域进行合理的指导和管理（徐胜，2019）。陆海统筹政策实际上是在维持内陆、沿海地区与海洋之间的平衡并保持三者协调发展。我国是一个传统的陆权国家，传统的行政区域划分已经不适合区域经济管理了。伴随着海洋强国建设的不断推进，人们对海洋的开发和依赖会逐渐加深，海洋已经不能简单地被视为陆地的附庸而存在了（陈磊，2022），应该将海洋、沿海地区、内陆放在同等地位上思考政策安排，对区域进行创新式划分，这样才能适应国家和区域经济发展的需求。

综上所述，陆海统筹的本质就是将陆地和海洋结合为一体，综合分析内部系统各要素相互作用的结果，并实现陆海区域协调发展的目标，最终实现可持续发展。如何把控陆海相互作用的关键节点，是陆海统筹战略的关键，也是陆海统筹由理念落到实处的前提。

1.3.2 关于陆海统筹相关问题研究

关于陆海统筹测度研究，国外学者多从法律规范、经济发展、环境保护、行政管理、公众参与等层面建立海岸带综合管理评价模型，提出海岸带资源及未来开发活动的最佳策略（Portman etc.，2012；Eric Le Genti etc.，2015；Takuro Uehara etc.，2017）；国内学者主要采用层次分析法、综合指数分解法（Global Malmquist 或 DEA-Malmquist）、核密度估计（杨羽頔等，2014；韩增林等，2017）从资源、环境、经济、社会四个维度构造陆海复合地域系统（杨荫凯，2013），测度评价陆海统筹发展水平、时空差异及协调阶段和协调类型（董跃等，2012），揭示中国陆海统筹发展的宏观层面和关键领域。

一是构建综合指标体系，从经济、社会、生态资源和环境四个维度对我国沿海省（区、市）、环渤海地区进行定量测度，认为中国陆海统筹协调经历了陆域滞后濒临失调—海域主导勉强协调—海域主导中级协调—陆域主导良好协调—陆域主导优质协调的整体渐变过程，陆海经济互动效率的区域性差异较大（龚蔚霞，2016）；浙江、福建及河北属于陆域效率驱动型，天津和大连属于陆域主导中级协调型，烟台属于海洋主导初级协调型，青岛、东营、威海和盘锦属于陆域主导初级协调型，江苏、广西和海南属于海洋效率驱动型，上海和广东属于陆海效率复合型（杨羽頔，2014）。考虑到北京在国家区域发展战略中的地位和作用，应将北京纳入环渤海经济区陆海统筹规划战略中，充分发挥北京的作用（谢天成，2012）。

二是构造单个指标，基于 DEA - CCR 模型、Global Malmquist Luenberger 指数、耦合协调度模型对陆海统筹发展综合试验区、沿海地区、沿海地带进行陆海统筹测度评价（覃丽双，2018），结果表明陆海发展统筹度整体呈现上升趋势，个别地区与年份的数值虽略有波动，但整体向好。粗放型发展方式仍是制约我国陆海统筹发展的普遍问题，要实现全要素生产率有效增长，就应在经济、社会、生态、环境和谐发展的基础上转变现有发展方式，要整合资源，加强基础设施建设，以人力资本积累与技术创新为先导，带动区域经济全面协调可持续发展（张海峰，2018）。

关于陆海统筹发展贡献影响因素研究，在陆海统筹视角下，我国沿海地区经济增长的要素贡献主要源于资本与科技进步、交通运输，劳动力贡献率较低（王国刚，2013）。从沿海地区层面看，向海经济是新时代广西以及中国西部高水平发展的实现方式，广西海洋生态资产总价值占比高，岛屿具备极大开发潜力，应加强保护高价值生态资产，加快北部湾大湾区一体化以及与粤港澳大湾区的合作，加快港口的硬软件建设以及公路综合交通体系建设，统筹推进沿海沿江陆路干线一体化发展（刘江宜，2021）。黄河三角洲和以江苏为代表的长江三角洲地区应统筹海港系统、渔业及相关产业、生态环境，从而完善港区基础设施联动建设，构建多式联运集疏运体系，开创沿海城市群发展新模式，建设淮河入海航道工程，豫皖苏三省共建淮河生态经济带（陈君，2018）。鉴于"一带一路"和陆海统筹协同关系，"一带一路"建设作为陆海统筹发展中增强内陆经济与海洋经济互动的纽带，动力源不仅在于港口与沿海区域，内陆地区和城市更是强劲引擎（何一民，2018）。提升海洋经济的地位和作用是"一带一路"和陆海统筹的共同核心目标，在处理好中国主权范围内领土与领海关系的基础上，发挥市场和政府的作用，加强同沿线国家在蓝色经济通道的战略规划对接，加强生态环境保护、多边机制与人文交流方面的合作（张远鹏等，2019）。

　　随着沿海地区逐步由"重陆轻海"转向"陆海统筹"，陆海统筹整体发展水平显著提高，但陆海生态环境保护问题也随之而来（林小如，2020）。陆海统筹机制尚不健全，陆海建设在取得长足进步的同时，也对陆海生态环境造成了一定程度的破坏，制约了海洋经济健康发展（孙军，2017）。第一类水质①的海域面积随着经济增长先减少后增加，第二、第三类水质的海域面积不断减少，而第四类和劣四类水质的海域面积伴随经济增长不断增加，海水富营养化、突发性海洋事件和陆海污染物排放是造成陆海污染的主要因素（贾英杰，2014）。其中，陆地污染主要来自工业、农业和生活污染物排放，海洋污染主要来源于船舶污染和养殖污染，相关研究表明控制近岸海域氮排放量可以有效达成水质控制目标（余东，2021）。污染防治是陆海统筹的重要组成部分（施志源，2020），陆海统筹不仅是自然环境客观规律的内在要求，也是自上而下的环境管理需求。这就要求在陆海统筹发展过程中，以保护多样性为核心，保护和重视海岸带区域的生态和文化多样性，预防突发性海岸带灾害，加大海洋污染防治体系建设（董跃，2012），统筹推进陆海联动治理（谢蝉媛，2021），以海洋环境承载力为门槛，确定合理的海洋开发建设力度，规范海上、海岸生产建设活动（向芸芸，2018）；这就要求坚持流域统筹、区域落实，完善海洋生态环境法律法规体系，发挥制度、法律等政策手段的作用，提倡在沿海地区和地市层面推进海岸海域综合治理，确保海洋保护规划任务的落实（马诗敏等，2021）。

　　海洋经济发展总体滞后影响陆海经济转型升级和融合共生发展（王双，2012；陆根尧等，2014），海岸带无序开发和海域开发布局不合理导致陆海经济关系不协调（李双建等，2014），现行部分规划和管理体制不适应陆海统筹发展要求（王斌斌等，2013），沿海地区需要实施陆海统筹

---

① 根据我国《海水水质标准（GB 3097—1997）》，按照海域的差别化使用功能和保护目标，我国海水水质分为四类，水质从第一类到第四类逐次降低，劣于第四类海水水质的称为劣四类。

发展（曹忠祥，2014；王江涛，2015），促进陆海一体化发展（孙吉亭等，2011）。关于如何实施陆海统筹，学者们有不同的意见。一种观点坚持将陆海作为一个整体（王业强，2015），以生态网络为媒介进行陆海统筹的生态规划，以优化海洋功能分区和产业区域分工为基础，实现海洋资源开发利用和海岸线发展建设的统一规划和整体设计。而另一类观点则强调，首先要打破陆海分开规划的思维框架，在了解海洋规划的基础上实现陆海统一筹划（李靖宇，2018）；其次充分考虑沿海和陆地存在差异以及陆地和海域具有不同特征，结合资源禀赋差异和具体特征制订不同的统筹规划方案。在建立"远海-近海-近岸-陆域"多极有序的纵向发展格局的同时，建立各沿海地区协同互补、相互促进的横向发展格局（江苏政协，2021）。重点以沿海城市为核心，以海域和海岸为媒介，辐射沿海和内陆，同时增强陆海地区研发创新能力，实现陆海产业结构化转型升级，梯次推进，打造陆海联动（蔡安宁，2012）。与此同时，针对我国面临的资金和技术难题，在保持自主开发的基础上，积极邀请国内外大型涉海企业参与研究开发，深化与海洋强国和国际机构的合作（付玉，2019）。

关于陆海统筹对策研究，国内学者多从海岸带产业成长（晏维龙，2012）、国家发展战略（王芳，2009；谢天成，2012）、区域发展（叶向东，2007；韩振林，2012）、地理区位（吴殿廷等，2011）等视角认为陆海统筹是陆海一体化发展（徐质斌，2008），陆海统筹有利于实现陆海经济、社会、生态一体化协调发展（韩立民等，2007；卢宁等，2008；孙才志等，2012；陈秋玲等，2015）。我国陆海统筹发展主要存在海洋经济发展滞后、陆海发展关系不协调、海岸带无序开发、陆域环境恶化加重对海域环境冲击、规划管理体制与陆海发展要求不匹配，以及陆海空间布局不合理、陆海产业技术基础不同、区划不统一、空间管控不协调、资源管理较粗放等问题，需要划定两级两类陆海空间区划，建设多式联运体系，整合优化陆海功能，建立陆海统筹平台，从而推进陆海双向互动，实现陆海资源一体化保护和利用，密切内陆与沿海地区的联系（刘吉双，2016；唐泓淏，2020；尚嫣然，2021）。由陆地循环经济、海洋循环经济、海陆循环经济组成的海陆循环经济体系作为海洋资源开发、利用和保护的指导模式，是陆海统筹战略下海洋经济可持续发展的必然趋势和选择（杨凤华，

2013），应加大海洋开发力度，发挥沿海地区核心作用，加快陆海双向"走出去"，提高综合管控能力（马仁锋，2020），发挥海洋政治大国影响，推进海上军事力量建设，避免与海权大国直接冲突，加大投入海洋战略资源权重（郑义炜，2018）。在国家战略指引下，地方政府也应着手推动陆海统筹战略的落实。从山东半岛蓝色经济区至粤港澳大湾区的建立（高抒，2020），表明我国陆海统筹实践进入新的发展阶段。新时期我国陆海统筹发展的基本特征为：一是海洋经济发展提速，助力国民经济增长；二是以三大海洋经济区为核心的发展格局基本形成。在此期间，我们对于陆海统筹的辨析逐渐清晰，陆海统筹基本划分为三个层次：第一层次是区域发展战略，即陆海统筹发展应兼顾海陆经济、资源、生态、社会功能，利用陆海间物流、能流、信息流等联系，在利用陆上优势地理条件弥补海洋发展过程中地理缺陷的同时，利用海洋资源优势弥补陆地资源种类与数量不足，以资源优势互补强化陆海经济、地理、生态互动，最终实现区域协调发展；第二层次是国家发展战略，即在发展南北轴向的同时注重东西轴向开发，以21世纪海上丝绸之路为"排头兵"带动西部发展（郑海麟，2019）；第三层次为人类共同发展战略，即从国际法出发，以国际海洋法为原则，平等互惠地借港出海，促进人类共同利益的实现。

各沿海省（区、市）提出的对策和措施具有地域性和差异性，围绕陆海资源、海洋产业、海洋经济、陆海经济、陆海产业、港口、旅游，从宏观战略指导、体制机制创新、多层次开放合作、重大产业布局等途径提出沿海地区发展对策措施（郑贵斌，2011；郑冬梅，2013；姚瑞华等，2015；周伟，2017），认为实施陆海统筹是建设海洋经济强省的重要途径（高国力，2014；李靖宇等，2016）。与此同时，各沿海地区积极响应海洋强国战略，福建、海南、南通、珠海、连云港等沿海省市根据本地自然环境特征与沿海经济发展现状，按照"划、定、管"思路推进陆海统筹自然生态空间用途管制试点工作，提出陆海统筹发展"两步走"的战略：第一步加快陆海基础设施建设步伐，实现陆海基础设施互联互通（张贡生，2019）；第二步从陆海产业链整合的高度规划陆海产业发展，优先培育海产品精深加工业、休闲渔业等产业，进行沿海、近海、远海统一发展布局（夏晖，2021）。此外，海洋开发利用网络系统建设也是陆海统筹未来发展的重点之一，该网络平台不仅可以实现海洋资源与场景的数字化管理，也可以将各沿海省（区、市）海洋资源利用与开发情况进行连接，在共享国家信息资源的同时为各地区空间规划出谋划策，实现信息互通（李磊，2020）。

总体来看，关于陆海统筹的研究以内涵阐释和定量研究为主，以多角度、多方面为特征的内涵阐释已较为成熟；定量研究则以陆海统筹测度为主，研究区域大多为部分沿海地区、环渤海、全国，针对某一特定区域的研究尚少；与此同时，关于具体实施方案的研究也较少，在这些方面仍需进一步探索。

国内外关于陆海统筹和沿海经济带及海洋经济高质量发展的研究文献都比较多，但片面强调海洋经济独立性、沿海经济"内部分工"，忽视陆海统筹联动发展和协调发展，对沿海经济带发展格局塑造、陆海经济融合共生发展、沿海腹地协调发展、陆海生态环境保护等问题的研究较为薄弱，特别是沿海经济带陆海统筹发展内涵、机制、驱动效应、路径和实证层面的系统化、深入化研究相对稀少。一是关于陆海统筹战略的驱动要素、机制分析略有片面性。大部分研究认可陆海统筹战略的重要性，尚未认识到陆海统筹战略的实施载体——沿海经济带的重要性，需要全面系统地梳理陆海统筹战略的表现形式、驱动要素和中介机制作用，发挥陆海地域系统的陆海要素、陆海结构和陆海功能的有机协同。二是关于沿海地区海洋经济高质量发展机理及过程分析略有滞后性。大部分研究认为沿海地区是海洋经济与陆域经济交汇区域，尚未认识到沿海地区具有优化陆海系统功能、扩充发展空间、拓展经济腹地、促进区域协调发展的作用，需要深入阐释沿海地区海洋经济高质量发展机理的基本构成要素、形成机理、演化特征、发展模式和类型等。三是关于沿海地区海洋经济高质量发展对策和措施分析略有局限性。大部分研究认为沿海地区海洋经济优化发展目标和途径是区域一体化、港产城一体化，尚未认识到沿海地区海洋经济优化调控和对策措施的要素载体路径性、影响因素微观传导性、实施方案宏观可行性，需要重点分析沿海地区海洋经济高质量发展的基础设施、产业、城镇、区域等陆海统筹要素及其组合系统对沿海经济带优化调控的影响路径。

1.3.3　陆海统筹法律法规研究

法律意义上的"陆海统筹"概念最早出现于渤海环境治理的政策文件中，2001年国务院要求沿渤海省份在治理污染过程中要兼顾陆海统筹原则。在随后的一系列发展战略中，"陆海统筹"一词出现得越发频繁。继"十二五"规划以后，"十三五"规划中再次出现了"陆海统筹"一词，"十四五"规划中进一步强调要坚持陆海统筹（梁菊平，2021），建立地上地下、陆海统筹的生态环境治理制度，加快建设海洋强国。陆海统筹从渤海环境治理建议逐渐上升为国家战略，不仅囊括了海洋环境治理，更包括陆海相关的文化、政治、经济、生态等多方面的内容（见表1-1）。随着海洋开发的不断延伸，"陆海统筹"更加频繁地出现在党内及地方法律文件以及国家和地方经济发展规划中（李挚萍，2021）。

表1-1　　　　　相关法律法规文本中的陆海统筹

文件种类	具体条例或简要描述
党内法规	（1）2013年《中共中央关于全面深化改革若干重大问题的决定》提出，建立陆海统筹的生态系统保护修复和污染防治区域联动机制。 （2）2015年《中共中央 国务院关于加快推进生态文明建设的意见》提出，实施严格的围填海总量控制制度、自然岸线控制制度，建立陆海统筹、区域联动的海洋生态环境保护修复机制。 （3）2019年《中共中央关于坚持和完善中国特色社会主义制度 推进国家治理体系和治理能力现代化若干重大问题的决定》提出，构建以排污许可制为核心的固定污染源监管制度体系，完善污染防治区域联动机制和陆海统筹的生态环境治理体系
行政法规和部门规章	（1）2017年印发《海岸线保护与利用管理办法》。 （2）2019年印发《海岛及海域保护资金管理办法》。 （3）2019年印发《关于在国土空间规划中统筹划定落实三条控制线的指导意见》
地方立法	一是海岸带、海域、海岛相关立法，在保护为先的基础上，坚持生态优先、绿色发展的原则，贯彻落实陆海统筹政策。 二是海洋环境保护立法，作为海洋保护原则之一被列入广东省海洋环境保护办法中

资料来源：李挚萍. 陆海统筹视域下我国生态环境保护法律体系重构［J］. 中州学刊，2021（6）：46-53.

"陆海统筹"正式被写入国家法律可以追溯至 2020 年颁布的《中华人民共和国长江保护法》（以下简称《长江保护法》），该法要求有关部门按照陆海统筹、河海联动的要求制订实施保护长江河口生态保护方案，维护长江河口生态系统。此外，2021 年颁布的《中华人民共和国海警法》（以下简称《海警法》）也规定，有关部门、机构应该配合国家建立"陆海统筹、分工合作、科学高效"的海上维权执法协作配合机制。与《长江保护法》相比，《海警法》中对陆海统筹的描述更侧重于执法方面，但是到目前为止法律表述中"陆海统筹"的含义更多的还是与法律宗旨相适应（张晓丽等，2019）。虽然"陆海统筹"这一概念已经由政策概念步入法律视野，但是由于其本身缺乏范围界定，其在法律视角中只能作为一个辅助性词语作补充说明。陆海统筹需要一个明确的定义，理清这一概念是"陆海统筹"从政策术语转变为法条概念的前提和基础（姚瑞华等，2020）。

借鉴环境立法中其他概念的确定方法，能够为界定"陆海统筹"提供参考。目前，"陆海统筹"定义是在大陆和海洋之间建立一种资源循环、生态保护和经济持续发展的模式。但是这一定义仍然较为宽泛，不具有实质意义。从经济意义上来看，陆海统筹注重提高陆海经济的发展效率及整体的协调性。从环境保护角度来看，陆海统筹更加侧重对陆海系统生态环境的保护和相互作用。从法学意义上对陆海统筹进行解读，一方面有助于明确管理主体，另一方面有助于明确指导目标。综上，陆海统筹的法律内涵是指政府坚守陆海共同体理念，规划、协调、管理各方资源，保障各方利益，通过海洋管理、资源利用和生态保护活动实现陆海经济与环境协调发展的机制（曹忠祥，2015）。

1.4 我国陆海统筹演变过程

在区域经济社会发展过程中，陆地和海洋一直作为两个独立的系统被分析，但依陆向海是时代发展的主流选择。陆地开发与海洋开发是两套既独立又相互关联的发展系统。其中，陆地开发主要依赖陆地政府的执行力，决定陆地开发效率的因素是陆地权力结构。而海洋开发和利用依赖的是综合国力，尤其是综合国力中的海军统治能力，只有同时具备海洋开发战略及实力的国家才有实现陆海统筹的可能（郭庆宾等，2021）。从我国经略海洋的历史可以看出，一方面很长一段时间内我国综合国力落后于西方发达国家，另一方面由于我国明清时期实行闭关锁国政策，长期以来缺乏开发海洋、利用海洋的认识和意愿。中华人民共和国成立以来，我国陆海统筹思想经历了一个漫长而曲折的过程，大致可以分为陆海分离、沿海开发和陆海统筹三个阶段（程遥，2019）。

　　自中华人民共和国成立到改革开放为陆海分离阶段，在这一阶段，我国不仅缺乏基本的海洋开发战略，甚至都没有形成统一的海洋开发目标；1964 年才正式成立了国家海洋局①，成立之初也仅负责海洋调查与科研任务。在这一时期，出于国防安全及经济发展的需要，我国通过"一五"计划将经济资源倾斜到中西部及东北地区的建设和发展，在一定程度上忽略了对东部沿海地区的开发利用（潘新春，2012）。自 1964 年开始的"三线建设"战略将全国划分为一线、二线和三线地区，发展建设也以内陆 13 个省（区、市）为主，而海洋开发则处于停滞状态，陆地开发和海洋开发处于割裂状态。可以说，正是综合国力的不足和国家重点发展区域的设立限制了我国海洋资源的开发。1957 年 1 月 27 日，毛泽东同志指出，统筹兼顾、各得其所，这是我们历来的方针。把"统筹兼顾"运用到国家经济社会发展战略上来，就需要转变陆海分离、从陆看海、以陆定海这样的传统观念和片面思维，这就要求我们把原来相对孤立的陆地、海洋两个子系统以系统论、协同论的思维方式，整合为陆海一体化大系统，注重陆地和海洋、沿海和内陆之间的统筹兼顾、相互耦合、协同发展，从而实现陆海资源的优化配置和开发利用。

　　改革开放后，随着时代主题由战争转向和平，经济发展模式也转为非均衡发展。随着沿海经济特区的出现，经济发展重心逐渐向沿海转移。在"七五"计划时期，我国重新将全国划分为东、中、西三大经济带，明确以东部沿海地区为优先的发展模式。随着沿海地区经济发展水平和对外开放水平不断提升，海洋资源的重要性也得到了人们的广泛认

---

① 1964 年 7 月 22 日，经第二届全国人民代表大会常务委员会第 124 次会议批准，在国务院下设立国家海洋局。国家海洋局最初由海军代管。

同。1979 年，国家开始针对海岸线资源状况展开综合调查，旨在理清资源分布并进行综合评价。在此之后，我国海洋开发步入正轨，海洋管理与立法体系也走向成熟。2004 年在北京大学"郑和下西洋 600 周年"报告会上，海洋经济学家张海峰率先提出陆海统筹（海陆统筹）这一概念。国家的和平崛起，必须包含"海陆统筹，兴海强国"战略（刘中民，2013）。中国是一个海陆度值高、兼具陆地大国和濒海大国双重身份的地缘实体，在战略上需要消解海陆二分的现实，而采取海陆统筹的全方位选择（李义虎，2007）。改革开放后，我国沿海地区飞速发展、我国综合国力快速提升，综合国力的提升也带动了我国海洋事业的发展（安然，2020）。这就要求我国在分析欧、美、日等海洋强国海陆统筹发展的实践经验基础上，提出我国海陆统筹发展的对策思路并完善海陆统筹发展战略理论体系（叶向东，2008）。

我国不仅有统一的海洋开发意愿，也建立了相对完整和完善的海洋管理体制，为海洋战略的提出以及陆海统筹思想的确立奠定了基础。2010 年以后，随着海洋战略的逐步完善，陆海统筹战略得以全面展开（林建华，2019）。2010 年陆海统筹被写入"十二五"发展规划纲要。在"十二五"规划中提出海洋发展战略以后，党的十八大进一步提出建设海洋强国，海洋强国建设正式成为中国特色社会主义的重要组成部分。2008 年后，我国经济转向高质量增长，为了寻求新的经济增长点，必须依赖新兴的海洋产业，陆海统筹战略的重要性和意义空前提高（文超祥，2020）。党的十九大报告指出，坚持陆海统筹，加快建设海洋强国，陆海统筹正式上升为国家重大发展战略（王泉力，2018）。"陆海统筹"一词逐渐从一个政策性概念走向实践落实层面，尤其是 2019 年中共中央将陆海统筹纳入国土空间规划（孙爱博，2022），真正地将陆海两大空间纳入同一发展领域，从顶层设计上真正重视和实现了陆海统筹的空间规划。

2 陆海统筹基本理论

2.1 陆海统筹概念

 对于陆海统筹，学者们依据传统的区域理论进行了很多探讨，很有借鉴意义。我们需要在其他学者研究基础上，进行系统解析，真正认识清楚陆海统筹发展概念、发展层次性、发展可行性、作用机制。

 首先，陆海统筹是时空概念。时间概念要求我们历史地看问题，区域经济发展具有一定程度的路径依赖性。陆海产业各自面临许多历史问题，包括人们的思想认识以及由此形成的发展现状，都需要用历史的眼光加以审视。历史何以至此？未来会走向哪里？时间的不可逆性加强了对这一问题研究的紧迫性。空间概念是指空间本身也是区域发展要素。空间是发展视角扩展，陆域经济发展不能紧盯着陆地空间，还要看到海洋空间对陆地的支撑作用。同样，海洋经济发展也不能只盯着海洋空间，还要看到与陆地空间的互补。更进一步讲，陆海统筹不能局限在海岸带这一陆海狭窄接合带上，更要关注陆地资源可以延伸到内陆资源、海洋资源可以延伸到全球海洋资源。

其次，陆海统筹是系统概念。陆海统筹是在区域经济社会发展的过程中，将陆海作为两个独立的系统来分析，综合考虑二者的经济、生态和社会功能，实现资源的顺畅流动，形成资源的互补优势，强化陆域与海域的互动性，从而促进区域经济又好又快协调发展。要实现陆海统筹，最主要的是处理好陆海两个系统之间的关联性和互补性，疏通两个系统之间的资源要素交换通道，为实现两个系统之间的优势资源互补创造条件，并以此为出发点对两个系统进行统一规划与设计，从而实现海域与陆域经济以及区域协调发展。

最后，陆海统筹是能量概念。陆海两个经济系统在自然禀赋、发展历史、经济基础等方面有所不同，存在生产要素在两个系统之间互相流动的能量梯度。我们要利用两个系统之间的物流、能量流、信息流等联系，以可持续发展为目标，对区域发展进行统筹规划和顶层设计，并制定相关的政策激励措施。同时，陆域经济与海域经济在其进一步发展方面也存在局限性，在对陆海两个系统进行规划时，必须意识到两个系统承载能力大小及阈值，尤其是海岸带地带，作为陆海两个系统联系的空间载体是敏感的生态系统。因此，要以经济社会可持续发展观为指导，综合考虑各系统承载能力以及整体资源条件和开发利用技术水平，在整个区域内进行资源配置，以免对某一区域或某一个系统形成高负荷压力，而另一区域或某一个系统的资源不能顺畅地流通与利用。尤其是作为两个系统对接的空间地带，要充分考虑这一地带的承受能力，及时对这一空间地带的各种超负荷压力进行分散，从而实现陆域与海域互为条件和优势互补的目标，并获得1+1>2的系统效应。

综上所述，陆海统筹是指在区域经济发展背景下，综合考虑海洋和陆地资源环境特点，系统考察陆海经济功能、生态功能和社会功能，在海洋和陆地资源环境生态系统承载力、社会经济发展现状和发展潜力基础上，以陆海两个系统协调发展为目标进行区域发展规划，充分发挥陆海能量互动作用，促进区域经济社会全面协调发展。从这个意义上讲，"陆海统筹"概念是与可持续发展观相协调和统一的。

2.2 陆海统筹内涵特征

与"陆海统筹"概念和意义相差不大的术语有陆海互动、陆海一体化（海陆一体化）。陆海统筹研究更多侧重于国土空间规划、海岸带发展、陆域经济和海洋经济发展。因此，陆海统筹内涵特征主要包含陆海互动发展和陆海一体化两个方面。

2.2.1 陆海互动发展

陆海互动发展是指陆海经济的互动发展。一方面，海洋资源的丰富性、海域空间的广阔性、海洋交通的通达性会吸引陆域的资金、技术、信息、人才不断由陆地向海岸带乃至海洋转移和扩散，从而带动区域海洋经济发展；另一方面，海岸带和海洋经济发展也会通过陆海产业关联作用促进相关陆域产业发展，从而实现陆海资源整体开发以及沿海地区经济社会优化统筹发展（如图2-1所示）。

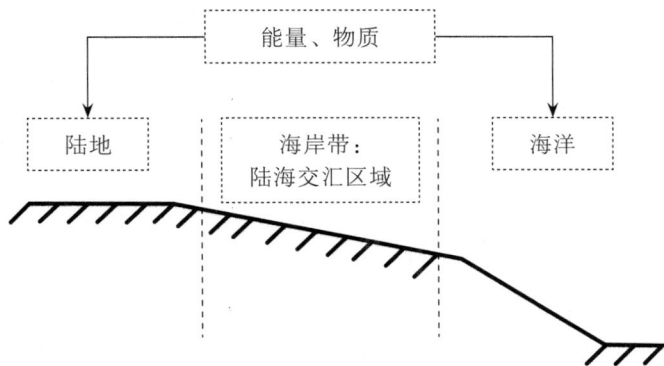

图2-1　陆海统筹区域特征

陆海经济互动的意义在于：一是实现陆海资源互补。海洋资源的深度开发和利用可以弥补陆域资源不足，发展海岸带和海洋经济，进而促进区域经济社会可持续发展。二是陆海产业联动发展。以海洋产业为载体，带动陆域产业乃至区域产业的发展规模和层次水平。合理布局陆海产业，促进陆海生产要素在陆海产业子系统中优化配置，促使区域经济社会产出效益最大化和最优化。三是陆海经济互动发展。一方面，通过涉海产业或临海产业，把海洋资源的开发利用及海洋资源优势的发挥由海域向海岸带和陆域转移和扩展；另一方面，促使陆域资源的开发利用和陆域及其腹地的经济和技术向沿海集中，从而实现区域陆海经济协调发展。四是陆海生态环境改善。在污染排放和污染防治问题上，统筹陆海两大产业系统，发挥陆海各自生态系统优势，防治环境污染，进而改善陆海区域生态环境。

2.2.2　陆海一体化

陆海一体化侧重于打破海陆分离的传统观念，将海洋作为区域社会经济发展的重要支持系统和资源，通过海洋产业系统和陆地产业系统之间的物质、信息、能量交换，实现陆海产业系统和陆海经济系统的协同发展。陆海互动和陆海一体化之间存在密切关系。陆海互动主要是陆海两个子系统之间的互动发展，侧重沿海区域，陆海互动是陆海经济一体化的基础；陆海一体化从逻辑和实践上看，是陆海互动发展到高级阶段的产物，是陆海资源互补、产业互动、环境协调，包含了经济、社会、文化、制度和生态等多个方面，也就是陆海统筹发展。促进陆海一体化发展需要重视发展意识认同、经济协调发展、生态环境优化三个层面的认识和实践问题。

（1）发展意识认同。改革开放以前，我国社会经济活动空间的限制导致人们在发展意识上对海洋的认同度不高，体现在文化的认同度上，差距更是巨大。陆域文化一直被认为是农耕文化，以农业为重；而海洋文化一直被认为是重商文化，通过远洋运输交换商品，商业气息浓厚。这导致对二者的认同度不同，尤其是我国过去一直比较重视农业的发展，因此陆域经济的发展一直处于主体地位。改革开放以来，经济全球化进程空前加快，得益于全球远洋交通运输以及我国沿海地区和长江流域经济快速发展、海岸带经济以及海洋经济迅速发展，对区域海洋经济发展具有促进作用的海洋文化也不再为人们所轻视，人们对海洋的认识也一步加强，但对于海洋经济在区域经济发展中的作用认识仍然不足。陆海统筹作为战略性发展的指导方针，不仅涵盖了经济发展的内容，还需深入社会文化层面，改变人们原有的观念意识，使整个社会在陆海经济融合协同发展上形成一种新的认同，让沿海地区真正地接纳海洋，真正地把海洋放到与陆域同等重要的地位。

（2）经济协调发展。从系统论角度来看，陆域系统与海洋系统并不是单独存在的，二者具有差异性、互补性、一体性和整体性。无论是陆域产业还是海洋产业，都是基于要素流动所形成的点-线-轴-网络而存在与发展的，陆海要素流动形成了产业经济网络，产业经济网络又依存于陆海要素的流动而存在，二者不可分割。陆海产业正是由陆域和海洋存在的要素流动联系到一起、组织到一起的，并使之产生了整体效应。因此，陆海产业能否稳定可持续地发展，取决于产业经济网络的稳定程度与陆海要素流动的难易程度。陆海统筹正是以此为出发点进行陆海要素流动的整体规划与设计，扩展产业链条，组织产业体系以及产业空间布局，从而促进陆海产业协调可持续发展。

（3）生态环境优化。海洋与陆地本来就是一个不可分割的整体，二者共同影响地球表面的各个圈层，并促进各个系统之间的循环。海洋系统与陆域系统的对接部分极为脆弱，尤其是海洋与陆地之间的海岸带，生态系统多样性突出但又极易受到破坏。海洋系统与陆域系统的交接区域环境问题也极为突出，陆海环境污染严重。过去海洋开发利用较为重视海洋资源对陆域经济发展的支持作用，而对海洋自然生态基础及由于开发利用不当而造成的资源环境问题对陆域经济发展的消极作用考虑不够，导致海洋资源过度开发、海洋环境持续恶化、海洋生态功能退化等，直接或间接影响了陆域经济正常有序发展。因此，需要重视海洋与陆地之间的生态与环境条件，加强陆海统筹开发与管理，合理布局陆海产业，促进陆海经济与生态环境的可持续协调发展。

2.3 陆海统筹作用机制

人类过去长期实施相对的"重陆轻海"经济发展战略，使得陆域许多产业的发展相对早地进入了成熟阶段；但是对自然资源的过度开发利用，导致陆域承受了过大的资源和环境压力。大多数国家和地区不得把发展的目光投向了占地球表面积71%的海洋，在科学技术进步和人类需求不断提高的情况下，人们逐渐认识到海洋是人类社会经济发展的新增长点，是人类解决当前各种问题的出路之一。陆海产业之间的交互作用不断加强，陆域成熟产业不断向海洋延伸，各种生产要素有效配置，能量相互转换（如图2-2所示）。

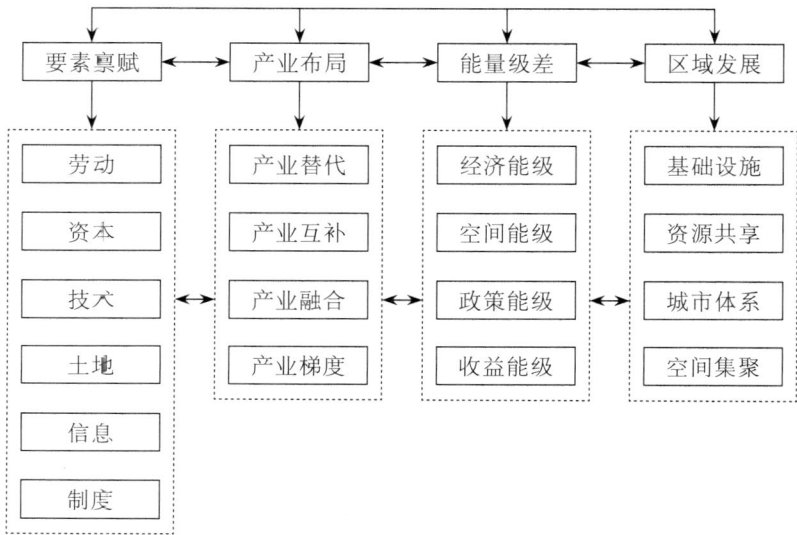

要素禀赋	产业布局	能量级差	区域发展
劳动	产业替代	经济能级	基础设施
资本	产业互补	空间能级	资源共享
技术	产业融合	政策能级	城市体系
土地	产业梯度	收益能级	空间集聚
信息			
制度			

图2-2 陆海统筹作用机制

2.3.1 产业结构

（1）陆海产业空间布局相互交融。陆海两类经济活动同时存在于海岸带地区，陆海产业相互依托，共同发展。海洋产业活动对沿海陆地空间具有很强的依赖性。随着科学技术的进步，从陆地空间向海洋空间的推移过程将不断加快。科学技术成果在海洋经济领域的广泛应用，使更多海洋资源的开发利用及生产加工趋向陆地化。

（2）陆海产业链相互交汇。海洋产业大多是"高风险、高投入、高回报"的技术密集型产业，其上下游及相关横向产业链均较长，对陆地产业有很强的依赖性。

（3）陆海产业互动发展。海洋产业具有与陆域产业不同的结构演变规律，存在明显的结构性差异，其主要标志是海洋产业结构的演变滞后于陆域产业。陆海产业联系紧密，在海洋产业发展的同时，通过产业关联，拉动相关陆域产业发展。

2.3.2　能量转换

根据系统论的原理，陆海子系统各自具有自己的能量。由于陆海两类经济体在发展历史、经济基础和发展空间等方面的差异，陆海产业子系统存在生产要素在二者之间互相流动的能量梯度。

（1）路径依赖。由于长期受"重陆轻海"思想的影响和科学技术发展的制约，陆地产业的发展在时间上要大大早于海洋产业。与陆地产业系统的形成与发展相比，海洋产业系统还处于成长阶段，还很稚嫩，陆地产业系统源远流长的发展历史为研究海洋产业的发展提供了宝贵的经验教训；海洋产业可以利用这种发展历史梯度充分发挥后发优势，扬长避短，更快、更好地发展。陆海系统间受自然禀赋制约的历史发展产生了路径依赖，也催生了由海向陆的能量流动。

（2）经济基础。由于存在发展路径依赖，海洋产业系统的经济基础相对于陆地产业系统还比较薄弱，很多海洋产业还属于新兴产业，需要资金和技术的支持。因此，陆海产业系统间经济基础梯度存在势能差，这种经济势能差的存在客观上要求在陆海产业子系统之间进行生产要素，特别是资金、技术的流动，使陆域某些成熟产业更好地发挥自身的优势，从而促进海洋产业的发展。

（3）发展空间。随着世界人口的不断增长，陆地可开发利用空间越来越狭小，并且日渐拥挤，而海洋开发空间广阔。在发展空间上，陆海子系统之间也存在由海洋向陆地的正势能差。

2.3.3　制度行为

在发挥市场"看不见的手"方面，制度是市场价格机制下的资源配置机制，包括一套完整的市场体系、市场组织和规则所组建的经济运行机制。它主要是通过供求关系变化和价格涨落来引导生产和消费，调节社会资源的流向，实现资源的优化配置。在陆海统筹、推进沿海地区发展过程中，根据沿海地区海洋主体功能区规划定位，在海域使用权价值评估方面需要遵循市场价格机制，通过招标或拍卖方式取得海域使用权证书（依法批准获得除外），实现海域资源市场化配置和海洋资源开发利用效益最大化。在陆海产业集聚集群发展过程中，充分发挥企业在陆海经济领域产业布局的利益主导性作用，以企业的产品链、产业的价值链分工布局等为目标，实现陆海产业梯度转移。

在发挥政府"看得见的手"方面，制度主要是政府调控下的资源利用机制。它主要是强化政府的宏观指导、制度建设、政策调节、监测评估等作用。在战略层面强调海陆经济的整体性，将海洋和陆地统一起来，在海洋开发、管理和规划中，把海洋开发与沿岸的陆域开发统一规划。在本级行政或跨行政区域，实施重大涉海产业项目（布局）的协调、监督和评估机制。充分发挥政府在项目、财政、税收、投资、融资、科技、人才、用海（岛）等方面的政策调节作用。通过涉海产业经济统计、监测、核算、评估，提升地方政府海洋经济综合管理能力和水平，为政府制定陆海产业经济的政策性调控和激励性措施提供技术经济支撑，最终实现陆海复合区域的可持续发展。这是陆海复合区域宏观调控机制的基本思想。

2.3.4　要素条件

陆海产业不仅在类别上具有多样性，而且在空间布局上也具有多样化，因此生产要素在陆海子系统之间的流动兼具在产业间流动和地域间流动双重特点。

（1）劳动力。劳动力是生产要素中最活跃的因素。海洋产业和陆地产业在收入水平、城市劳动市场的需求、个人的发展机会和发展空间、生活环境和工作条件（尤其是不同的企业文化氛围）等的差异均是劳动力在陆海间流动的主要动因。

（2）资本。一般而言，陆海区域间资本流动的原因在于追逐经济收益的最大化和分散风险。一方面，由于陆海区域间利益的差异引起资本在区域间流动，资本从利润率低的地区流向利润率高的地区，直到利差消失为止；另一方面，资产的多样化可大大降低风险，这促使投资者配置不同的资产，包括不同地区的资产。

（3）技术。技术可以作为硬件或软件存储于许多不同的形态中，其在陆海产业间的转移可以通过以下方式实现：在陆海产业间进行生产资料或中间产品的流通、循环，同步进行产业间技术的转移传播；通过对产业运行中所涉及的信息的买卖，实现技术在陆海产业间的转移传播；以人作为技术在陆海产业间传播转移的媒介，通过具有专门技能和知识的人员的服务进行技术转移。

（4）信息。信息作为智能型生产要素，在陆海产业系统间的流动对促进陆海产业的发展起着十分重要的作用。信息在陆海产业间的流通，可以促使生产要素在陆海产业间得到最有效的配置，从而使产业效益呈指数形式递增。同时，信息的交流和传播还沟通了生产力系统与外界环境的联系，使产业系统得到更好的发展。

（5）空间。现代经济学认为空间地理与经济关系密切，克鲁格曼曾引入规模经济和运输成本来解释制造业的空间集聚问题。从规模经济的角度讲，工人的自利行为会导致其流向支付比较高实际报酬的区域，由于外部性的作用，这一区域的实际报酬率提高，会进一步吸引企业在该地集聚，这就是所谓的"累积因果作用"。考虑到运输成本与交易费用，随着集聚过程的加深和扩大，一方面对劳动力、土地等生产要素的需求增加，进而推动该地区的工资、地租上涨；另一方面一旦上述价格的上升带来的生产成本上涨超过了企业对交易费用的节省，企业会选择把技术含量低的劳动密集型产业工厂迁往工资低的周边地区。

2.4　陆海统筹实践模式

从国际范围来看，许多发达国家的沿海经济在经历了直接开发海洋资源的产业发展阶段之后，纷纷进入以国民经济发展与生态环境改善为基本内容的陆海一体化协调发展阶段。

2.4.1　美国"港口+产业+城市"模式

在陆海产业协调整合发展过程中，美国逐渐形成了两种模式：一是港口城市带动型发展模式，即港口建设规模的不断扩大和港口功能的逐步完善，带动港口城市的形成与发展壮大。与此同时，港口城市的经济又向邻近地区和腹地延伸，成为国家经济新的增长点。港口与城市相互结合，利用港口强大的对外交往功能，使城市不再仅仅是地区性或封闭型的经济或政治中心，而是通过与世界经济、贸易、文化、科技的广泛联系，在全球范围内起到世界或区域性经济中心的作用。二是工业基地型发展模式，即通过港口，利用两种资源和两个市场，发展两头在外的临海产业、加工工业及相关配套产业。目前，围绕某种产业在沿海地区形成产业集群是新兴沿海经济带的主要形式，最为典型的是重化工业带。

2.4.2 日本"区域+集群+支撑体系"模式

日本是一个典型的陆地资源匮乏的国家，在致力于海陆联动的可持续发展战略方面有三个突出特点：一是在海洋经济区域形成的基础上，以大型港口城市为依托，以海洋技术进步、海洋产业高度化为先导，以拓宽经济腹地范围为基础，形成了关东广域地区集群、近畿地区集群等9个地区集群。此外，还提出了"海洋开发区都市构想""知识集群创成事业"，由产业集群发展到地方集群，以海洋相关技术为先导，集中地方优势力量，开展适合本地特点的海洋开发。二是海洋开发向纵深发展，已形成多种海洋产业，构筑起新型的海洋产业体系。其中，港口海运业、沿海旅游业、海洋渔业、海洋油气业四种产业约占日本海洋经济总产值的70%左右。其他涉海产业，如土木工程、船舶工业、海底通信电缆制造与铺设、矿产资源勘探、海洋食品、海洋生物制药、海洋信息等也都获得全面发展。三是海洋相关经济活动急剧扩大，形成了包括科技、教育、环保、公共服务等的海洋经济发展支撑体系。为了不断完善该体系，日本政府从2006年开始就加紧筹备海洋立法工作。日本发展陆海统筹注重顶层设计，在全国范围内进行统一规划，将国土划分成不同的功能区域。在此基础上，进行相应的产业布局，为不同产业规划不同的产业支撑体系。

2.4.3　山东"陆海互动+产业互动+布局互联"模式

　　山东是我国最早提出和实践陆海统筹发展战略的沿海省（区、市）之一，适时提出了建设山东半岛蓝色经济区战略，在实践中创造性地确立了陆海统筹的基本思路是"海陆资源互补、产业互动、布局互联"，全面把握陆海资源、产业和区位三重属性及生态、经济、社会三重价值。在空间布局上，港口的接口作用与涉海产业的纽带联系是海陆统筹的关键环节，把整个山东半岛都纳入陆海统筹的规划布局中。在政策措施上，把实施科教兴海、推动产业集聚联动作为统筹发展的着力点。山东陆海统筹战略的主要特点是将发展海洋经济作为带动全省经济发展的主要突破口，注重涉海效应的辐射，陆海统筹的规划区域大。

2.4.4　浙江"资源禀赋（群岛基地）+产业+贸易"模式

　　浙江发展海洋经济、实施陆海统筹的重大举措就是设立舟山群岛新区。舟山群岛新区通过改造提升传统海洋产业，引导培育海洋战略性新兴产业，做强优势主导海洋产业，加快形成以港航物流、船舶制造、海洋新能源等为特色的现代海洋产业基地。在未来，舟山群岛新区将建成中国大宗商品储运中转加工交易中心、东部地区重要的海上开放门户、中国海洋海岛科学保护开发示范区、重要的现代海洋产业基地和中国陆海统筹发展先行区。浙江陆海统筹的主要特点是充分依靠和挖掘资源禀赋优势（群岛基地）来发展海洋经济，进而寻求陆海统筹发展上的突破。

　　综上所述，国内外都是依据自身的特点和优势来推进陆海统筹发展的，我们可以总结出值得借鉴的发展模式，概括总结为充分利用陆海资源禀赋模式、合理产业布局（关联、互动）模式、疏通能量转换（路径依赖与要素、能量的流动）模式、协调区域发展（城市、产业集聚、贸易、金融、生态、文化发展）模式等，通过陆海间内在动力的驱动实现陆海统筹发展目标，从而有效促进沿海地区、沿海与内陆地区协同发展。

3 江苏海洋经济发展现状分析

3.1 海洋经济规模和结构比较

从 2001—2020 年全国海洋经济总量①及其占全国国内生产总值（GDP）和沿海地区生产总值②比重的变化态势（见表3-1、如图3-1所示）可以看出，全国海洋经济总量规模从2001年的9 518.4亿元逐年稳步增长，2006年突破2万亿元，2001—2006年均增长率高达17.8%；2011年突破4万亿元，2006—2011年均增长率高达16.12%；2018年突破8万亿元，2011—2017年均增长率达9.02%；2019年全国海洋生产总值（GOP）接近9万亿元，受全球新冠肺炎疫情冲击和复杂国际经济政治环境的影响，2020年海洋经济总量规模略有收缩，呈现结构优化发展趋势，主要海洋产业逐步回升，2020年全国GOP为80 010亿元，占全国国内生产总值、沿海地区生产总值比重分别为7.88%、14.90%。

---

① 海洋经济总量即海洋经济规模，采用海洋生产总值（Gross Ocean Product，GOP）衡量。
② 地区经济总量或地区生产总值，采用国内生产总值（Gross Domestic Product，GDP）衡量。

2001—2020年全国GOP年均增长率为11.23%，比同期全国GDP年均增长率低0.48个百分点。2001—2020年全国GOP占沿海地区生产总值一直低于20%，除了2020年的14.90%，从2001年的15.38%逐步上升到2019年17.13%，增减幅度为1.75个百分点。2001—2020年全国GOP占全国GDP比重一直低于10%，除了2020.年的7.88%，从2001年的8.59%逐步上升到2006年的9.84%，再缓慢下降到2019年9.02%，增减幅度0.82个百分点。与全球其他海洋强国（地区）相比，中国海洋经济总量占国内生产总值仍处于较低水平。

表3-1 　　　　　　　　　　全国GDP和海洋经济发展情况

年份	全国GDP （亿元）	全国GOP （亿元）	全国GOP 占全国GDP比重（%）	全国GOP占 沿海地区生产总值比重（%）
2001	110 863.1	9 518.4	8.59	15.38
2002	121 717.4	11 270.5	9.26	16.32
2003	137 422.0	11 952.3	8.70	14.86
2004	161 840.2	14 662.0	9.06	15.47
2005	187 318.9	17 655.6	9.43	15.25
2006	219 438.5	21 592.4	9.84	16.20
2007	270 092.3	25 618.7	9.49	15.97
2008	319 244.6	29 718.0	9.31	15.73
2009	348 517.7	32 161.9	9.23	15.56
2010	412 119.3	39 619.2	9.61	16.06
2011	487 940.2	45 580.4	9.34	15.88
2012	538 580.0	50 172.9	9.32	15.81
2013	592 963.2	54 718.3	9.23	15.79
2014	643 563.1	60 699.1	9.43	16.27
2015	688 858.2	65 534.4	9.51	16.55
2016	746 395.1	69 693.7	9.34	16.40

续表

年份	全国GDP（亿元）	全国GOP（亿元）	全国GOP占全国GDP比重（%）	全国GOP占沿海地区生产总值比重（%）
2017	832 035.9	76 749.0	9.22	16.62
2018	919 281.1	83 414.8	9.27	16.81
2019	990 865.11	89 415.0	9.02	17.13
2020	1 015 986.2	80 010.0	7.88	14.90

资料来源：2001—2018年的数据来源于中国知网"中国统计大数据分析平台"；2019—2020年的数据来源于自然资源部发布的《2019年中国海洋经济统计公报》《2020年中国海洋经济统计公报》。

1996年，江苏省委省政府提出"海上苏东"发展战略，江苏海洋经济发展开始启航。1996年，江苏海洋产业总产值仅有124.61亿元，占全省地区生产总值的2.08%，此后10年中海洋经济保持了稳定增长态势，但其发展势头远远落后于蓬勃发展的陆域经济。至2005年，江苏海洋产业总产值只有739.58亿元，仅占全省地区生产总值的3.98%。2007年4月，《江苏省"十一五"海洋经济发展专项规划》出台，发展海洋经济被纳入"两个率先"战略之中，2009年江苏沿海开发上升为国家战略，海洋经济迈入快速发展阶段。

海洋经济总量规模快速增长，发展速度快于陆域经济，在国民经济中战略地位凸显。全省海洋经济总量规模平稳增长，2001年江苏GOP仅为587.5亿元，占2001年全国GOP、江苏地区生产总值比重分别为6.17%、6.21%（见表3-2）。2020年，江苏GOP高达7 828.0亿元，占全国GOP、江苏地区生产总值比重分别为9.78%、7.62%，比2021年分别高3.61、1.41个百分点，是2001年GOP的13.32倍。在2001—2020年这20年间，江苏海洋经济年均增长率高达13.82%。而同期全省地区生产总值增长9.86倍、年均增长率为12.67%，比同期全国GOP年均增速高1.16个百分点，说明了江苏海洋经济增长速度略快于全省经济增长速度，更快于陆域经济的增长速度，揭示了海洋经济发展已经步入快车道，其对全省经济发展的贡献率日益增加，海洋经济已成为拉动江苏经济增长的重要力量。

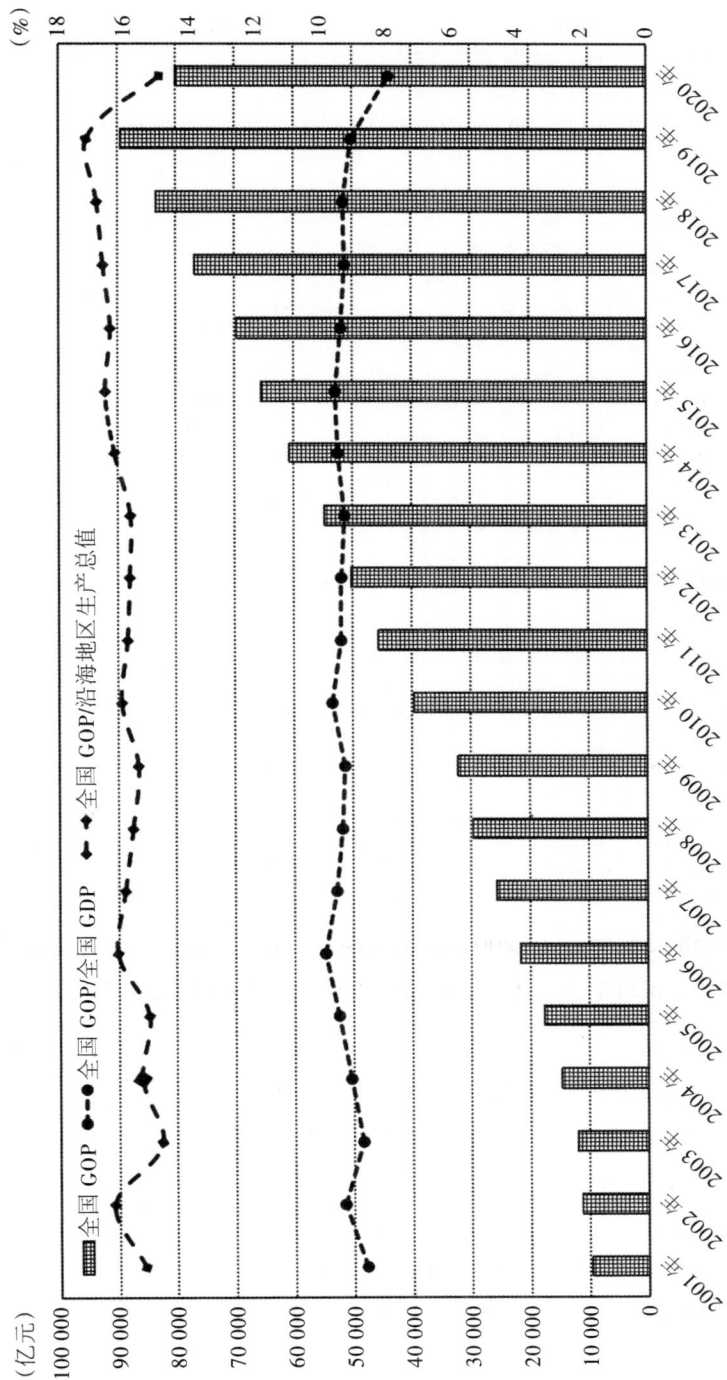

图3-1 2001—2020年全国海洋经济总量及其占全国和沿海地区生产总值的比重

表3-2 江苏区域经济和海洋经济发展情况

年份	江苏地区生产总值（亿元）	江苏GOP（亿元）	江苏GOP占江苏地区生产总值比重(%)	江苏地区生产总值占全国GDP比重(%)	江苏GOP占全国GOP比重(%)
2001	9 456.84	587.5	6.21	8.53	6.17
2002	10 636.3	672.9	6.33	8.74	5.97
2003	12 442.87	792.2	6.37	9.05	6.63
2004	14 823.13	928.4	6.26	9.16	6.33
2005	18 598.7	1 018.6	5.48	9.93	5.77
2006	21 240.79	1 287.0	6.06	9.68	5.96
2007	25 938.36	1 873.5	7.21	9.62	7.31
2008	30 945.45	2 114.5	6.83	9.69	7.12
2009	34 471.67	2 717.44	7.88	9.89	8.45
2010	41 425.5	3 550.9	8.57	10.05	8.96
2011	49 110.27	3 550.9	7.23	10.06	7.79
2012	54 058.22	4 722.9	8.74	10.04	9.41
2013	59 753.4	4 921.2	8.24	10.08	8.99
2014	65 088.3	5 590.2	8.59	10.11	9.21
2015	70 116.4	6 101.7	8.70	10.18	9.31
2016	77 388.3	6 606.6	8.54	10.37	9.48
2017	85 869.8	6 933.4	8.07	10.32	9.03
2018	92 595.4	7 554.7	8.16	10.07	9.06
2019	99 631.52	8 073.4	8.10	10.06	9.03
2020	102 719	7 828.0	7.62	10.11	9.78

资料来源：2001—2018年的数据来源于中国知网"中国统计大数据分析平台"；2019—2020年的数据来源于江苏省自然资源厅发布的《2019年江苏省海洋经济统计公报》《2020年江苏省海洋经济统计公报》。

2001—2020年，江苏海洋经济总量及其占地区生产总值和全国GOP比重变化情况如图3-2所示，从中可以看出江苏海洋经济总量规模从2001年的587.5亿元逐年稳步增长，2005年突破1 000亿元，2001—2005年年均增长率高达14.75%；2008年突破2 000亿元，2006—2008年年均增长率高达27.57%；2012年突破4 000亿元，2008—2012年年均增长率高达22.25%；2019年突破8 000亿元，2012—2019年年均增长率达7.96%；受新冠肺炎疫情冲击，2020年海洋经济总量规模略有收缩，在坚持陆海统筹、江海联动下，继续加快推进海洋强省建设，海洋经济发展表现出稳中向好趋势，2020年GOP为7 828.0亿元，占江苏地区生产总值、全国GOP比重分别为7.62%、9.78%。2001—2020年，江苏GOP年均增长率13.82%，比同期全国GOP年均增长率高2.59个百分点。2001—2020年，江苏GOP/江苏地区生产总值一直低于10%，从2001年的6.21%逐步上升到2012年的8.74%再缓慢下降到2020年的7.62%，增减幅度为3.26个百分点。2001—2020年，江苏GOP占全国GOP比重一直低于10%，从2001年的6.17%缓慢下降到2005年的5.77%，再缓慢上升到2020年的9.78%，增减幅度为4.01个百分点。与全国平均水平相比，江苏GOP/江苏地区生产总值比全国GOP/全国GDP低0.26~3.95个百分点，表明江苏海洋经济总量规模虽有较大提升，但海洋经济占全国海洋经济比重较低，与同期其他沿海省份天津、上海、福建、山东、广东、海南相比，海洋经济总量规模和结构比例仍有较大发展空间。

与发达省（区、市）相比，江苏海洋经济仍有明显差距。从海洋经济总量规模来看，2020年江苏和广东海洋生产总值分别为7 828亿元、17 245亿元，江苏比广东少9 417亿元，仅为广东的45.4%。从海洋经济总量占比而言，江苏海洋生产总值占全省地区生产总值的比重为7.62%，低于同期的广东（15.6%）、山东（18.03%）、福建（26.2%）、上海（25.1%）、浙江（14.3%）等沿海省份，也低于全国平均水平（7.88%）。从全国沿海地区位次来看，江苏海洋生产总值一般排在广东、山东、福建、上海、浙江之后，列第六，与经济规模全国第二的地位不相称。

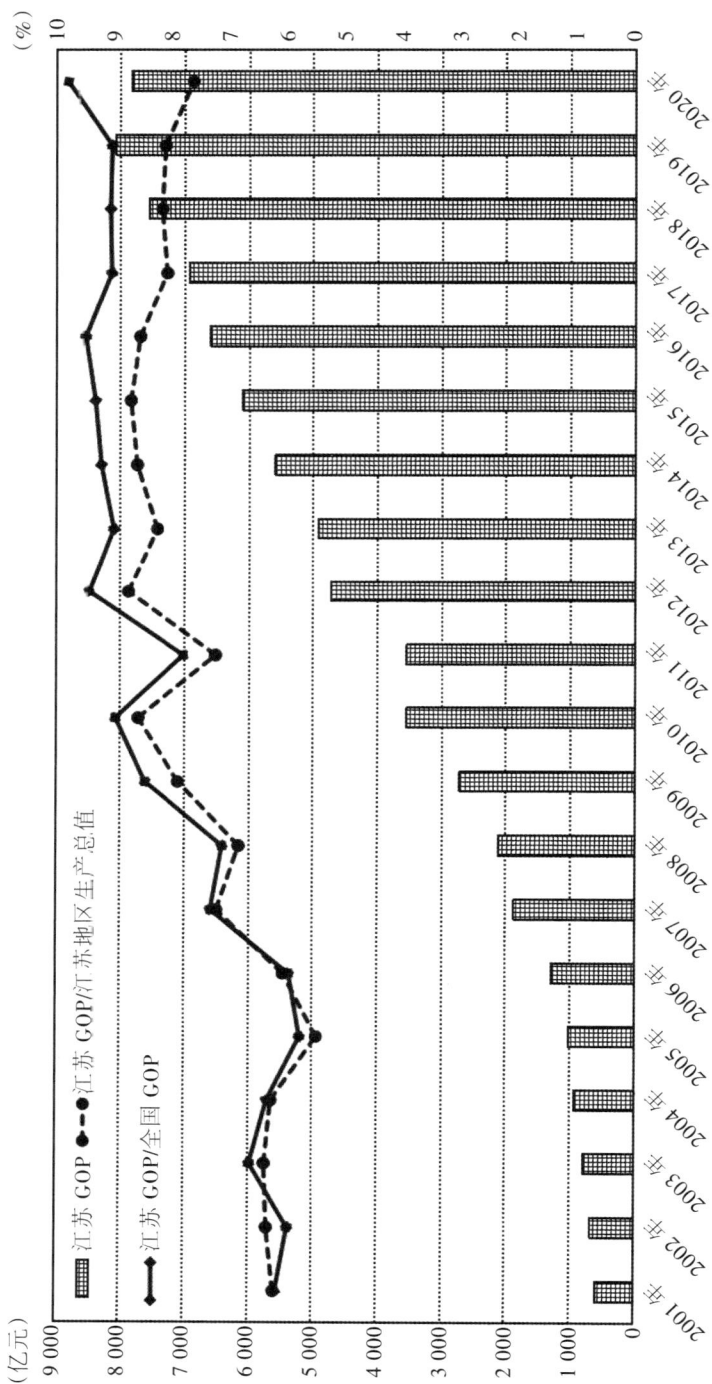

图 3-2 2001—2020 年江苏海洋经济总量及其占地区生产总值和全国 GOP 的比重

2001—2020年，江苏地区经济和海洋经济占全国比重变化情况如图3-3所示，从中可以看出江苏海洋经济在全国的地位低于同期江苏地区经济在全国的地位，江苏地区生产总值占全国GDP的比重从2001年的8.53%稳步增长到2020年的10.11%，20年提高1.58个百分点；而同期海洋经济占比从2001年的6.17%较快增长到2021年的9.78%，20年提高3.61个百分点，江苏海洋经济占全国的比重比地区经济每个年度高0.33~4.16个百分点，这表明江苏海洋经济比地区经济表现出更快的发展态势和潜力。

从全国沿海地区横向对比而言，2020年地区GOP占地区生产总值比重降序排列分别为天津（超过30%）、海南（27.8%）、上海（25.1%）、福建（23.9%）、山东（18.0%）、广西（17.6%）、广东（15.5%）、浙江（14.2%）、辽宁（12.4%）、江苏（7.6%）、河北（6.4%）。江苏海洋经济在省域经济的占比与海洋经济强省广东、山东、福建相比是显著较低的，与海洋经济相差不大的上海、浙江相比也是较低的，表明江苏海洋经济在全省经济中的地位和优势还没显现，还需要继续促进海洋产业规模壮大，进而提高海洋经济总量规模。与广东、山东、上海、浙江、福建等沿海发达省市相比，江苏推进海洋经济高质量发展，既有独特优势和自身特点，也存在客观劣势和不足之处。从海洋资源禀赋来看，江苏有良好条件，陆海统筹、江海联动是海洋经济发展的特色和亮点，初步形成了以沿海地区为纵轴、沿江两岸为横轴的"L"形海洋经济带。

与此同时，江苏沿海城市海洋经济规模不强。海洋经济欠发达是江苏沿海经济带发展滞后的重要原因（宣昌勇等，2020），江苏作为沿海经济大省却并不是传统意义上的沿海强省，相比于辽宁大连、山东青岛、浙江宁波、福建厦门、广东深圳等全国闻名且经济发达的沿海城市，江苏的连云港、盐城、南通三个沿海城市仍有较大差距。从GOP规模而言，南通GOP略超2 000亿元，在全国沿海城市中具有一定规模优势，但从主要海洋产业以及海洋服务业全国占比看，除了海洋船舶工业（南通）、海洋交通运输（南通、连云港）、海洋电力业（盐城）具有一定优势地位外，增加值比重较高的海洋渔业、滨海旅游业等海洋传统

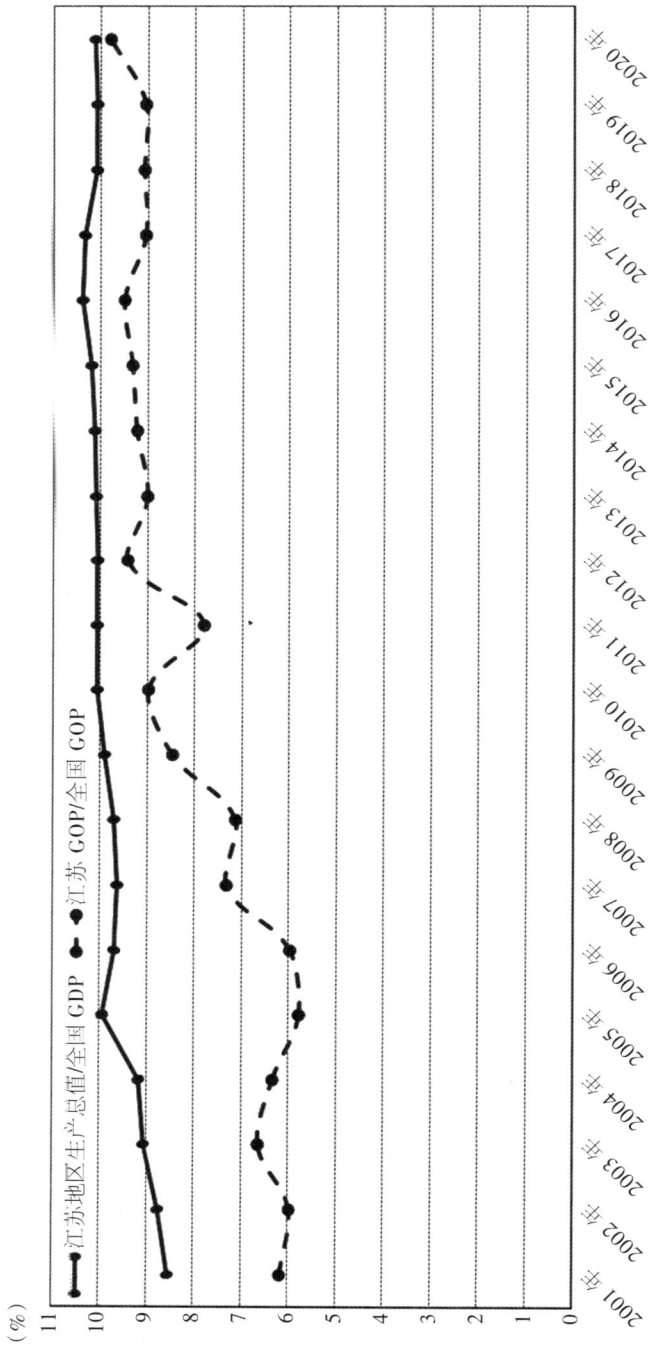

图 3-3　2001—2020 年江苏地区经济和海洋经济占全国比重

产业，产值增长速度较快的海洋生物医药、海洋新能源、海水利用业等海洋新兴产业，以及产值规模较低的以海洋科教为主的海洋服务业在全国沿海城市中尚未占有比较优势。从海洋经济发展远景而言，上海和深圳规划建设全球海洋中心城市，在国家发改委和海洋管理部门共同批复规划建设的 15 个海洋经济创新发展示范城市和 14 个海洋经济发展示范区中，连云港、盐城、南通三个沿海城市各占有 1 个，但与江苏"一带一路"交汇点建设、全国海洋经济发展的重要增长极、建设海洋强国的重要功能平台的要求仍有较大差距。

3.2 海洋产业空间和结构比较

海洋产业结构比例显著优化，海洋产业发展呈高级化阶段。从海洋三次产业而言（如图 3-4 所示），江苏省海洋第一产业增加值由 2001 年的 33.7 亿元增加到 2020 年的 438.4 亿元，年均复合增长率为 13.0%；海洋第二产业增加值由 2001 年的 207.4 亿元增加到 2020 年的 3 773.1 亿元，年均复合增长率为 14.8%；海洋第三产业增加值由 2001 年的 346.5 亿元增加到 2020 年的 3 616.5 亿元，年均复合增长率为 11.8%。海洋三次产业结构比重由 2001 年的 5.7：35.3：59.0 调整为 2020 年的 5.6：48.2：46.2。其中，海洋第一产业比重在 3.2%~6.7% 之间浮动，这主要得益于海洋渔业部门的"休渔期"强制性管理政策、"限额捕捞"总量控制管理以及"海洋牧场"产业扶持政策。海洋第二产业比重在 35.0%~54.1% 之间浮动。海洋第三产业比重在 41.3%~59.2% 之间浮动。2001—2020 年，海洋第一产业比重比较平稳，变动幅度不大；而海洋第二产业比重呈现逐年增加趋势，第三产业比重呈现逐年下降态势。从发展阶段来看，海洋第二产业 2001—2010 年呈逐年快速上升趋势，2010—2020 年呈逐年缓慢下降趋势，而海洋第三产业 2001—2010 年呈逐年快速下降趋势，2010—2020 呈逐年缓慢上升趋势。表明江苏海洋产业结构呈现持续优化升级趋势，海洋第二产业稳定器功能更加突出。

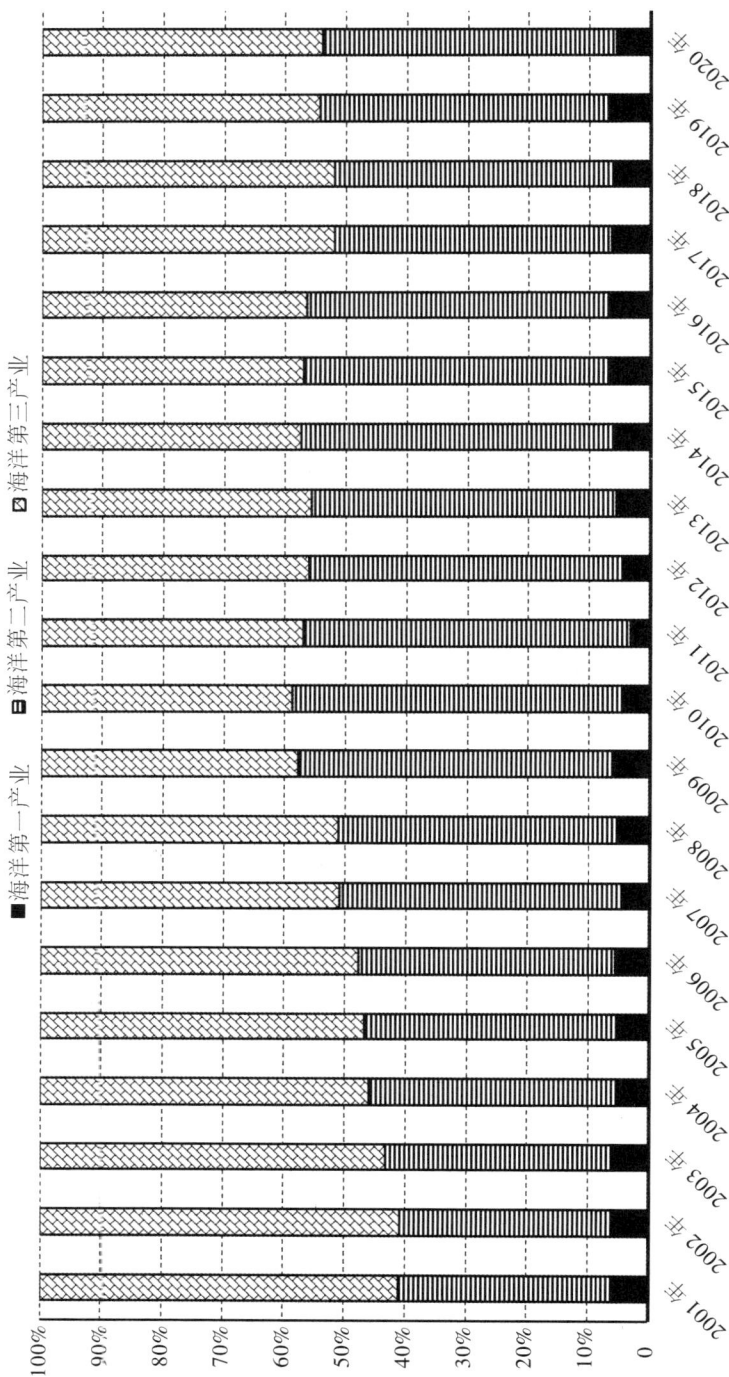

图 3-4 2001—2020 年江苏海洋三次产业结构比重变动情况

海洋三次产业结构演化过程粗略划分为三个阶段。第一阶段是2001—2008年的"三二一"型,海洋第三产业比重从59.0%逐年下降到48.8%,而同期海洋第二产业则从35.3%逐年上升到46.3%,海洋第三产业比海洋第二产业比重从高出23.7个百分点逐年下降到2.5个百分点。第二阶段是2009—2016年的"二三一"型,海洋第二产业比重从51.5%缓慢下降到49.8%,而同期海洋第三产业则从42.2%缓慢上升到43.6%,海洋第二产业比海洋第三产业比重从高出9.3个百分点缓慢下降到6.2个百分点。第三阶段是2017—2019年的"三二一"型,海洋第二、第三产业比重呈现并驾齐驱态势。受2019—2020年疫情消极影响,全国和江苏海洋经济在一定程度上表现出负增长,且海洋第三产业比海洋第二产业受影响面更大,导致海洋经济结构短暂呈现"二三一"型。第三阶段的"三二一"型是海洋经济高级服务化阶段,在第二阶段,更多涉海企业注重研发投入,海洋生物医药、海洋新能源、海洋高端装备制造业、海水利用业等海洋新兴产业和海洋战略性产业呈现高技术化并取得迅猛发展,改善了第一阶段海洋第二产业规模和质量。

从海洋生产总值构成而言(如图3-5所示),江苏省主要海洋产业增加值由2001年的269.8亿元增加到2020年的2 921.7亿元,年均复合增长率为12.0%;海洋科研教育管理服务业增加值由2001年的121.5亿元增加到2020年的1 610.0亿元,年均复合增长率为13.1%;海洋相关产业增加值由2001年的196.2亿元增加到2020年的3 296.3亿元,年均复合增长率为14.4%。主要海洋产业、海洋科研教育管理服务业、海洋相关产业比例由2001年的45.9∶20.7∶33.4变为2020年的37.3∶20.6∶42.1。其中,主要海洋产业比重在37.3%~46.0%之间浮动,海洋科研教育管理服务业比重在13.4%~22.9%之间浮动,海洋相关产业比重在33.0%~44.9%之间浮动。从发展阶段来看,主要海洋产业比重2001—2020年呈现逐年缓慢下降趋势,而海洋科研教育管理服务业比重呈现2001—2010年先下降2011—2020年后上升趋势,海洋相关产业比重呈现2001—2010年先上升2011—2020年后缓慢下降态势,表明随着陆海统筹战略实施,与主要海洋产业构成技术经济联系的陆域涉海产业取得不断发展,海洋经济从过去依赖主要海洋产业为主逐步优化升级到以陆域涉海产业为主,陆海经济融合发展趋势更为显著。

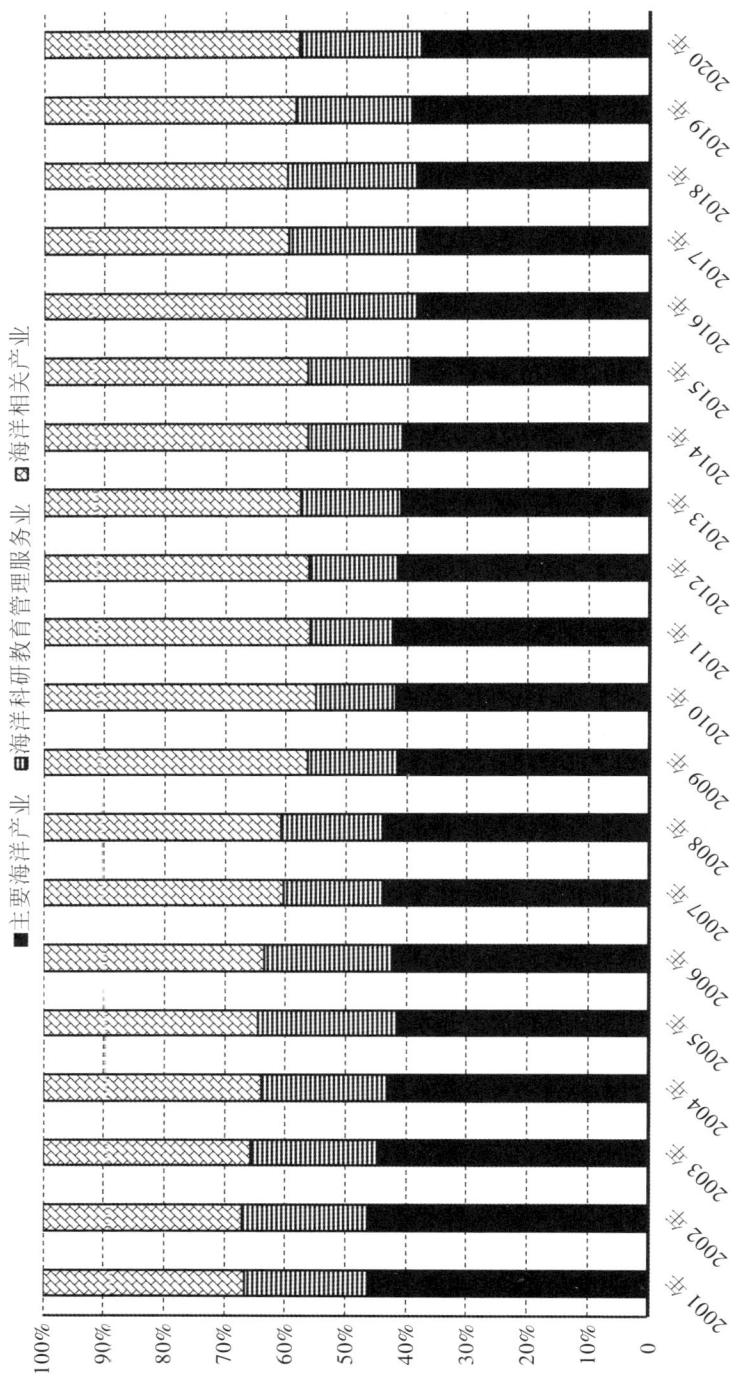

图 3-5 2001—2020 年江苏省海洋及相关产业增加值构成变动情况

从海洋主导产业而言（如图3-6所示），2001年江苏海洋主导产业①为海洋交通运输业、海洋渔业，其增加值占主要海洋产业增加值的比重分别为70.1%、16.9%。2005年江苏海洋主导产业为海洋交通运输业、海洋渔业、海洋滨海旅游业、海洋船舶工业，其增加值占主要海洋产业增加值的比重分别为54.1%、16.6%、12.7%、11.1%。2010年江苏海洋主导产业为海洋交通运输业、海洋船舶工业、海洋渔业，其增加值占主要海洋产业增加值的比重分别为45.7%、28.4%、11.2%。2020年江苏海洋主导产业为海洋交通运输业、海洋船舶工业、海洋滨海旅游业、海洋渔业，其增加值占主要海洋产业增加值的比重分别为38.1%、24.3%、14.3%和11.3%。从海洋主导产业更替来看，海洋交通运输业始终占据海洋第一主导产业，从2001年其增加值占主要海洋产业增加值的比重70.1%逐年下降到2020年的38.1%，下降32个百分点；海洋船舶工业从弱小产业部门迅速成长为海洋第二主导产业，从2001年其增加值占主要海洋产业增加值的比重1.5%逐年上升到2020年的24.3%，上升22.8个百分点；海洋滨海旅游业作为海洋第三主导产业，从2001年其增加值占主要海洋产业增加值的比重7.8%逐年上升到2020年的14.3%，上升6.5个百分点；而海洋渔业作为海洋第四主导产业，从2001年其增加值占主要海洋产业增加值的比重16.9%逐年下降到2020年的11.3%，下降5.6个百分点。海洋工程建筑业、海洋电力业从无到有，分别从2001年的0增长到2020年的236亿元、50亿元。与此同时，海洋船舶工业、海洋生物医药业、海洋海水利用业、海洋滨海旅游业2001—2020年年均复合增长率分别为28.0%、19.3%、19.2%、15.3%，高于同期主要海洋产业年均复合增长率的12%，海洋主导产业规模和比重呈现较高增长率，并逐渐成为江苏海洋经济高质量发展的生力军，揭示了江苏海洋经济的"增长引擎"效应显著发挥，持续助推江苏区域经济高质量发展走在前列。

从海洋产业结构来看，江苏海洋产业有其自身鲜明特色，海洋新兴

---

① 海洋主导产业以其产业增加值占主要海洋产业增加值的比重超过10%为筛选原则。

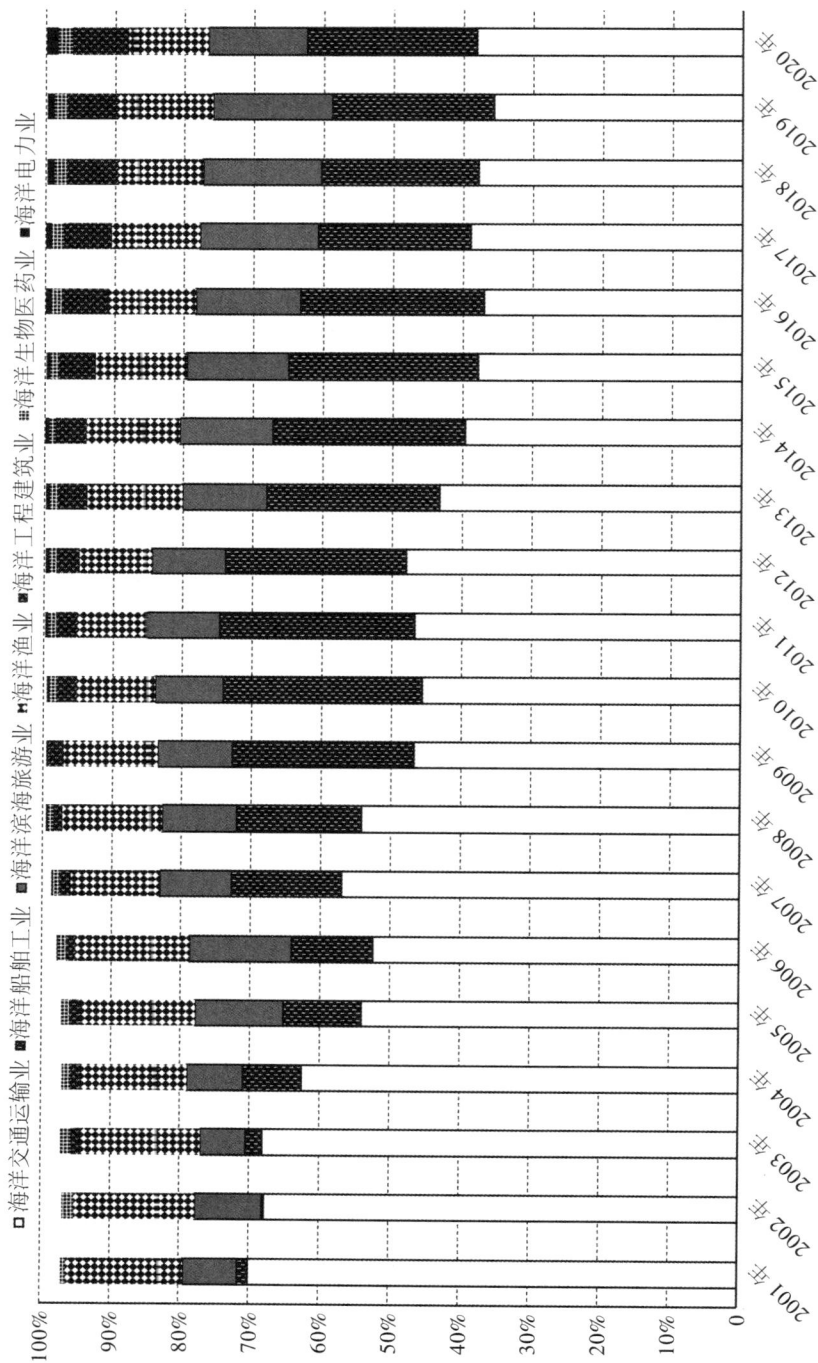

图 3-6 2001—2020 年江苏省主要海洋产业增加值构成

产业快速发展，海洋工程装备制造业产量约占全国的1/3、世界的1/10。海上风电装机容量达到162.5万千瓦，位居全国首位。海洋传统产业持续优化，海洋船舶工业方面，造船完工量、新船承接订单量和手持订单量持续位居全国第一；海洋交通运输业方面，亿吨大港数量和港口货物吞吐量双双稳居全国第一。但是，江苏海洋产业仍存在突出的短板，2020年海洋三次产业比例为5.6∶48.2∶46.2，未能形成"三二一"的现代海洋产业结构；与此同时，海水淡化与综合利用、海洋药物和生物制品等海洋产业链条较短，尚未进入大规模产业化阶段；船舶工业兼并重组和高技术高附加值船舶研发任务仍很艰巨；远洋渔业产量占比较低，海洋捕捞产量呈下降趋势。

从横向对比而言，2001—2020年，全国沿海地区海洋三次产业比例分别为辽宁10.3∶29.7∶60.1、河北3.6∶32.5∶63.9、天津0.2∶47.5∶52.3、山东4.7∶42.6∶52.8、江苏6.0∶46.0∶48.0、上海0∶32.7∶67.3、浙江7.0∶29.7∶63.3、福建6.1∶32.7∶61.1、广东1.7∶37.1∶61.2、广西15.3∶32.4∶52.3、海南19.9∶17.9∶62.2。与海洋经济强省广东、山东、福建相比，江苏的海洋服务业比重略低，尚未超过50%，与广东、福建、上海、浙江的海洋服务业占比超过60%相比，江苏海洋服务业有较大发展潜力，应继续增强海洋交通运输业、海洋滨海旅游业、海洋科研教育管理服务业的总量规模和结构层次。其中，港口货物和集装箱运量偏低，2020年港口集装箱吞吐量排名中，江苏仅有苏州港、连云港港排序分别为第七位、第十一位。港口货物吞吐量排名中，连云港港和盐城港分别为24 182万吨、8 265万吨，分别占沿海港口货物吞吐量的2.55%、0.87%；江苏港口中仅有苏州港进入前十名（唐山70 260万吨、上海65 105万吨、广州61 239万吨、青岛60 459万吨、宁波60 098万吨、苏州55 408万吨、舟山54 142万吨、天津50 290万吨、日照49 615万吨、烟台39 935万吨、镇江35 064万吨、大连33 401万吨、南通31 014万吨、黄骅30 125万吨、泰州30 111万吨、深圳26 506万吨、南京25 112万吨、江阴24 705万吨）。港口货物吞吐量排名中，连云港港和盐城港分别为480万TEU、26万TEU，分别占沿海港口集装箱吞吐量的2.05%、0.11%，苏州港、连云港港分别排第七位、第十一位（上海4 350万TEU、宁波2 705万TEU、深圳2 655万TEU、广州2 317万TEU、青岛2 201万TEU、厦门1 108万TEU、苏州629万TEU、营口565万TEU、大连511万TEU、日照486万TEU）。

3.3 陆域海洋经济和产业比较

2001—2020年，江苏海洋产业结构不断优化，调整幅度明显大于陆域产业。在江苏海洋经济起步时，海洋产业结构十分单一，海洋渔业成为江苏海洋经济的支柱产业。2001年，江苏只有海洋交通运输业、海洋渔业、海洋滨海旅游业、海洋化工业、海洋船舶工业等5个主要海洋产业（见表3-3）。其中，海洋交通运输业、海洋渔业生产总值分别为189.1亿元、45.7亿元，占当年全省海洋生产总值的32.2%、7.8%。从海洋主导产业变迁过程来看，由2001年的海洋交通运输业、海洋渔业逐步更替为2010年的海洋交通运输业、海洋船舶工业、海洋渔业、海洋滨海旅游业以及2020年的海洋交通运输业、海洋船舶工业、海洋滨海旅游业、海洋渔业、海洋工程建筑业，表明随着一轮又一轮海洋开发与利用水平的不断深化，以海洋交通运输业、海洋渔业为主的单一产业结构格局得到明显改善。海洋化工、海洋生物医药、海洋海水利用、海洋工程建筑、海洋信息服务、海洋科研教育等海洋新兴产业逐年壮大，海洋产业结构不断丰富。海洋新兴产业显示了强劲的发展势头，其产值在海洋经济中的比重迅速攀升，极大地推动了海洋产业结构持续优化升级。

表3-3　　2001年、2010年和2020年江苏海洋生产总值及其构成　　单位：亿元

年份	2001	2010	2020
地区生产总值	9 456.8	41 425.5	102 719
GOP	587.5	3 560.6	7 828.0
主要海洋产业	269.5	1 486.5	2 921.7
海洋渔业	45.7	166.2	330
海洋油气	0	0	0
海洋矿业	0	0	0

年份	2001	2010	2020
海洋盐业	3.8	2.2	0.8
海洋船舶工业	4.0	422.4	710
海洋化工业	4.7	5.9	1.7
海洋生物医药业	1.5	15.0	61
海洋工程建筑业	0	43.0	236
海洋电力业	0	6.2	50
海洋海水利用业	0.08	0.7	3.2
海洋交通运输业	189.1	679.3	1 112
海洋滨海旅游业	21.0	145.6	417
海洋科研教育管理服务业	121.5	476.2	1 610
海洋相关产业	196.2	1 598.1	3 296.3
海洋新兴产业	1.58	21.9	103.9
海洋第一产业	33.7	162.6	438.4
海洋第二产业	207.4	1 927.9	3 773.1
海洋第三产业	346.5	1 470.1	3 616.5

为了对比陆海产业结构变动情况，选用海洋产业结构变动指数进行分析。海洋产业结构变动指数为：

$$K = K_{0-1} = \sum_{i=1}^{3} \left| Q_{i1} - Q_{i0} \right|$$

其中，K 为产业结构变动指数；Q_{i1} 为报告期第 i 海洋产业构成百分比，Q_{i0} 为基期第 i 海洋产业构成百分比。K 值越大，说明海洋产业结构变动幅度越大。结合海洋产业构成比例变动态势进一步分析海洋产业结构变动方向。

根据 2001—2020 年江苏海洋、陆域和全省经济三次产业变动情况（见表 3-4），从产业结构变动指数上看，海洋经济在 2001—2010 年发展过程中产业结构调整幅度最大，变动指数达到 0.380，而同期陆域经济三次产业结构变动指数仅为 0.127。2001 年，江苏海洋三次产业结构比例为

5.7：35.3：59.0，海洋经济不仅总量上远远落后于陆域经济，而且海洋产业结构十分单一，海洋交通运输业占据了主导地位。经过20年的发展，以海洋工程装备制造业、海洋生物医药业、海洋新能源产业、现代海洋服务业等海洋新兴产业以及海洋船舶工业、海洋交通运输业、海洋滨海旅游业等海洋传统产业的升级转型和快速发展极大推动了江苏海洋产业结构持续优化升级。2020年，江苏海洋三次产业比例为5.6：48.2：46.2，海洋第二产业比重迅速上升，几乎占据了半壁江山，跃居海洋三大产业之首。2001—2010年，海洋三次产业结构的调整与陆域经济和全省经济的产业结构调整趋于同步，体现出"二三一"型产业结构特征，而2010—2020年海洋三次产业的调整与陆域经济和全省经济的产业结构调整稍具差异性，海洋经济处于由"二三一"向"三二一"转型阶段，而陆域经济和全省经济的产业结构已于2015年进入"三二一"阶段[①]。

表3-4　　　　　2001—2020年三次产业结构变动指数

类型	2001年	2010年	2020年	2001—2010年	2010—2020年	2001—2020年
海洋经济	5.7　35.3：59.0	4.6：54.3：41.1	5.6：48.2：46.2	0.380	0.121	0.258
陆域经济	12.0：53.0：35.0	5.9：52.7：41.4	4.3：42.6：53.1	0.127	0.233	0.286
全省经济	11.6：51.9：36.5	5.8：52.8：41.4	4.4：43.1：52.5	0.115	0.223	0.251

　　产业结构空间特征分析见表3-5。近年来江苏省域产业经济快速发展，第一产业比重逐步下降，第二、第三产业比重稳步提升，产业结构逐步向合理化和高级化方向转变。但不同地区之间，三次产业结构空间差异仍然明显。2001年、2010年、2020年江苏沿海地区三市生产总值分别为1 749.32亿元、6 920.88亿元、18 916.73亿元，占江苏当年地区生产总值比重分别为18.39%、16.71%、18.42%，表明江苏沿海地区成为江苏区域经济发展新的增长极。从三次产业增加值构成来看，江苏沿海地区三次产业增加值构成比例从2001年的21.6：45.5：32.9更替为2010年的12.7：50.0：37.4，再升级到2020年的8.0：43.5：48.5，同期江苏分别为11.4：51.6：37.0、6.1：52.5：41.4、4.4：43.1：52.5，江苏

---

① 2015年陆域和全省三次产业结构比例分别为5.4：46.5：48.1和5.5：46.9：47.6。

非沿海地区分别为9.1：53.0：38.0、4.8：52.9：42.2、3.6：42.9：53.4，与江苏及江苏非沿海地区相比，2001—2010年沿海三市农业产值比例较高，第三产业对地区经济贡献不足，而拉动经济区经济增长主要依靠第二产业，三次产业结构类型呈现"二三一"型。江苏沿海地区2020年产业结构虽呈现"三二一"型，但与江苏和江苏非沿海地区乃至全国相比，第三产业比重低于50%，仍处于工业化中后期阶段。在江苏省沿海三个城市中，南通地区生产总值2001年、2010年、2020年分别为819.12亿元、3 430.54亿元、9 853.98亿元，占沿海地区生产总值比重分别为46.8%、49.6%、52.1%，从地区经济总量规模来看，南通是江苏沿海三市陆域和海洋经济发展的龙头。从三次产业结构来看，江苏沿海地区第一产业比重大、第三产业发展力度不足，而第二产业虽然比重大，但区域内部差异明显，产业结构有待进一步优化。

表3-5　　2001—2020年全国、江苏、沿海地市三次产业构成

年份	2001	2010	2020
全国	14.0：44.8：41.2	9.3：46.5：44.2	7.7：37.8：54.5
江苏	11.4：51.6：37.0	6.1：52.5：41.4	4.4：43.1：52.5
江苏沿海地区	21.6：45.5：32.9	12.7：50.0：37.4	8.0：43.5：48.5
江苏非沿海地区	9.1：53.0：38.0	4.8：52.9：42.2	3.6：42.9：53.4
南通	16.2：49.8：34.0	8.2：54.6：37.2	4.7：46.8：48.5
连云港	23.8：44.5：31.7	16.3：45.2：38.5	12.0：41.2：46.8
盐城	27.7：41.1：31.2	17.1：46.2：36.7	11.3：39.1：49.6

数据来源：《江苏统计年鉴2002》《江苏统计年鉴2011》《江苏统计年鉴2021》。

说明：鉴于分地市合计与全省地区生产总值、三次产业增加值存在统计误差（主要原因在于由于采取分级核算，各地区数据相加不等于全省总计），采用分地市地区生产总值、三次产业增加值之和与全省地区生产总值、三次产业增加值之比值作为统计误差调整系数进行调整。

产业结构相似性特征分析。江苏沿海地区产业结构趋同状况究竟如何？利用联合国工业发展组织国际工业研究中心提出的产业结构相似系数刻画江苏沿海三市之间产业结构相似程度。产业结构相似系数公式为：

$$S_{ij} = \frac{\sum x_{ik} \cdot x_{jk}}{\sum x_{ik}^2 \cdot \sum x_{jk}^2}$$

其中：S_{ij}是i、j两个区域产业结构相似系数，x_{ik}、x_{jk}分别表示i、j区域k产业（部门）特征值（主要采用产值比重、就业人员比重、营业收入比重等），主要采用分行业增加值。S_{ij}取值在0~1之间，当S_{ij}越趋向于0时，两个地区产业结构差异性越大；而当S_{ij}越趋向于1时，两个地区产业结构越相似。

江苏非沿海地市产业相似系数在0.9415~0.9969之间浮动（见表3-6），表明各地市未能充分利用各地自身的资源优势、区位优势、产业优势等有利条件发展各地市特色产业，产业结构趋同现象较为明显。而沿海三市中连云港与盐城的产业结构相似性最强，产业结构相似系数高达0.9942。连云港与盐城是江苏农业产值比重较大的两个地区，连云港第二产业产值比重比盐城略高1.8个百分点。与其他地市相比，南通与连云港、盐城的产业结构差异性较小，但与南京之外的非沿海城市产业结构趋同现象明显。

表3-6　　　　2020年江苏各地市产业结构相似系数

地市	南通	连云港	盐城
南京	0.9599	0.9415	0.9501
无锡	0.9925	0.9738	0.9855
徐州	0.9790	0.9814	0.9919
常州	0.9925	0.9737	0.9812
苏州	0.9943	0.9752	0.9823
淮安	0.9907	0.9900	0.9920
扬州	0.9969	0.9856	0.9909
镇江	0.9956	0.9856	0.9890
泰州	0.9954	0.9883	0.9906
宿迁	0.9919	0.9880	0.9959
南通	1	0.9885	0.9927
连云港	0.9885	1	0.9942
盐城	0.9927	0.9942	1

　　城市空间结构分析。城市经济发展主要依靠第二、第三产业比重的上升和农业比重的下降，产业结构高级化和合理化直接决定一个国家或地区城市化水平。与此同时，城市是区域核心作用发挥和区域产业发展的重点依托，一个国家或地区城市间的功能联系和等级体系决定该地区产业发展水平、层次和空间布局。研究区域产业空间结构离不开分析城市空间结构。城市空间结构分析主要涉及两个方面，一是城市内部结构，二是城市外部联系。从产业角度分析城市内部结构重点是揭示城市等级规模及支撑城市发展的产业体系；从城市外部联系角度重点分析城市间相互作用方式、内容和强度等空间联系问题。为了不失一般性，主要分析第二种，即城市外部联系。

　　城市间相互作用强度是指城市间相互吸引、相互联系的强度。英国人口统计学家雷文茨坦（Ravenstein）根据牛顿万有引力模型构建经济引力模型用于反映城市间的相互作用强度。该模型将城市经济能量看作城市质量，城市经济能量与两个因素有关：一是经济规模，用城市总人口来反映；二是城市经济增量，采用地区生产总值衡量。经济引力模型认为城市间相互作用强度与城市规模成正比，与城市间距离成反比，计算公式为：

$$E_{ij} = K \cdot \frac{\sqrt{pop_i \cdot GDP_i \cdot pop_j \cdot GDP_j}}{R_{ij}^2}$$

其中：E_{ij} 是 i 城市与 j 城市间相互作用强度；pop、GDP 分别为城市的总人口和地区生产总值；R 为两个城市间的距离；K 是能量折损系数，在交通、城市区位等相关条件一定前提下为常数，为不失一般性和不影响分析结论，本书假设 K 为 1。考虑到 E_{ij} 量纲单位不具有明确的显性的可解释性，以及研究目的更多是比较各个城市之间作用强度相对大小及其排序。采用初值法、均值法、最小值法、最大值法、标准化法等无量纲化处理方法构造相对作用强度：

$$e_{ij} = \frac{E_{ij}}{E_{min}}$$

其中，$E_{min} = \min \{E_{ij}\}$，此时 $e_{ij} \geq 1$，e_{ij} 越大，表示 i 城市与 j 城市间相互作用强度越大。利用江苏各城市人口、地区生产总值和各城市间距离计算得到各城市间的相互作用强度。其中，经济、人口数据来源于《江苏统计年鉴2021》，距离数据来源于江苏省地图册。

连云港与地缘接近的徐州、淮安、宿迁相互作用强度比较大，而与江苏其他城市联系松散且相互作用强度较小，特别是与无锡、扬州、镇江的相互作用强度均小于2（见表3-7）。南通与江苏其他城市相互作用强度最大，与泰州相互作用强度高达69.79，与经济发达的苏南城市作用强度均在6以上。沿海三个城市中，连云港和盐城的相互作用强度最小，南通与盐城的相互作用比较大，表明沿海三市之间及与其他城市相互作用强度比较分散，相互作用强度差异较大，最大值是最小值的60多倍，揭示了三个沿海城市之间及与其他城市之间的相互作用在空间上呈分离态势，空间不均衡性问题比较突出。

表3-7　2020年江苏沿海城市与江苏其他城市间的相互作用强度

城市	连云港	南通	盐城
南京	3.28	25.84	16.51
无锡	1.76	9.32	6.53
徐州	20.58	6.24	11.37
常州	2.62	6.83	4.72
苏州	2.51	13.00	8.86
淮安	10.41	9.93	45.66
扬州	1.61	30.20	17.01
镇江	1.00	6.56	15.68
泰州	2.02	69.79	32.93
宿迁	15.63	4.80	13.16
连云港	1.00	3.15	6.08
南通	3.15	1.00	46.84
盐城	6.08	46.84	1.00

空间相关性分析。空间相关性分析作为一种探索性空间数据分析方法，主要分析一个区域地理事物的某一属性与其他空间同种属性之间的关系。常用的度量指标是空间自相关指标，用于测度和检验地区 i 某一事物的属性值（比如GDP）是否显著地与地区 j 同种事物的属性值具有

相似的取值和趋势（空间正相关）或具有相反的取值和趋势（空间负相关），判断两个地区间某个属性分布是有规律的集聚还是随机分布，是空间单元属性值聚集程度的一种度量。

　　空间自相关指标分为全局自相关和局部自相关，全局自相关是描述属性值在整个区域的空间特征，不能揭示全局各个组成部分之间的相关性。在区域总体空间差异较少情况下，局部空间差异可能较大。若需要进一步考虑是否存在局部空间集聚、哪个区域单元对全局自相关贡献大以及空间自相关的全局评估在多大程度上掩盖反常的局部状况，就需要采用局部自相关指标 LISA。LISA 侧重于测度以每个地理单元为中心的一小片区域的集聚或离散情况，可用于识别空间集聚（热点或冷点）与离群点，其计算公式为：

$$LISA_i = \frac{(x_i - \bar{x})(\sum w_{ij}(x_j - \bar{x}))}{S^2}$$

其中，$LISA_i$ 表示 i 地区与其他地区空间自相关系数。x_i、x_j 分别表示 i、j 区域观测值（选用人均 GDP）。W_{ij} 是空间权重矩阵 W 的元素，表示 i、j 区域空间邻近关系，取值规则为：

$$W_{ij} = \begin{cases} 1 & i、j区域相邻，且 i \neq j \\ 0 & 其他 \end{cases}$$

此时 $\bar{x}_i = \dfrac{\sum x_i}{n}$，$S^2 = \dfrac{\sum\limits_{j \neq i}^{n}(x_j - \bar{x})^2}{n-1}$，n 为地区个数。

　　考虑到区域观测值量纲单位差异性，令 $Z_i = \dfrac{x_i - \bar{x}}{S}$，则：

$$LISA_i = \frac{(x_i - \bar{x})(\sum w_{ij}(x_j - \bar{x}))}{S^2} = Z_i \sum w_{ij} Z_j$$

　　利用人均 GDP 计算得到空间自相关系数 $LISA_i$ 可以识别 i 地区与其相邻地区空间相互关系；若 $LISA_i > 0$，表示 i 地区与其相邻地区人均 GDP 间存在空间正相关性，且绝对值越大正相关性越强；若 $LISA_i < 0$，表示 i 地区人均 GDP 与其相邻地区人均 GDP 间存在空间负相关性，且其绝对值越大负相关性越强。考虑到 $LISA_i$ 由两部分组成，一部分是 i 地区 GDP 与其均值的偏差 Z_i，另一部分是 i 地区与其相邻地区关系 $\sum w_{ij} Z_j$，因此可能存在四种类型关联模式，见表 3-8。

表3-8 区域空间自相关模式

类型	特征值	区域空间特征
扩散效应区	$Z_i > 0$且 $\sum w_{ij}Z_j > 0$	该区域与相邻地区人均GDP都高于整个区域平均水平且具有同步高增长趋势;相邻地域的增长与中心区域的增长正相关,形成空间"扩散效应"
集聚效应区	$Z_i > 0$且 $\sum w_{ij}Z_j < 0$	该地区人均GDP高于整个区域平均水平,而相邻地区人均GDP低于整个区域平均水平,中心与相邻地区的经济增长存在显著负相关,形成空间"集聚效应"
过渡区	$Z_i < 0$且 $\sum w_{ij}Z_j > 0$	该地区人均GDP低于整个区域平均水平,而相邻地区人均GDP高于整个区域平均水平,在空间上出现经济增长凹陷,一般处于高速增长区与低速增长区的过渡区
低速增长区	$Z_i < 0$且 $\sum w_{ij}Z_j < 0$	该地区与相邻地区的人均GDP低于整个区域平均水平且呈现正相关,形成一个低速增长的空间交集区

从江苏全省区域层面分析,利用江苏各地市2020年人均GDP数据计算得到空间局部自相关系数并判断江苏沿海三市属于何种空间类型(见表3-9)。南通人均GDP为129 900元,高于整个江苏省平均水平(人均GDP为121 231元),而周围地区盐城、泰州、苏州与之呈负相关关系($LISA_i < 0$),处于高速增长地区与低速增长地区的过渡区。连云港与盐城人均GDP均低于江苏省平均水平,分别为71 303元和88 731元,而连云港周围的淮安、徐州、盐城以及盐城周围的扬州、泰州、南通的人均GDP都高于该地区,在整个江苏省处于低速增长地区。

表3-9 江苏沿海三市在江苏全省区域层面的空间局部自相关结果

沿海城市	Z_i	$\sum w_{ij}Z_j$	$LISA_i$
连云港	−0.31	−1.08	0.33
南通	−0.04	0.14	−0.01
盐城	−0.24	−0.72	0.17

从沿海三市所属江苏三大区域而言,南通属于苏中地区,连云港与盐城属于苏北地区。江苏三大区域层面空间自相关结果,从表3-10可以看出,连云港人均GDP低于苏北平均水平(人均GDP为79 568元),而周围地区徐州、淮安、盐城人均GDP都高于苏北地区,连云港在苏北

为低速增长区；盐城人均GDP高于苏北平均水平，而周围地区连云港、淮安、扬州、泰州、南通与之呈负相关关系（$LISA_i < 0$），盐城在苏北属于集聚效应区；南通人均GDP高于苏中平均水平但低于苏南地区，而周围地区与之呈负相关关系（$LISA_i < 0$），南通在苏中属于集聚效应区。

表3-10　　江苏沿海三市在苏北、苏南区域空间自相关分析结果

沿海城市	Z_i	$\sum w_{ij}Z_j$	$LISA_i$
连云港	−0.73	−0.32	0.23
南通	0.07	−1.03	−0.07
盐城	0.39	−0.90	−0.35

　　海洋产业布局分析。合理的产业布局有助于促进区域分工，并充分发挥地区资源比较优势和绝对优势，提高资源综合利用效率。产业布局在资源优化配置基本原则下应遵循全局和长远、集中和分散相结合等具体原则。以Weaver-Thomas关于工业战略产业布局优化模型为基础，构建江苏省海洋经济产业布局模型分析江苏海洋产业优化布局。Weaver-Thomas模型的基本原理是将一个观察分布（实际分布）与假设分布进行比较以建立一个最优近似分布。第一步先将各项指标从大到小降序排列，第二步通过计算和比较每一种假设分布与实际分布之差值平方和并以此确定最优近似分布。假设EN_{ij}为i海洋产业第j项指标值，其中i = 1，2，…，m，j = 1，2，…，n，m为海洋产业个数，n为指标个数。对于第i个产业其组合指数WT_{ij}为：

$$WT_{ij} = \sum (\lambda_i^m - 100EN_{ij} / \sum EN_{ij})^2$$

　　全部产业综合排名指数为：

$$WT = \frac{\sum WT_{ij}}{n}$$

其中，$nq_j = \left\{ n: WT_{ij} = \min WT_{ki}(k = 1, 2, ..., m) \right\}$，$nq = \frac{1}{n}\sum_{j=1}^{n} nq_j$，

$$\lambda_i^n = \begin{cases} \dfrac{100}{n} & \text{当} i \leqslant n\text{时} \\ 0 & \text{当} i > n\text{时} \end{cases}。$$

　　nq_j为第j项指标对应海洋产业个数，nq为全部指标对应海洋产业个数。WT值大表明该海洋产业综合竞争力较强，在区域产业布局时应重点

考虑。通过测算比较不同时期江苏各个海洋产业组合指数值,从而确定各海洋产业在该区域优劣势进而合理布局海洋产业以实现区际效益最大化。

海洋产业优化指标体系主要由区位商、增加值比重、关联度、需求弹性、技术水平、出口依存度和产业规模等构成。鉴于统计数据的可获得性,主要选择区位商 WT_{n1}、区内产业增加值比重 WT_{n2}、产业需求弹性系数 WT_{n3} 以及海洋产业规模 WT_{n4}。《海洋及相关产业分类》(GB/T 0794—2006)将我国海洋产业划分为海洋渔业、海洋油气业、海洋矿业、海洋盐业、海洋化工业、海洋生物医药业、海洋电力业、海水利用业、海洋船舶工业、海洋工程建筑业、海洋交通运输业、滨海旅游业等主要海洋产业,海洋科研教育管理服务业,以及海洋相关产业(海洋农林业、海洋设备制造业、涉海产品及材料制造业、涉海建筑与安装业、海洋批发与零售业、涉海服务业等)。根据上述有关指标体系计算我国沿海地区主要海洋产业WT,通过WT大小确定我国沿海地区各海洋产业综合竞争力排名,为沿海地区的海洋产业布局提供参考。考虑到沿海地区海洋主导产业发展潜力和规模优势,暂定沿海地区重点布局海洋产业数nq = 5~6。

根据表3-11可以发现,对某一具体海洋产业,某些指标对应的 WT_{ij} 值较大,某些指标对应的 WT_{ij} 值较小,比如天津海洋油气业对应的区位熵指标值为2 981.60,而其对应产业需求弹性系数指标值仅为84.97,表明沿海省份的每个海洋产业及其相应的各项指标值之间存在较为复杂的差异。海洋产业综合竞争力WT值可以有效解决这一差异过大问题。沿海地区各个海洋产业WT平均值显示江苏海洋产业的优势由高至低依次为海洋生物医药业、海洋工程建筑业、海洋交通运输业、海洋盐业、海洋渔业、海洋船舶工业和滨海旅游业。但是与其他沿海地区相比,海洋生物医药业、海洋工程建筑业、海洋交通运输业、海洋盐业、海洋船舶工业和滨海旅游业没有明显优势,海洋渔业只略好于浙江,但与山东、广东、广西、天津等相比仍有较大差距;海洋船舶工业好于辽宁、上海,但与山东相比有一定差距;海洋交通运输业处于中间水平,但与辽宁仍有很大差距;海洋生物医药业好于辽宁,但劣于福建;海洋工程建筑业略好于浙江和广西;滨海旅游业稍好于浙江和辽宁,但与上海、天津有一定差距,与其他沿海省份差距不大。

表3-11 评价指标值计算结果

地区	指标	海洋渔业	海洋油气业	海洋盐业	海洋船舶工业	海洋交通运输业	海洋生物医药业	滨海旅游业	海洋矿业	海洋工程建筑业
天津	WT_{n1}	602.30	2 981.60	374.00	455.30	424.20		353.00		
	WT_{n2}	629.30	941.58	568.00	525.55	259.71		623.49		
	WT_{n3}	628.10	207.35	579.00	549.27	16.65		623.91		
	WT_{n4}	577.10	84.97	580.60	532.67	4.99		94.90		
	WT	609.20	1 053.90	525.25	515.70	176.40		423.83		
山东	WT_{n1}	548.54	600.35	503.77	551.00	593.63		467.00		
	WT_{n2}	647.90	559.78	640.22	885.40	210.08		0.05		
	WT_{n3}	1.60	594.12	617.21	506.18	375.25		148.34		
	WT_{n4}	11 898.00	397.49	390.56	455.13	22.55		245.78		
	WT	3 274.00	537.94	537.94	599.43	300.38		215.78		
河北	WT_{n1}	564.68		3 530.73	217.15					
	WT_{n2}	220.83		539.72	235.00	16.77		0.43		
	WT_{n3}	151.04		2 295.15	475.58	354.76		398.99		
	WT_{n4}	4.91		42.02	410.33	0.80		171.00		
	WT	235.37		1 679.20	334.52	171.00		190.37		

续表

地区	指标	海洋渔业	海洋油气业	海洋盐业	海洋船舶工业	海洋交通运输业	海洋生物医药业	滨海旅游业	海洋矿业	海洋工程建筑业
辽宁	WT_{n1}	240.34	552.62	0.03	329.56	1 974.60	25.26	283.83		
	WT_{n2}	293.26	99.22	59.38	37.12	1 523.00	129.16	71.19		
	WT_{n3}	92.32	295.62	85.21	263.44	243.32	615.73	5.48		
	WT_{n4}	602.38	599.89	593.29	63.02	1 246.90	256.72	120.72		
	WT	307.08	386.84	184.47	173.29	984.70		196.15		
上海	WT_{n1}	600.31	606.40		401.77	105.39		397.35		
	WT_{n2}	51.98	98.90		142.92	280.80		1 045.10		
	WT_{n3}	255.91	278.34		7.37			487.54		
	WT_{n4}	557.58	614.10		219.97	260.46		531.53		
	WT	366.45	399.40		193.01	407.84				
江苏	WT_{n1}	279.75		0.05	458.42	502.02	337.84	206.07		591.90
	WT_{n2}	378.25		214.40	22.56	13.23	503.57	65.22		4.02
	WT_{n3}	17.86		191.14	372.41	384.12	402.30	330.53		399.40
	WT_{n4}	208.79		575.12	13.58	456.29	492.24	32.88		399.40
	WT	221.16		245.18	216.74	338.92	433.98	158.68		348.70

续表

地区	指标	海洋渔业	海洋油气业	海洋盐业	海洋船舶工业	海洋交通运输业	海洋生物医药业	滨海旅游业	海洋矿业	海洋工程建筑业
浙江	WT_{n1}	6.36		223.02		641.40		108.21	521.60	
	WT_{n2}	393.89		145.72	253.01	302.42		289.14	205.60	253.01
	WT_{n3}	20.39		189.38	176.07	133.22		135.99	224.90	176.07
	WT_{n4}	219.11		221.92	271.05	43.97		5.05	579.60	243.67
	WT	159.94		195.01	233.38	280.25		134.62	382.90	224.25
福建	WT_{n1}	77.21		405.69	586.67		1 760.00			
	WT_{n2}	309.40		372.91	85.51	599.37	226.92			
	WT_{n3}	6.39		18.33	208.46	474.65	67.83			
	WT_{n4}	1 005.70		620.62	480.75	56.39				
	WT	349.67		354.39	340.40	376.80	684.90			
广东	WT_{n1}	3 550.10	401.17	342.77	442.65	395.04		307.70		
	WT_{n2}	184.96	63.11	152.46	156.39	1.27		62.96		
	WT_{n3}	191.54	307.43	222.98	219.11					
	WT_{n4}	46.23	44.28		506.65	215.35		139.71		
	WT	993.21	204.00	239.40	331.20	203.89		170.88		

续表

地区	指标	海洋渔业	海洋油气业	海洋盐业	海洋船舶工业	海洋交通运输业	海洋生物医药业	滨海旅游业	海洋矿业	海洋工程建筑业
广西	WT_{n1}	343.56	7.20					526.92	359.80	212.18
	WT_{n2}	340.23	493.51					27.96	0.54	93.83
	WT_{n3}	10.30	691.41					315.23	377.70	245.27
	WT_{n4}	1 917.00						130.41	576.60	363.82
	WT	652.86	397.37					250.13	328.70	228.78
海南	WT_{n1}	416.84		430.04				548.78	396.30	
	WT_{n2}	192.07		96.59				331.00	495.10	
	WT_{n3}	1.66		276.60				328.00	354.50	
	WT_{n4}	1 402.80						77.42	595.90	
	WT	503.35		267.74				321.54	460.50	

陆海产业关联效应分析。选用灰色关联模型分析江苏陆域与海洋产业间的疏密关系。灰色关联模型主要是通过比较各因素间的时间序列数据的相对变化来反映各因素间关系的强弱、大小和次序。灰色关联度较大，表明两因素变化的态势基本一致，影响因子序列对主序列影响较大；反之灰色关联度较小，说明主序列受此影响因子序列的影响较少。

鉴于数据的可获得性，选取 2001—2020 年江苏海洋、陆域及全省经济三次产业数据分析江苏省域经济与陆海经济系统的关系以及陆域经济与海洋经济各产业间的关联性。海洋产业数据来源于《中国海洋统计年鉴 2011—2019》《2020 年中国海洋经济统计公报》《2019 年中国海洋经济统计公报》《2019 年江苏省海洋经济统计公报》《2020 年江苏省海洋经济统计公报》，江苏各产业数据来源于《江苏统计年鉴 2011—2021》。由于年鉴中没有陆域经济数据，按照产业对应关系，陆域经济采用地区生产总值减去海洋生产总值估计陆域经济生产总值，相应的陆域经济各产业增加值采取类似方式处理。

全省全域经济与陆域和海洋产业关联效应实证检验。以全省 GDP 为主序列 $X_0 = GDP$，陆域生产总值和海洋生产总值为两个影响因子序列分别记为 $X_1 = LGDP$ 和 $X_2 = GOP$。

第一步对原始数据进行初始化（见表 3-12）。

表3-12　　　　　　　　　　初始化值表

年份	$X_0 = GDP$	$X_1 = LGDP$	$X_2 = GOP$
2000	1.0000	1.0000	1.0000
2001	1.1056	1.1776	1.1043
2002	1.1216	1.1201	1.1454
2003	1.3158	1.3136	1.3484
2004	1.5675	1.5666	1.5803
2005	1.9162	1.9283	1.7338
2006	2.2461	2.2498	2.1906
2007	2.7481	2.7189	3.1889

续表

年份	X_0 = GDP	X_1 = LGDP	X_2 = GOP
2008	3.2723	3.2507	3.5991
2009	3.6452	3.5803	4.6254
2010	4.3761	4.2657	6.0441
2011	5.1645	5.0254	7.2645
2012	5.6787	5.5224	8.0390
2013	6.2758	6.1368	8.3765
2014	6.8554	6.6793	9.5152
2015	7.5349	7.3461	10.3859
2016	8.1794	7.9764	11.2453
2017	9.0802	8.8681	12.2843
2018	9.8561	9.6573	12.8591
2019	10.4324	10.2133	13.7420
2020	10.8619	10.6989	13.3243

计算差值绝对值（见表3-13）。

表3-13　　　　　　　　　　　　差值绝对值表

年份	Δ_{01}	Δ_{02}
2001	0.0013	0.0720
2002	0.0237	0.0016
2003	0.0327	0.0021
2004	0.0128	0.0008
2005	0.1824	0.0121
2005	0.0554	0.0037
2007	0.4408	0.0292
2008	0.3268	0.0216

年份	Δ_{01}	Δ_{02}
2009	0.9802	0.0649
2010	1.6680	0.1104
2011	2.1001	0.1391
2012	2.3603	0.1563
2013	2.1007	0.1391
2014	2.6598	0.1761
2015	2.8510	0.1888
2016	3.0659	0.2030
2017	3.2040	0.2121
2018	3.0029	0.1988
2019	3.3096	0.2191
2020	2.4623	0.1630

不失一般性，取分辨系数 $\rho = 0.5$，根据产业关联度公式：

$$\xi_i = \frac{\Delta_{min} + \rho\Delta_{max}}{\Delta_i + \rho\Delta_{max}}$$

计算得到 2001—2020 年全省经济与陆域经济产业关联系数 ξ_1 以及与海洋经济关联系数 ξ_2。根据 $r_i = \sum \xi_i / n$ 计算平均关联度得到 $r_1 = 0.9206$、$r_2 = 0.6050$，即江苏全域经济与陆域经济关联度为 0.9206，全域经济与海洋经济关联度为 0.6050。也就是说，江苏经济与陆域经济高度相关，与海洋经济关联度小于陆域经济。江苏经济主要是依靠陆域经济做支撑，海洋经济对全省经济贡献还很小，并没有承担起新经济增长点的重任。

江苏省海洋与陆域各产业间关联效应分析。基于三次产业层面深入研究江苏海洋与陆域各产业间疏密关系，以海洋三次产业为主序列，分别与陆域一、二、三产业进行灰色关联分析。具体来说，以海洋第一产业为主序列，陆域第一、二、三产业为影响因子序列；以海洋第二产业为主序列，陆域第一、二、三产业为影响因子序列；以海洋第三产业为主序列，陆域第一、二、三产业为影响因子序列分别进行灰色关联分析。鉴于分析过程与江苏全域经济与陆域和海洋产业关联效应分析过程完全一样，限于篇幅给出最后计算结果。

江苏海洋第一产业与陆域第一产业关联度为 0.7850，与陆域第二产业关联度为 0.7160，与陆域第三产业关联度为 0.7191，揭示了江苏海洋第一产业与陆域第一产业关联度最大，其次是陆域第三产业、陆域第二产业。海洋第一产业主要包括海水养殖业、海水捕捞业、滩涂农林牧业等，这些产业与陆域经济第一产业有着天然的联系。江苏海洋第一产业与陆域第二产业和陆域第三产业的关联度非常接近。江苏海洋第一产业可以为陆域第二产业中的食品加工业、制药业、化学工业等产业提供原材料，同时与陆域第三产业中的农林牧渔服务业、交通运输业、科学研究和综合技术服务业等密切相关。江苏近海岸线拥有全国八大渔场中的海州湾渔场、吕泗渔场、长江口渔场和大沙渔场，海洋渔业资源丰富，尤其贝藻类资源在全国具有独特优势。这就要求江苏充分发挥陆海资源优势，加快发展沿海地区贝类、紫菜、水产种苗、特种水产养殖等优势产业，突出发展海水养殖业和水产品加工业，协调陆域配套行业和产业，以海州湾海域、南黄海海域国家级海洋牧场示范区为依托，建设生态功能突出、示范作用显著的海洋牧场，促进海洋渔业优化升级发展以及海洋第一产业结构性调整。

江苏海洋第二产业与陆域第一产业的关联度为 0.7083，与陆域第二产业关联度为 0.7128，与陆域第三产业关联度为 0.7125。江苏海洋第二产业与陆域各产业间关联度的差距并不明显。江苏海洋第二产业主要是海洋医药、海洋石油化工、海洋船舶工业、海洋盐业、海洋化工业和海水利用等，这些海洋产业也是陆域产业在海洋领域的延伸，与陆域经济中的交通运输业、地质勘探、机械工业、医药化学工业等存在较强关联性，海洋第二产业规模扩大和结构调整将拉动整个陆域经济规模发展和发展层次深度调整，陆域产业发展也会成为海洋第二产业增长的强有力支撑。江苏海洋第三产业与陆域第一产业的关联度为 0.7090，与陆域第二产业的关联度为 0.7145，与陆域第三产业的关联度为 0.7140。江苏海洋第三产业与陆域第二产业的关联度最大，其次是第三产业，最后是第一产业，而且差距并不是很大。江苏海洋第三产业主要包括滨海旅游业、海洋运输业、海洋科研教育管理服务业等，可以看作陆域第三产业向海洋领域的拓展，这就要求江苏继续发挥陆海联动效应，以"一带一路"国际枢纽海港为重点，加快发展临港产业和现代先进物流业，拓展现代生产性服务业功能，提高先进制造业融合发展规模和层次，促进江苏陆海统筹高质量发展。

3.4 陆海统筹发展的主要问题

陆海兼备、滨江临海是江苏典型的地缘优势，江苏陆域经济发达，位居全国前列。随着经济快速发展，江苏省在人口、资源和环境方面压力不断增大，发展海洋经济已经成为江苏省经济保持可持续发展的突破口。虽然江苏沿海开发自2009年上升为国家战略后江苏海洋经济获得了快速发展，但是由于起步晚、总量小，与陆海统筹协调发展的目标差距仍然很大，江苏海洋经济总量规模偏低、增速相对较慢；海洋经济和产业结构性矛盾突出，海洋传统产业比重过高，海洋新兴产业规模偏小；科教大省优势发挥不足，海洋领域政产学研合作不够紧密，缺乏涉海科研"国家队"，海洋船舶、海工装备等涉海产业核心关键技术自给率偏低等。

3.4.1 海洋经济总量小，省域经济贡献率较低

随着我国沿海地区相继实施国家级沿海开发开放战略，沿海经济带建设取得较快发展，但从临海产业、产业布局、沿海城镇、港口等方面数据测算表明沿海地区的海洋资源、海洋产业、海洋经济质量效率相对落后于陆域资源、陆域产业、陆域经济（韩增林等，2012；杨荫凯，2013；曹忠祥，2015），沿海经济带区域内海洋经济相对滞后于陆域经济。从江苏而言，2000年以来江苏海洋经济总规模增长较快，但是与陆域经济相比，差距相当大。截至2020年，江苏海洋生产总值达到

7 828.0亿元，而同期陆域生产总值①达到 94 891.0亿元，海洋经济总量仅相当于陆域经济总量的8.25%，2001—2020年海洋经济总量占陆域经济总量比重在5.95%~9.64%之间波动，变动幅度在3.68个百分点。具体来看，从2001年的6.62%下降到2005年的5.95%，逐年上升到2012年的9.64%，然后逐年下降到2020年的8.25%。

2001—2020年江苏、沿海地区、全国海洋经济占GDP比重（%）见表3-14。

表3-14 2001—2020年江苏、沿海地区、全国海洋经济占GDP比重（%）

年份	江苏	沿海地区	全国
2001	6.21	15.38	8.59
2002	6.34	16.32	9.26
2003	6.37	14.86	8.70
2004	6.26	15.47	9.06
2005	5.62	15.25	9.43
2006	6.06	16.20	9.84
2007	7.21	15.97	9.49
2008	6.83	15.73	9.31
2009	7.88	15.56	9.23
2010	8.58	16.06	9.61
2011	8.74	15.88	9.34
2012	8.79	15.81	9.32
2013	8.29	15.79	9.23
2014	8.62	16.27	9.43
2015	8.56	16.55	9.51
2016	8.54	16.40	9.34
2017	8.40	16.62	9.22
2018	8.11	16.81	9.07
2019	8.18	17.13	9.02
2020	7.62	14.90	7.88

① 陆域生产总值LGDP定义为地区生产总值减去海洋生产总值。

从对全省经济发展贡献作用上看，海洋经济对全省经济发展的贡献率（海洋生产总值占地区生产总值比重）在逐步扩大，但与陆域经济相比，海洋经济对全省地区经济发展的贡献作用十分有限。江苏全域经济与陆域经济关联度为0.9941，而与海洋经济关联度为0.9950。2010年，江苏海洋产业对省域经济贡献率仅达到8.58%，不仅低于全国海洋经济对我国经济9.61%的贡献率，更远远低于沿海地区平均水平16.06%的贡献率。2020年，江苏海洋产业对省域经济贡献率仅达到7.62%，不仅低于全国海洋经济对我国经济7.88%的贡献率，更远远低于沿海地区平均水平14.90%的贡献率（见表3-14）。从发展趋势来看，2001—2020年江苏海洋经济占地区经济总量比重与全国相比，二者差距是逐步缩小的，由2001年的2.38个百分点先逐年扩大到2005年的3.81个百分点，再逐年下降到2020年0.26个百分点。这说明陆域经济在江苏经济发展中处于绝对主导地位，江苏海洋经济总体规模与其陆域经济规模相比明显偏小，对省域经济的拉动作用十分有限。

3.4.2 陆海发展不协调，陆海产业关联度不高

沿海经济带演化发育过程需发挥港口带动发展效应（姜晓丽等，2014；蹇令香等，2016），促使沿海经济带及其腹地产业分工异构化（林森，2009；韩增林等，2011）和产业集聚组团化（胡建伟，2010）。陆海联动发展是沿海腹地互动发展的核心动力（郝雷，2012）。Johansen协整检验证实其存在稳定因果关系（李乃文等，2010），沿海城镇分工和城镇功能提升依赖于沿海经济带基础设施互联互通（王亚丰，2011）和中心城市梯度推进扩散（韩增林等，2009；林石生，2016）。

从陆海产业关联效应分析可以看出，江苏海洋经济的第一、二、三产业分别与陆域经济的第一、二、三产业的产业关联度都不高，刚刚超过0.7，说明江苏海洋经济与陆域经济的发展没有形成相互支撑、互动发展。从具体的产业上来看，海洋第二产业的发展能够更多地带动陆域第二产业的发展。因此，海洋第二产业规模的扩大将拉动整个陆域经济的发展，同时，陆域产业的发展也会成为海洋第二产业增长的强有力支

撑。陆域第二产业能更多地带动海洋第三产业的发展，这可能是因为陆域经济发展更多地需要海洋运输业的发展，同时陆域经济的发展使民众收入提高，从而提高民众的旅游消费需求。只有海洋第一产业与陆域第一产业的关联度比较高，主要是因为海洋第一产业与陆域第一产业存在天然的联系，但是提高海洋第一产业与陆域第二和第三产业的关联度仍然具有巨大的空间。

3.4.3　苏北一体化不足，产业经济依存度不高

通过前述关于产业空间结构分析、城市空间结构分析、空间相关性分析可以看出，不仅江苏沿海三市与江苏其他城市间的相互作用强度小，三市间的相互作用强度也小。这说明江苏沿海三市间经济联系不强，还没有形成统一的大市场。另外，从空间局部自相关系数分析上来看，连云港在苏北为低速增长区，盐城在苏北属于集聚效应区，南通在苏中属于集聚效应区。沿海三市与苏北其他城市间相互作用强度小，说明江苏陆海互动、统筹发展的程度低。江苏经济具有典型的苏南、苏北两大地域二元结构，苏南、苏北经济差距大，苏北城市与苏南城市间相互作用强度小说明苏南、苏北间经济联系不够强，南北互动，以苏南经济结构性调整带动苏北经济发展还有很大的发展空间。区域间的经济一体化必须让交通一体化先行，因此构建快捷高效的交通一体化网络是当务之急。

3.4.4　苏北产业同构化，未形成错位竞合格局

通过上面的分析可以看出，苏北各市的三次产业结构十分相似，相似度都在0.9以上，说明江苏沿海三市与苏北其他城市间没有根据各自的优势发展，没有形成陆海互动的格局。在沿海三市中，只有南通市的第二产业的比重稍微高一点。从第二产业中的制造业来看，从南通、连云港、盐城这三个城市制造业综合排名发现，排进前十名的都有纺织业、通用设备制造业、文教体育用品制造业、纺织服装鞋帽制造业以及金属制品业。南通与盐城制造业排名前十名中都有皮革、毛皮、羽毛（绒）及其制品业和工艺品及其制造业。

从上述比较中可以发现已经存在产业同构的现象，这些只是代表了当前的产业现状。从战略性新兴产业方面来看，在国家产业政策的引导下，江苏沿海地区都将发展新能源与新能源装备制造作为战略性新兴产业。如果各地产业定位不明确，极容易造成低水平重复建设，产业同构形成恶性竞争。例如，连云港、盐城、南通三市都先后批准并开展风力发电项目。在产业发展前景诱人的表象下，也存在一定的隐忧。与此同时，江苏沿海三市都将建设大港口作为带动经济发展的突破口，江苏沿海三市区位优势不同，建港的地质条件也有较大差异，如果三个港口间不能错位发展、相互支撑，反而将会削弱三市港口整体的竞争力。

与此同时，海洋主导产业地位与兄弟沿海省份相比不凸显。从12个主要海洋产业占比而言，江苏海洋船舶工业在全国一枝独秀，占全国海洋船舶工业比重高达65.3%，但其产业规模不够大，产业增加值占江苏GOP比重仅为8.6%；海洋电力业、海洋交通运输业占全国比重分别为17.6%、16.8%；海洋生物医药业、海洋工程建筑业占全国比重分别为11.8%、11.1%，略高于全国平均水平；海洋渔业、海水利用业占全国比重分别为7.4%、8.4%，略低于全国平均水平；滨海旅游业、海洋盐业、海洋化工业占全国比重分别为3.0%、2.3%、0.2%，远低于全国平均水平，特别是海洋先进制造业和海洋服务业规模与海洋经济强省要求差距较大。

海洋产业布局同质化态势比较严重。具体来说，海洋产业集中度不高，江苏涉海企业和项目散布于沿海沿江地区，涉海产业集中度不够，导致单位土地、海域投资强度和效用产出明显不足。从港口空间布局而言，江苏沿海地区由北向南依次规划建成赣榆港、连云港港、徐圩港、滨海港等重点港口，南北港口跨度接近900千米。从沿江石化产业而言，涉海石化企业和项目散布于沿海沿江地区，石化产业集中度较低，投资体量巨大、码头布点杂多，不仅造成省内多个港口之间的非理性竞争和重复低效建设，而且导致有限的资金分散化使用，不能形成规模经济效应。这就导致江苏沿海和沿江地区海洋产业差异化和特色化不明显，且沿海、沿江地区海洋产业发展呈现很强的路径依赖性，海洋产业结构调整具有明显的瓶颈制约，事实上形成了高度同质的海洋产业结构。海洋产业趋同将进一步加剧沿海之间、沿海和沿江之间的恶性竞争，严重影响整体资源配置效率，制约江苏海洋经济的高质量发展。

3.4.5　海洋优势不明显，未形成产业集聚集群

通过上面的实证分析可以看出，江苏海洋产业的优势产业由高至低依次为海洋生物医药业、海洋工程建筑业、海洋交通运输业、海洋盐业、海洋渔业、海洋船舶工业和滨海旅游业。但是与其他沿海省份比较来看，各产业没有明显优势。海洋渔业与山东、广东、广西、天津等地相比有较大的差距，海洋盐业与河北相比差距很大，海洋船舶工业与山东相比有一定的差距，海洋交通运输业与辽宁有很大的差距，海洋生物医药业劣于福建，海洋工程建筑业略好于浙江和广西，滨海旅游业与上海、天津有一定差距，但与其他省份差距不大。江苏沿海三市在江苏都属于第二产业发展相对落后的地区，在海洋渔业受海洋自然资源制约，短时期内无法大幅度提高的情况下，只有进一步发展各市具有竞争优势的海洋第二产业，形成产业集聚区，进一步带动海洋第三产业的发展才能提升江苏海洋经济的整体竞争力。

从海洋主导产业划分来看[①]，辽宁是滨海旅游业、海洋渔业、海洋交通运输业，河北是滨海旅游业、海洋交通运输业、海洋渔业，天津是滨海旅游业、海洋油气业、海洋交通运输业，山东是滨海旅游业、海洋渔业、海洋交通运输业、海洋工程建筑业、海洋生物医药业、海洋化工业，江苏是海洋交通运输业、海洋船舶工业、滨海旅游业、海洋渔业、海洋工程建筑业，上海是滨海旅游业、海洋交通运输业，浙江是滨海旅游业、海洋渔业、海洋交通运输业、海洋工程建筑业、海洋生物医药业，福建是滨海旅游业、海洋渔业、海洋交通运输业、海洋工程建筑业，广东是滨海旅游业、海洋交通运输业、海洋化工业、海洋油气业、海洋工程建筑业、海洋渔业，广西是海洋渔业、海洋交通运输业、滨海旅游业、海洋工程建筑业，海南是海洋渔业、滨海旅游业。与海洋经济强省山东、广东、福建相比，江苏海洋交通运输业在全国仅次于山东，

---

① 为了更于横向对比，将海洋产业增加值超过100亿元的海洋产业划为海洋主导产业。

而海洋渔业、滨海旅游业略高于海南和广西，其产业增加值分别是排名第一的山东、广东的23.0%、14.9%。

3.4.6 海洋科教不发达，未发挥技术集聚效应

江苏虽然是科技与教育大省，但是江苏沿海三市的科技与教育不够发达，除了南通和连云港各有一所综合性大学之外，盐城没有一所综合性大学，沿海三市有影响力的科研机构更是寥寥无几，特别是涉海的专业和科研机构不多也不强。为数不多的涉海院校和科研院所大部分集中在南京和苏南地区，布局分散，没有形成集聚效应；又由于沿江和苏南地区经济发达，吸引苏北地区的高校毕业生和高端人才资源不断地流向苏南和沿江一带，这使得苏北地区的科教水平无法满足经济发展的要求。与邻近的山东相比，山东不仅拥有中国海洋大学，而且还在建设海洋硅谷和海上试验场等，对海洋科技的投入力度相当大。

3.4.7 生态承载力过大，海洋生态环境需改善

《2017年江苏海洋环境质量公报》显示，江苏省61条主要入海河流95.6%的监测结果劣于地表水第Ⅲ类水质标准，4个入海排污口81%的监测结果劣于污水综合排放标准的水质要求，重点排污口邻近海域环境污染依然严重，主要超标污染物（或指标）为COD、氨氮、悬浮物等。由于大量工业和生活污水排放入海，对排污口邻近海域环境影响依然严重，陆源污染物的大量排海，仍然影响邻近海域的自然保护区、养殖区、增殖区、捕捞区、旅游度假区、盐田区等海洋主导功能区的正常发展，还导致全省水体呈轻度富营养化，苏北浅滩生态监控区仍处于亚健康状态。

海洋经济与海洋环境协调分析。基于系统性、科学性、数据可得性、稳定性和动态性等原则，构建海洋经济和海洋环境协调发展综合评价指标体系，计算江苏海洋经济与海洋环境协调度，定量揭示海洋经济与海洋环境互动协同发展态势，海洋经济和海洋环境协调发展综合评价指标体系由表征海洋经济的七个指标和海洋环境的五个指标组成（见表3-15）。

表3-15　　　　　　　　　　海洋经济与环境综合评价指标

子系统名称	指标名称
海洋经济子系统	海洋生产总值 x_1、海洋经济产值增长率 x_2、海洋生产总值占 GDP 比重 x_3、海洋第二产业占 GDP 比重 x_4、海洋第三产业占 GDP 比重 x_5、海洋科研专业技术人员 x_6、港口货物吞吐量 x_7
海洋环境子系统	单位海域工业废水排放强度 y_1、入海工业废水排放达标率 y_2、赤潮发生年频率 y_3、环境灾害造成海洋经济损失占海洋经济产值比重 y_4、风暴潮灾害导致海洋水产养殖受灾面积 y_5

采用 TOPSIS 对 2001—2020 年江苏海洋经济与海洋环境发展协调度进行综合评价，计算结果见表3-16。不难看出，江苏省海洋经济综合得分总体上呈现上升趋势，江苏海洋经济总体是持续稳定的，由于 2008 年金融危机以及 2020 年新冠肺炎疫情的影响，滨海旅游、海洋交通运输等产业发展受到冲击，限制了海洋经济的快速增长。海洋环境综合得分整体呈不稳定波动态势，2007 年恶化最为严重；其他年份总体出现较低幅度改善情况；伴随政府、企业和民众越来越重视海洋环境保护与治理问题，海洋环境污染治理投资逐年增加，海洋环境质量逐年提高。

表3-16　　2001—2020年江苏海洋经济和环境综合得分及其变化

年份	E(t)	ΔE(t)	E(t)/ΔE(t)	I(t)	ΔI(t)	I(t)/ΔI(t)
2001	0.33	—	—	0.45	—	—
2002	0.42	0.09	0.27	0.37	−0.08	0.18
2003	0.53	0.11	0.26	0.32	−0.05	0.14
2004	0.46	−0.07	0.13	0.26	−0.06	0.19
2005	0.17	−0.29	0.63	0.16	−0.10	0.38
2006	0.49	0.32	1.88	0.78	0.62	3.88
2007	0.43	−0.06	0.12	0.15	−0.63	0.81
2008	0.34	−0.09	0.21	0.43	0.28	1.87

续表

年份	E(t)	ΔE(t)	E(t)/ΔE(t)	I(t)	ΔI(t)	I(t)/ΔI(t)
2009	0.54	0.20	0.59	0.28	−0.15	0.35
2010	0.65	0.11	0.20	0.63	0.35	1.25
2011	0.66	0.01	0.02	0.70	0.07	0.11
2012	0.72	0.06	0.09	0.67	−0.03	0.04
2013	0.79	0.07	0.10	0.74	0.07	0.10
2014	0.83	0.04	0.05	0.79	0.05	0.07
2015	0.86	0.03	0.04	0.83	0.04	0.05
2016	0.85	−0.01	0.01	0.89	0.06	0.07
2017	0.92	0.07	0.08	0.88	−0.01	0.01
2018	0.89	−0.03	0.03	0.89	0.01	0.01
2019	0.94	0.05	0.06	0.92	0.03	0.03
2020	0.73	−0.21	0.22	0.85	−0.07	0.08

海洋经济和海洋环境是典型耗散结构并遵循熵变方程。利用海洋经济和海洋环境变动方向及其大小判断江苏省历年海洋经济与海洋环境的协调状态。令 $E(t)$、$I(t)$ 分别为江苏 t 时期海洋经济、海洋环境综合得分，则 $\Delta E(t) = E(t) - E(t-1)$、$\Delta I(t) = I(t) - I(t-1)$ 分别反映了前后两个时期海洋经济、海洋环境综合得分变动情况。根据二者取值大小构建直角坐标系反映海洋经济与海洋环境耦合模式，如图3-7所示。

第一象限区域称为耦合协调区：$\Delta E(t) > 0$ 表示海洋经济正向发展，$\Delta I(t) > 0$ 表示海洋环境质量改善，此时海洋经济与海洋环境耦合协调。第三象限区域称为衰退区：$\Delta E(t) < 0$ 表示海洋经济负向增长，$\Delta I(t) < 0$ 表示海洋环境质量下降，此时海洋经济与海洋环境耦合协调趋向衰退。图中第二、四象限：（1）$\Delta E(t) > 0$，$\Delta I(t) < 0$ 且 $|I(t)/\Delta I(t)| < \varepsilon$ 或 $\Delta E(t) < 0$，$\Delta I(t) > 0$ 且 $|E(t)/\Delta E(t)| < \varepsilon$。前者表示海洋经济水平提高的同时，海洋环境质量虽然有所下降且变化幅度不大，耦合系统总体趋

向有序；后者表示海洋环境状态改善，海洋经济水平略有衰退。这两种情况都属于耦合系统总体趋向有序，图中第二、四象限阴影部分称作基本协调区。（2）$\Delta E(t) > 0$，$\Delta I(t) < 0$ 且 $|I(t)/\Delta I(t)| \geqslant \varepsilon$ 或 $\Delta E(t) < 0$，$\Delta I(t) > 0$ 且 $|E(t)/\Delta E(t)| \geqslant \varepsilon$。前者表示海洋经济水平提高的同时，海洋环境质量有较大幅度下降；后者表示虽然海洋环境状态改善但海洋经济水平严重衰退。这两种情况都属于耦合系统趋向无序，也称作冲突区。

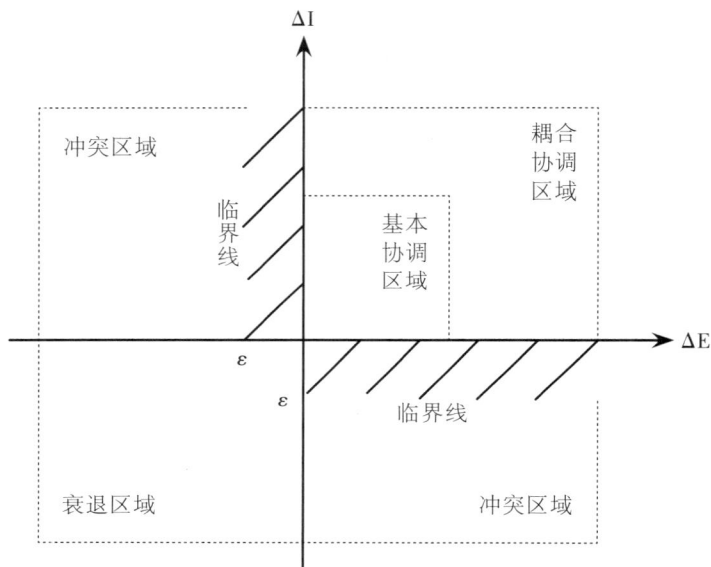

图 3-7 海洋经济与海洋环境耦合模式判断区域

赋值 $\varepsilon = 0.08$，根据江苏海洋经济与海洋环境耦合判别标准：2001—2020 年大部分年份海洋经济发展与海洋环境质量处于基本协调或耦合协调状态，其他年份均处于冲突或衰退阶段，在海洋经济发展的同时海洋环境质量却略有下降。总体而言，江苏省海洋经济与海洋环境发展并不完全同步，从长远看，海洋环境的破坏必然会引起海洋经济的衰退，从而会影响江苏海洋经济的可持续发展以及海陆经济的统筹协调发展。

3.4.8 岸线利用度不高，海洋功能配置不合理

江苏沿海地区涉海资源要素分布不合理。优良的沿海岸线是沿海地

区经济社会发展的重要自然资源，也是区域海洋经济发展的重要载体。江苏海岸线长约954千米，主要以粉砂淤泥质海岸线为主，约占海岸线总长的93%，这就导致江苏的海岸线适合建设城市、港口和工业项目的岸线不长。随着江苏沿海地区工业化和城市化迅猛发展，江苏海岸线适合城市、港口和工业项目的岸线空间利用压力大，缺乏科学布局，造成过度开发与资源浪费现象并存，因此集约利用这些宝贵的现有岸线资源十分重要。但是苏北三市在一段时期内为了发展经济，急于铺摊子，上大量的小项目和污染性高的项目，科技含量不高的项目往往先期占据了有限的岸线资源。在岸线的布局上，往往过于重视港口和工业项目的布局而忽视了生活岸线的保留，不仅影响了沿海居民生活质量，而且制约了滨海旅游业的进一步发展。

与此同时，沿海中心城市仍处于培育过程中，集聚海洋高级要素能力较弱，后发劣势不容忽视。部分地区海岸线使用管理比较粗放，项目开发层次偏低，岸线资源多占少用、占而不用现象较为普遍，进而导致港城融合发展深度不足，港城规模和综合服务水平普遍不高，对海洋经济支撑力不足；在一定程度上存在发展空间、岸线资源的相互争夺现象，中心城区的极核功能仍待培育，对海洋高级要素集聚辐射力不足，制约江苏沿海三市海洋产业转型升级。

3.5 海洋经济高质量发展测度

2017年10月18日，习近平总书记在党的十九大报告中指出，我国经济已由高速增长阶段转向高质量发展阶段，正处在转变发展方式、优化经济结构、转换增长动力的攻关期，建设现代化经济体系是跨越关口的迫切要求和我国发展的战略目标。2017年12月18日，习近平总书记在中央经济工作会议上进一步将其明确为新时代我国经济发展的基本特征。推动经济实现高质量发展，是适应我国发展新变化的必然要求，也是当前和今后一个时期谋划经济工作的根本指针。海洋是高质量发展的战略要地，海洋经济业已成为国民经济新的增长点。这些为新时代海洋经济高质量发展提供了基本遵循和科学指导，为加快形成衡量和推动海洋经济高质量发展的指标体系奠定了基础。

海洋经济是国家经济社会高质量发展的重要组成部分。从一般意义上来看，衡量国家和地区经济发展质量的标准至少包含经济发展的有效性、充分性、协调性、创新性、持续性、分享性和稳定性。党的十九大以后，国家和地区经济社会发展模式须扬弃过去数量粗放型发展模式，探索新时代质量增效型的经济高质量发展模式，把质量当成基础性和关键性的变量，把转方式、调结构、创新发展放到更加重要的位置。从概念和内涵而言，经济发展质量与经济增长质量是不同的，经济发展质量是对一国经济发展优劣状态的综合评价，其内涵要比经济增长质量宽泛得多①。海洋经济业已成为国民经济新的增长点，因此，当前和今后一个时期，要将五大发展理念融入海洋经济高质量发展实践中，充分发挥海洋科技对海洋经济发展的引领和支撑作用，完善现代海洋产业体系，加强海洋资源集约节约利用，实现海洋经济绿色可持续发展。

对海洋经济高质量发展水平进行科学动态评价，有助于从定量层面把握沿海地区海洋经济发展水平、时空差异、变化规律以及存在的不足，为海洋经济政府部门科学决策提供咨询依据，有助于沿海地区贯彻落实新时代创新、协调、绿色、开放、共享五大发展理念，关系到我国沿海地区海洋经济发展全局的深刻变革，对在海洋经济保持中高速增长，提高海洋经济与陆域经济发展平衡性、可持续性的基础上，加快促进海洋经济高质量发展具有重要调节指导意义。

海洋经济高质量发展是深度化解新常态下海洋经济发展结构性和深层次主要矛盾，加快促进海洋强国建设的重要途径和发展战略。海洋经济高质量发展有助于进一步化解海洋经济领域产能供给结构性过剩、供需发展不平衡、陆海发展不充分等问题。世界上主要海洋经济强国的历史发展经验表明，在海洋资源开发与利用、海洋生态环境保护、海洋产业体系、海洋产业布局、海洋科技创新等方面，需要实施海洋创新驱动战略，以海洋功能分区指导海洋产业布局并促进海洋产业结构合理化和

---

① 任保平. 经济增长质量的逻辑［M］. 北京：人民出版社，2015.

高级化，推动海洋经济高质量发展、促进海洋经济可持续健康发展。

3.5.1 综合评价指标体系

海洋经济高质量发展需要以海洋科技创新为引领与支撑，构建完善的现代海洋产业体系，促进陆海资源集约节约利用，完善绿色可持续的生态保障。这就要求从创新、协调、绿色、开放、共享五个层面构建海洋经济高质量发展测度指标体系（见表3-17）。

表3-17 **海洋经济高质量发展指标体系**

评价维度	评价指标	指标说明或计算公式	指标属性	指标权重
创新	A1海洋科研机构经费收入	—	+	0.0312
	A2海洋科研机构科技活动人员	—	+	0.0329
	A3海洋科研机构数	—	+	0.0330
	A4海洋科研机构发明专利授权数	—	+	0.0327
	A5海洋资本投入产出比	海洋生产总值/海洋资本=资本形成总额×海洋生产总值占地区生产总值比重	+	0.0330
	A6海洋劳动投入产出比	海洋生产总值/海洋劳动=全国涉海就业人员×海洋生产总值占全国海洋总值比重	+	0.0328
	A7海洋经济密度	海洋经济密度=海洋生产总值/土地面积	+	0.0329
	A8海洋经济规模	海洋经济规模=海洋生产总值	+	0.0329

评价维度	评价指标	指标说明或计算公式	指标属性	指标权重
协调	B1沿海腹地收入比	沿海腹地收入比=陆域生产总值/海洋生产总值	−	0.0102
	B2人均海洋生产总值	人均海洋生产总值=海洋生产总值/总人口	+	0.0329
	B3海洋产业高级化	海洋产业高级化指数=海洋第三产业增加值占海洋生产总值比重	+	0.0330
	B4陆海经济关联度	陆海经济关联度指数=海洋生产总值占地区生产总值比重	+	0.0330
	B5海洋经济增长率	海洋经济增长率=地区生产总值增量/地区生产总值	+	0.0328
	B6海洋经济区位熵	海洋经济区位熵指数=（地区GOP/地区GDP）/（全国GOP/全国GDP）	+	0.0330
	B7海洋产业合理化	海洋产业合理化指数=海洋第三与第二产业增加值比值	+	0.0329
绿色	C1海洋经济能耗强度	海洋经济能耗强度=GOP/涉海能源消耗=GOP/（地区能源消费总量×海洋生产总值占地区生产总值比重）	−	0.0617
	C2 废气排放密度	废气排放密度=GOP/涉海废气排放量=GOP/（地区废气排放量×海洋生产总值占地区生产总值比重）	−	0.0263
	C3固体废物排放密度	固体废物排放密度=GOP/涉海固体废物排放量=GOP/（地区固体废物排放量×海洋生产总值占地区生产总值比重）	−	0.0675
	C4 废水排放密度	废水排放密度=GOP/涉海废水排放量=GOP/（地区废水排放量×海洋生产总值占地区生产总值比重）	−	0.0464
	C5海洋环境保护支出	——	+	0.0330

评价维度	评价指标	指标说明或计算公式	指标属性	指标权重
开放	D1 对外开放水平	对外开放水平=进出口总额	+	0.0330
	D2 港口吞吐量	—	+	0.0330
	D3 港口集装箱吞吐量	—	+	0.0329
	D4 外商直接投资额	—	+	0.0330
	D5 国际旅游外汇收入	—	+	0.0327
共享	E1 收入水平	收入水平=人均可支配收入	+	0.0330
	E2 城镇化率	城镇化率=城镇总人口/常住总人口	+	0.0330
	E3 涉海就业人员	涉海就业人员=全国涉海就业人员×海洋生产总值占地区生产总值比重	+	0.0324
	E4 海洋专业毕业学生数	—	+	0.0330

其中，创新主要从海洋创新投入、海洋创新产出、海洋创新效率角度选用 A1 海洋科研机构经费收入、A2 海洋科研机构科技活动人员、A3 海洋科研机构数、A4 海洋科研机构发明专利授权数、A5 海洋资本投入产出比、A6 海洋劳动投入产出比、A7 海洋经济密度、A8 海洋经济规模等 8 个指标；协调主要从区域海洋发展、海洋产业结构、陆海关联、海洋经济增长角度选用 B1 沿海腹地收入比、B2 人均海洋生产总值、B3 海洋产业高级化、B4 陆海经济关联度、B5 海洋经济增长率、B6 海洋经济区位熵、B7 海洋产业合理化等 7 个指标；绿色主要从海洋资源消耗、海洋环境污染、海洋生态治理保护角度选用 C1 海洋经济能耗强度、C2 废气排放密度、C3 固体废物排放密度、C4 废水排放密度、C5 海洋环境保护支出等 5 个指标；开放主要从对外贸易、港口生产能力、外商投资角

度选用 D1 对外开放水平、D2 港口吞吐量、D3 港口集装箱吞吐量、D4 外商直接投资额、D5 国际旅游外汇收入等 5 个指标；共享主要从收入、海洋教育、涉海就业角度选用 E1 收入水平、E2 城镇化率、E3 涉海就业人员、E4 海洋专业毕业学生数等 4 个指标。

数据预处理。根据指标属性特征采用升序同趋势处理。正向指标采用 $y_{ij} = \dfrac{x_j - x_{min}}{x_{max} - x_{min}}$、逆向指标采用 $y_{ij} = \dfrac{x_{max} - x_{ij}}{x_{max} - x_{min}}$ 进行标准化换算。x_{ij}、x_{max}、x_{min} 分别为沿海地区 i 指标 j 的原始值、最大值、最小值。

指标体系权重。采用熵值法确定指标权重。先确定指标比重 $p_{ij} = \dfrac{y_{ij}}{\sum y_{ij}}$，求熵值 $E_j = -\dfrac{1}{\ln m} \cdot \sum p_{ij} \cdot \ln p_{ij}$，差异性指数 $G_j = 1 - E_j$，求得指标权重 $f_j = \dfrac{G_j}{\sum G_j}$。

熵值法确定指标权重如表 3-17 第五列所示，可以看出海洋经济高质量发展五个分项中，创新发展指标权重最大，达到 0.2614，深刻揭示了海洋创新是海洋经济高质量发展的原动力，是海洋经济高质量发展的根本和关键所在；绿色发展指标权重为 0.2349，深刻地证明了"努力建设人与自然和谐共生的现代化""绿水青山就是金山银山"的发展理念对于高质量发展的重要性；协调发展指标权重为 0.2078，表明了我国及沿海地区在经济全球化背景下，海洋经济高质量发展离不开协调发展，需要推动陆海协调发展、沿海城市及其腹地协调发展；开放发展指标权重为 0.1646，说明了继续加大对外开放才能促进海洋经济和陆海经济更快发展；共享发展指标权重最小，为 0.1314，这说明了发展成果共享是海洋经济高质量发展的重要内涵和目标之一，发展海洋经济能促进沿海地区经济增长，让人民获得更多收入。与此同时，创新、协调、绿色、开放、共享五个方面都很重要，都是海洋经济高质量发展不可或缺的组成部分。

将指标权重 f_j 代入标准化数据集 y_{ij} 得到沿海地区 i 的指标评价值 $z_i = \sum f_j \cdot y_{ij}$。海洋经济高质量发展综合指数及其 5 个分项指数介于 0~1 之间，指数越大表示该沿海地区海洋经济高质量发展水平及其5个分项发展水平越高，反之该沿海地区海洋经济高质量发展水平及其5个分项发展水平越低。根据指标权重及其指标原始值（标准化值）分别计算得到海洋经济高质量发展综合指数和分项指数。从表3-18可以看出，海洋经济高质量发展综合指数和分项指数具有相似增减态势，出现了局部微弱下降总体增长的斜N形态势：2010—2012年增长，2013—2014年下降，2015—2020年再增长。

表3-18　　　　　2010—2020年江苏海洋经济
高质量发展综合指数和分项指数

年份	2010	2011	2012	2013	2014	2015	2016	2017	2018	2019	2020
创新发展指数	0.3460	0.3929	0.4520	0.4192	0.4197	0.4500	0.4636	0.5452	0.6069	0.6040	0.6175
协调发展指数	0.3211	0.3662	0.4173	0.3791	0.3584	0.3736	0.3915	0.5131	0.5755	0.5989	0.6388
绿色发展指数	0.2923	0.3409	0.3961	0.3640	0.3471	0.3651	0.3814	0.5010	0.5604	0.5920	0.6426
开放发展指数	0.2820	0.3399	0.4026	0.3471	0.3399	0.3606	0.3835	0.5114	0.5710	0.5900	0.6331
共享发展指数	0.2703	0.3165	0.3692	0.3413	0.3367	0.3609	0.3815	0.5049	0.5620	0.5815	0.6203
综合发展指数	0.3093	0.3578	0.4141	0.3768	0.3672	0.3892	0.4069	0.5184	0.5789	0.5952	0.6300

3.5.2　耦合度和耦合协调度

一个系统由无序状态向有序状态转变的关键是系统内部序参量之间的协同作用，系统耦合协调度不仅可以反映系统耦合程度，还能够反映出系统整体协同效应。借鉴物理学中耦合度模型，构建海洋经济高质量发展耦合协调度模型。

海洋经济高质量发展系统包含创新、协调、绿色、开放、共享等五个发展子系统。耦合度公式为：

$$C = 5 \cdot \left[\frac{z_{i1} \cdot z_{i2} \cdot z_{i3} \cdot z_{i4} \cdot z_{i5}}{\left(z_{i1} + z_{i2} + z_{i3} + z_{i4} + z_{i5} \right)^5} \right]^{\frac{1}{5}}$$

其中，z_{i1}、z_{i2}、z_{i3}、z_{i4}、z_{i5}分别为沿海地区i的海洋经济创新、协调、绿

色、开放、共享等五个发展子系统指标评价值；C代表五个发展子系统耦合度，$0 \leq C \leq 1$。

在耦合度模型中，海洋经济高质量发展五个子系统发展水平或质量较低时可能产生较高的虚假的高耦合度，为了避免这一问题，引入系统综合评价指标值，构造耦合协调度公式来反映子系统之间的综合"功效"与"协同"效应。耦合协调度公式为：

$$T = \alpha_1 z_{i1} + \alpha_2 z_{i2} + \alpha_3 z_{i3} + \alpha_4 z_{i4} + \alpha_5 z_{i5}$$

其中，子系统权重 α_i 可以采用 $\sum f_i$ 代替，或者不失一般性，认为五大子系统同等重要，即 $\alpha_i = 0.2$。

构造海洋经济高质量发展系统耦合协调度指数 $D = \sqrt{C \cdot T}$，表示系统的综合整体协调和子系统互动程度。为了直观解释海洋经济高质量发展系统和五个子系统的耦合协调程度及其状态，对耦合协调等级及状态划分见表3-19。

表3-19　　　　　　**耦合协调度及其等级划分类型**

耦合度	耦合度发展类型	耦合协调度	耦合协调度发展类型
0~0.20	低水平耦合	0~0.20	轻度协调
0.21~0.40	中低水平耦合	0.21~0.40	初级协调
0.41~0.60	中等水平耦合	0.41~0.60	中级协调
0.61~0.80	中高水平耦合	0.61~0.80	良好协调
0.81~1.00	高水平耦合	0.81~1.00	优质协调

3.5.3　全国和江苏对比分析

根据江苏海洋经济高质量发展指标数据求得2010—2020年江苏海洋经济高质量发展的耦合度和耦合协调度（见表3-20）。2010—2020年，江苏海洋经济高质量发展耦合度和耦合协调度变动态势基本一致，呈现先增长后微弱降低再同步稳定上升态势，表明江苏海洋经济高质量发展内部五个子系统彼此相互作用程度持续增强，子系统之间协调性持续稳步提升。其中，2010—2012年、2013—2014年、2015—2020年三个时间段的耦合协调度增减方向和幅度大小略有差异，与海洋创新、协调、绿色、开放、共享几个子系统发展水平增减情况有较大关系，这就需要在提升海洋创新、协调、绿色、开放、共享发展水平的同时保持各个子系统稳定增长态势，才能实现较高水平的耦合协调度，这也是海洋经济高质量发展的互动方向。

表3-20　　2010—2020年江苏海洋经济高质量发展耦合度和耦合协调度及其发展类型

年份	耦合度 T	耦合度发展类型	耦合协调度 D	耦合协调度发展类型
2010	0.3024	中低水平耦合	0.5488	中级协调
2011	0.3513	中低水平耦合	0.5919	中级协调
2012	0.4074	中等水平耦合	0.6376	良好协调
2013	0.3701	中低水平耦合	0.6075	良好协调
2014	0.3604	中低水平耦合	0.5993	中级协调
2015	0.382	中低水平耦合	0.6169	良好协调
2016	0.4003	中等水平耦合	0.6318	良好协调
2017	0.5151	中等水平耦合	0.7176	良好协调
2018	0.5751	中等水平耦合	0.7582	良好协调
2019	0.5933	中等水平耦合	0.7702	良好协调
2020	0.6305	中高水平耦合	0.7940	良好协调

耦合度指数从2010年的0.3024逐年增长到2012年的0.4074，之后下降到2014年的0.3604，再逐年上涨到2020年的0.6305，从中低水平耦合向中高水平耦合不断提升，整体协同效应明显增强，这种变化态势说明了江苏海洋经济在创新、协调、绿色、开放、共享五个方面取得不错成就。与此同时，耦合协调度指数逐年提升，从2010年的中级协调

状态到2020年的良好协调状态（除2014年稍微下降）；对比耦合度和耦合协调度变动幅度，耦合度变动幅度相对较小，变动幅度绝对值为0.3281，变动幅度相对值为1.0850，而耦合协调度变动不太明显，耦合协调度变动幅度绝对值仅为0.2452，变动幅度相对值为0.4468，说明海洋经济高质量发展系统耦合过程及其质量增进较为缓慢，距离优质协调状态还有较大稳态提升空间。

从表3-21可以看出，从海洋经济高质量发展综合指数来看，排名前六位的沿海省份分别为广东、上海、浙江、山东、江苏、福建，它们的海洋经济高质量发展水平较高，综合指数分别为0.6235、0.5571、0.4684、0.4583、0.4394、0.4026，与海洋经济总量规模或省域经济总量规模基本一致；辽宁、海南、天津、河北、广西海洋经济高质量发展水平较为落后，其中，河北和广西海洋经济高质量发展综合指数最低，分别为0.3028、0.2945，不及最高水平的广东1/2，表明我国沿海地区海洋经济高质量发展水平存在较大空间差异性，沿海省际海洋经济发展不平衡不充分程度较为明显，与之相验证的是河北、广西的海洋创新、协调、绿色、开放、共享发展指数基本处于排序第九到第十一位（除了广西的海洋绿色发展指数排序较高）；海洋经济高质量发展综合指数排名前三位的广东、上海、浙江的海洋创新、协调、绿色、开放、共享发展指数基本处于排序第一到第五位（除了浙江的海洋协调发展指数、上海的海洋绿色发展指数、浙江的海洋共享发展指数），这就说明海洋经济高质量发展的影响因素与创新、开放、共享、绿色、协调依次降序相关。特别需要指出的是，江苏海洋经济高质量发展综合指数排名第五，与省域经济排名全国第二的地位不匹配，主要可能与江苏海洋创新、协调发展指数处于中下水平相关，表明江苏海洋科研经费投入、海洋科技活动人员、海洋发明专利、陆海经济关联、海洋经济区位熵仍有待提高。江苏海洋绿色、开放和共享发展指数排名第二到第三位，揭示了江苏在推动海洋绿色发展特别是落实海洋主体功能区以及海洋环境资源承载力、以"一带一路"为发展机遇的双向开放等方面的举措是有显著成效的。

表3-21　　　2020年全国沿海地区海洋经济高质量发展

综合指数和分项指数及其排序

地区	创新发展		协调发展		绿色发展		开放发展		共享发展		综合发展	
	指数	排序	指数	排序	指数	排序	指数	排序	指数	排序	指数	排序
广东	0.1807	1	0.0951	5	0.1707	4	0.1072	1	0.0697	4	0.6235	1
上海	0.1572	2	0.1273	4	0.1147	8	0.0629	3	0.095	1	0.5571	2
浙江	0.0936	4	0.0739	7	0.1839	3	0.0608	4	0.0562	6	0.4684	3
山东	0.1356	3	0.0792	6	0.1117	9	0.0593	5	0.0725	2	0.4583	4
江苏	0.0701	8	0.0213	11	0.1989	2	0.0789	2	0.0702	3	0.4394	5
福建	0.0732	6	0.1377	2	0.1219	7	0.0202	6	0.0496	7	0.4026	6
辽宁	0.0857	5	0.0619	8	0.1589	5	0.0201	7	0.0397	8	0.3663	7
海南	0.0449	10	0.1512	1	0.1515	6	0.0073	11	0.008	9	0.3628	8
天津	0.0703	7	0.1365	3	0.0677	10	0.014	10	0.0563	5	0.3448	9
河北	0.0673	9	0.0523	9	0.0620	11	0.0195	8	0.0075	10	0.3028	10
广西	0.0296	11	0.0479	10	0.2019	1	0.0145	9	0.0006	11	0.2945	11

从沿海地区海洋经济高质量发展耦合度和耦合协调度来看（见表3-22），总体而言，仍处于低水平耦合状态，广西、河北、海南处于轻度协调状态，其他沿海地区处于初级协调状态。主要可能原因是选取时间样本为2020年，可能存在样本偏误，基于2020年年初全球新冠肺炎疫情防控引致的消极影响以及中美贸易摩擦带来的全球贸易和积极发展相对程度的减缓，需要采取有效海洋制度创新措施逐步提升疫情防控期间海洋经济高质量发展水平。与此同时，广东海洋经济高质量发展耦合协调度指数为0.3421，是排序最后的广西的2.4916倍；而江苏海洋经济高质量发展耦合协调度指数为0.2640，需要在"十四五"期间，继续推进陆海统筹、江海联动发展战略，不断完善海洋经济高质量发展五个子系统的不足部分，重点在传统海洋产业改造升级、海洋新兴产业规模壮大、海洋服务业占比提升、涉海重大基础设施建设稳步推进、海洋经济绿色发展等方面促进海洋经济由高速度增长向高质量发展转变。

表3-22   2020年沿海地区海洋经济高质量发展耦合度和
耦合协调度及其发展类型

地区	耦合度T	耦合度发展类型	耦合协调度D	耦合协调度发展类型
广西	0.0589	低水平耦合	0.1373	轻度协调
河北	0.0417	低水平耦合	0.1780	轻度协调
海南	0.0726	低水平耦合	0.1897	轻度协调
天津	0.0690	低水平耦合	0.2349	初级协调
辽宁	0.0733	低水平耦合	0.2414	初级协调
福建	0.0805	低水平耦合	0.2565	初级协调
江苏	0.0879	低水平耦合	0.2640	初级协调
浙江	0.0937	低水平耦合	0.2909	初级协调
山东	0.0917	低水平耦合	0.2960	初级协调
上海	0.1114	低水平耦合	0.3264	初级协调
广东	0.1247	低水平耦合	0.3421	初级协调

4 江苏海洋经济空间布局现状分析

4.1 海洋经济整体空间布局

经过"十三五"时期的建设和发展，江苏省海洋经济呈现总量增加、结构优化、质量提升的稳健发展态势。在空间分布上，江苏海洋经济初步形成了"一带两轴三核"的格局。

4.1.1 江海联动助推"L"形特色海洋经济带发展

"L"形特色海洋经济带是指沿海海洋经济核心带和沿江海洋经济支撑带。

第一，沿海海洋经济核心带依托丰富的海洋资源、较好的产业基础以及港产城联动优势，海洋产业总体保持稳步增长态势。海洋渔业重在提质增效。在落实捕捞总量控制的前提下，强化海洋渔业资源养护修复，调整沿海水产养殖结构，扩大海洋水产品精深加工比例，提升海洋渔业发展质量。2019年，海水养殖和海洋捕捞产量合计136.1万吨，比上年下降 1.3%；但全年实现增加值 433 亿元，比上年增长 7.4%。海洋交通运输业、海洋船舶工业、海洋化工业、海水利用业、海洋旅游业等传统海洋产业均保持稳定的增长态势。海洋工程装备制造业、海洋可再生能源利用业、海洋药物和生物制品业等海洋新兴产业则表现出强劲的增长势头。2019 年，海洋工程建筑业实现增加值 229 亿元，比上年增长 8%；海洋药物和生物制品业实现增加值 55 亿元，比上年增长 12.2%；海洋可再生能源利用业实现增加值 37 亿元，比上年增长 12.1%。以区域中心城市为支撑、沿海综合交通通道为枢纽、临海城镇为节点进行新型城镇化建设，港产城联动发展优势逐渐发挥。

第二，依托港口建设，整合沿江港口资源，提升沿江海洋经济支撑带地位。江苏沿江沿海地区共布局 10 个港口，其中，连云港港、南京港、镇江港、苏州港、南通港为国家主要港口，扬州港、无锡（江阴）港、泰州港、常州港、盐城港为地区性重要港口。江苏沿江沿海港口承担了全省 65% 以上煤炭和 90% 以上原油、铁矿石等能源、原材料进口，以及 90% 外贸进出口货物运输。依托港口码头，沿江地区集中了全省 90% 以上的冶金和石化企业、60% 以上的电力企业、70% 以上的水泥和造纸企业，有力带动了临港产业发展。可见，港口是经济社会发展的重要基础和临港产业布局的重要依托。同时，港口也是长江中上游及沿陇海线大宗物资转运和对外交往的重要门户。江苏沿江沿海港口承担了长江中上游地区 55% 以上的物资和 20% 的集装箱吞吐量的转运任务。作为上海国际航运中心的北翼，江苏沿江沿海港口承担了区域内 90% 以上的能源和外贸物资运输，在海铁转运、江海转运以及多式联运中的地位日益突出，已成为连接上海、长江三角洲及中上游地区经济社会发展的重要纽带。

第三，沿江石化优质过剩产能正有序向沿海、苏北地区转移，腾出发展空间，留足生态空间，为守护长江两岸良好生态做出积极贡献。

4.1.2 "两轴"助力全省海洋经济发展

"两轴"是指沿东陇海线海洋经济成长轴和淮河生态经济带海洋经济成长轴。

第一，徐州是淮海区域中心城市，目前已初步形成公路、铁路、水运、航空、管道"五通汇流"的立体化交通格局。便捷的交通可以使徐州成为江苏海洋经济发展的战略腹地，带动沿东陇海线经济带的发展。连云港港口建设不断加速，连云港海港功能沿东陇海线向内陆延伸。有资料显示，连云港港约40%的货物吞吐量是为沿东陇海线及周边省份服务的，徐州公铁交通枢纽和连云港深水良港的带动效应逐渐显现，连云港已成为我国中西部地区重要的出海通道，沿东陇海线经济带有望成为新亚欧大陆桥经济走廊重要增长极和江苏海洋经济成长轴。

第二，淮安目前已建成10万吨级码头6个，完成5万吨级"挖入式"主港池。滨海港码头和集疏运体系的开发建设，打通了淮河水道与海洋的连接，让淮河中下流城市"借港出海"，从而带动整个流域经济融入全球航运体系和供应链，淮河生态经济带海洋经济成长轴助力海洋产业发展的作用日益显现。

4.1.3 "三核"发展推进海洋经济城市群建设

"三核"是指南通市、盐城市和连云港市三个沿海核心城市。

第一，"三核"海洋经济生产总值占据全省的"半壁江山"。2019年，三市海洋生产总值实现4 113.3亿元，占全省海洋生产总值的50.9%。

第二，"十三五"期间，三市获批海洋经济创新发展示范城市和海洋经济发展示范区建设，全省海洋经济发展迎来新机遇。2016年10月，南通市获批成为国家"十三五"海洋经济创新发展示范城市。2018年11月，连云港市、盐城市均成为国家海洋经济发展示范区。示范城市和示范区建设立足比较优势，突出区域特点，明确发展方向和主要任务。南通市以海洋高端装备产业和海洋生物产业两大重点产业领域推进海洋经济创新发展示范工作开展，全面提升海洋经济创新和集聚发展水平；连云港市海洋经济发展示范区位于后云台山南北两翼，示范区总建设面积约148.5平方千米，呈"一区涵三片"的空间格局，包括大型综合性智慧港口片区、现代化国际合作物流园片区和滨海国际商贸生态宜居旅游新城片区三个片区，主要任务是推进国际海陆物流一体化深度合作创新，开展蓝色海湾综合整治。盐城则提出构建"双核、四区、多节点"的海洋产业空间布局，以大丰港城、滨海港城为两个海洋产业核心功能区，以东台滩涂经济区、亭湖湿地经济区、射阳临港经济区、响水工业经济区为四个重点发展区，推进海洋经济发展示范区建设。其主要任务是探索滩涂与海洋资源综合利用模式，推进海洋生态保护管理协调机制改革。随着配套政策的出台和落地，"三核"海洋经济的强力发展将助推全省海洋经济实现数量和质量的双提升。

第三，"三核"地区涉海单位密集，有利于加强优势资源整合，增强"三核"海洋经济的集聚与辐射能力。根据江苏省第一次海洋经济调查各设区市海洋产业企业分布数据（详见附表4），涉海单位主要集中于南通市、盐城市和连云港市三个沿海核心城市，共有6 631家，占比达64.86%。"三核"地区的涉海单位密集，这些企业中，有上市公司和海洋产业的行业龙头，它们具有良好的产业整合和带动能力，能优化产业分工与协作，有助于加强优势资源整合，发挥行业示范、辐射带动作用，推动"三核"沿海城市群建设。

4.2 沿海城市海洋经济空间布局

4.2.1 南通市海洋经济空间布局现状

南通市坚持优江拓海，依托南通市滨江临海的自然资源、区位和产业发展基础，发挥不同区域比较优势，实施陆海统筹和通州湾江海联动开发，重点推进海洋工程装备和高技术船舶等产业高效集聚发展，海洋经济空间布局不断优化。

现代海洋渔业和滩涂农业。海洋捕捞在全市沿海县（市、区）均有分布，其中以启东吕四港开发区和如东沿海经济开发区为重点。抓好渔船更新改造，调整内部作业结构，促进海洋捕捞稳定。海水养殖主要布局在启东、如东和通州湾示范区，其中浅海养殖重点布局在启东和如东沿海，海水池塘养殖重点布局在启东沿海中部和如东沿海东南部，工厂化养殖主要布局在通州湾示范区、如东外向型农业综合开发区、海安县中洋集团、如东县等。渔港建设重点是海门东灶港国家中心渔港和启东市协兴港、如东县刘埠渔港国家一级渔港和通州湾示范区东凌一级渔港，水产品加工布局在启东市吕四和如东县洋口、刘埠等区域，远洋渔业基地和重点水产品物流、交易中心布局在吕四中心渔港和东灶港中心渔港，高端休闲和游钓海洋渔业布局在通州湾示范区，滩涂种植业和畜禽养殖业主要布局在沿海垦区内。

海洋船舶制造业。海洋船舶制造业以现有企业升级改造为主。船舶制造和修理以南通中远船务、中远川崎、熔盛重工、振华重工等重点企业为龙头，产业主要布局在沿江地区如皋、通州、市区、启东等地。重点船舶配套基地主要布局在通州区、港闸区等地。根据产业发展和沿海开发进展，适当规划沿海船舶产业发展区域，接受沿江地区产业调整和转移，优化产业布局。

海洋工程装备制造业。启东、海门沿海和通州湾示范区以海洋石油探采、港口机械等海洋工程装备制造业为主，而南通经济开发区、通州、如东和沿海有关工业园区则以生产风电及安装设备、海洋冷冻和加工设备等海洋机械制造业为主。

滨海旅游业。从启东圆陀角到海安县老坝港均有布局。其中，启东圆陀角、吕四风情区、海门市蛎岈山国家海洋公园、如东县小洋口国家海洋公园、东凌湖等为滨海景观旅游区，吕四中心渔港、洋口中心渔港、如东县沿海滩涂则发展海洋渔业体验和海鲜餐饮，通州湾示范区、海安县中洋河豚庄园以休闲海洋渔业为主，通州湾示范区、苏通科技产业园区"航母世界"可以实现海洋与海洋渔业科普教育、高端游钓、观光休闲。

海洋交通运输业。吕四港区、洋口港区和通州湾港区是海洋交通运输业的主要力量。其中，洋口港区和吕四港区以运输液化天然气等能源为主。

海洋新能源和生物医药业。洋口港液化天然气基地和吕四港区正在布局建设千万吨级国家区域性进口清洁能源基地。潮流能发电、海上风电有序发展。启东、海门、通州湾示范区利用沿海生物资源、海洋捕捞和海水养殖提供的丰富原料，包括利用南极磷虾项目和大洋性远洋渔业快速发展的有利条件，发展海洋生物医药。

临海石油化工业和钢铁。精细化工主要布局在如东沿海开发区化工园区，临海石油化工和钢铁以及上下游产业主要布局在江苏洋口港经济开发区和吕四港经济开发区。

4.2.2　盐城市海洋经济空间布局现状

盐城市根据"十三五"海洋经济发展规划，综合资源禀赋、产业基础和环境容量等因素，强化园区载体作用，突出点轴开发，初步形成了"双核四区"的海洋产业空间布局。

双核指的是大丰港城海洋产业功能核和滨海港城海洋产业功能核。大丰港城三要依托大丰临港物流园等载体，重点发展石油化工、矿石、煤炭及集装箱物流，扶持发展木材、石材、粮食和石化新材料物流以及综合性保税物流；依托盐城海洋生物产业园等载体，重点发展海洋药物、医用杋料、海洋化妆品、海洋生物新材料等海洋生物和海洋生物高技术产业；依托盐城新能源淡化海水产业示范园，重点发展风能淡化海水技术、海水综合利用技术、海洋能综合利用技术，以及智能化控制装备；依托大丰风电装备产业园，重点发展风电装备制造及配套服务业，构建集风电技术研发、整机制造、海上风电工程施工、风机零部件及控制系统生产于一体的新能源装备产业体系。滨海港城则以深水大港建设为龙头，围绕把滨海港区建成淮河重要出海门户，重点发展服务临港产业、以大宗散货为主的海洋交通运输业；以海洋清洁能源和风光设备制造、研发及服务为主的海洋新能源产业；以机械制造、环保装备及海洋装备制造为主的海工装备产业；以海洋功能食品、海洋生物农用制品、海洋生物酶制剂等海洋生物制品为主的海洋生物医药产业。

四区是指东台滩涂经济区、亭湖湿地经济区、射阳临港经济区和响水工业经济区。东台滩涂经济区围绕建设国家级滩涂综合开发试验区，重点发展现代生态港城区、滩涂经济区和湿地旅游度假区；结合琼港国家一级渔港建设，推动海洋渔业全产业链发展，建设海洋绿色食品加工基地。亭湖湿地经济区依托国家级珍禽自然保护区优势，以丹顶鹤珍禽自然保护区为核心，完善了丹顶鹤小镇旅游集聚区、千鹤湾及自驾车营地旅游集聚区、森林氧吧及野生动物园旅游集聚区、黄尖牡丹公园旅游集聚区功能，形成全市滨海旅游核心区。射阳临港经济区则实施疏港高速、通用机场、黄沙港四级疏港航道、连盐铁路射阳段及客货运站、铁路支线等重大交通工程，构建"公、铁、水、空、港"现代综合交通集疏运体系，提升港口能级，打造区域港口物流重要节点；推动苏台海峡两岸（射阳）海洋渔业合作示范、黄沙港国家中心渔港二期工程、华东水产品交易市场的发展，使之成为中部地区重要的海洋水产品集散基地。响水工业经济区重点推进风电设备的研发和制造，打造国内一流的海洋新能源装备生产基地和新能源应用示范基地；在镍铁合金产业园、高性能电子储能产业园，加快发展新材料产业，集聚形成合金材料和电子储能材料生产基地。

4.2.3 连云港市海洋经济空间布局现状

连云港市坚持港口、产业、城镇联动发展，促进海域、海岛、海岸带及腹地一体化开发，以沿海高速、海滨大道为交通主轴，建设重点临港产业圈，打造优势产业集聚区，发展滨海特色城镇，突出产业转型升级和集聚发展，以点带面，从线到片，建成一条贯通连云港沿海地区、对接中西部腹地经济区、串联长三角和环渤海经济圈的全省重要的沿海特色产业带，打造形成"四圈五区"的海洋开发空间格局。

根据连云港"十三五"海洋经济发展规划，连云港将临港产业划分为连云、徐圩、赣榆、灌河四个重点临港产业圈，合理定位产业发展方向，实现错位发展、联动发展。

连云临港产业圈依托连云港区和中哈物流基地、上合组织物流园区，重点发展港口物流、健康医疗、高性能纤维、装备制造、消费电子、临港加工制造和海水综合利用业，打造新兴高端产业示范区。徐圩临港产业圈，依托徐圩港区和国家东中西区域合作示范先导区，重点发展石油化工、精品钢、节能环保、盐化油化、机械装备五大产业，打造生态循环型临港重化工产业区。赣榆临港产业圈，依托赣榆港区、赣榆钢铁产业园、海洋生物产业园、电子信息产业园和新能源产业园，重点发展钢铁石化、海洋生物产业、电子信息产业等，推动石油化工、机械制造、冶金产业转型升级，打造临港中高端工业产业区。灌河临港产业圈，依托灌河港区、灌云化工新材料产业园、灌云海工装备产业园和灌南化工产业园，重点发展精细化工、工程装备、船舶修造、海洋新能源，推动化工、冶金产业转型升级，实现错位发展、特色发展。

五区指的是滨海高端商务服务业集聚区、海洋高新技术产业集聚区、海洋文化旅游产业集聚区、海珍品高效生态养殖集聚区、互联网金融海洋虚拟产业区等五个优势产业集聚区。五区的发展定位明确，要素集聚效应明显，辐射带动作用逐渐显现，形成海岸-海岛-近海-远海的海陆统筹协调发展的空间布局。

4.3 沿江城市海洋经济空间布局

4.3.1 南京市海洋经济空间布局现状

南京市海洋经济发展立足于深化陆海统筹、促进江海联动的目标，积极发挥海洋科研教育实力雄厚的优势，借助长江南京段以下12.5米深水航道的条件，重点发展海洋船舶工业、海洋工程装备制造业、海洋化工业、海洋药物和生物制品业等海洋相关产业，全力推动南京市海洋经济高质量发展。

南京市涉海科研院所集聚，港口优势明显，在海洋科技研发、海洋交通运输业等方面具备比较优势。南京市涉海企业产业类别中，海洋交通运输业、海洋船舶工业、海洋信息服务业、海洋工程装备制造业、沿江石化业五大产业类别的涉海企业数量占比较高。

海洋交通运输业。南京港作为亚洲最大的内河港口之一，既是我国沿海对外开放一类口岸，也是长江流域水陆联运和江海中转的主枢纽港，还是"长三角"地区唯一实现集装箱铁路与水路无缝对接的港口。南京港作为国家综合运输体系的重要枢纽和沿海沿江主要港口，是区域性长江航运物流中心建设的核心载体，是服务长江中上游江海物资转运及长江流域大宗物资和集装箱运输的江海联运枢纽，是长江流域集装箱运输体系的重要节点和上海国际航运中心的重要组成部分。南京港规划建立江海联运港区，其中新生圩港区以杂货、集装箱运输为主，预留滚装运输功能，服务南京本地及长江沿线地区；龙潭港区以集装箱、干散货和滚装运输为主，服务后方开发区及长江沿线地区；西坝港区以散杂货、油品运输为主，预留集装箱运输功能，服务后方园区及长江沿线地区。2018年，南京港累计完成货物吞吐量2.5亿吨，同比增长6.6%。其中，外贸货物为3 103万吨，同比增长26.5%，占总数的12.3%。

海洋船舶工业和海洋工程装备制造业。南京市海洋船舶工业和海工装备制造业通过调结构、促转型实现优化发展。2018年，全市重点监测的海洋船舶工业企业造船完工量为70.5万载重吨，新承订单量为42.2万载重吨，手持订单量为351.7万载重吨，占全省份额的比重分别为4.7%、2.3%、8.4%。金陵船厂调整产品结构，推进转型升级，以高附加值、高技术含量的特种船为主打产品，做优做特，摆脱同质化竞争，形成了以深耕滚装船建造市场为特色的品牌优势，成为国内交付滚装船最多的厂家。江苏大洋海洋装备有限公司响应国家突出两化融合、绿色制造和智能制造、推动建立先进制造业基地集群号召，在南京软件园设立研发中心，在海洋工程装备制造行业中占据重要地位。

海洋信息服务业。南京市积极推进涉海科研院所开展科技创新活动并形成产业化成果。中国船舶重工集团公司第七二四研究所组建南京鹏力科技集团，以"智慧海洋"为引领形成了国内最具特色的大气海洋环境探测科技产业，用户已覆盖海事、气象、海洋、水利、航空、环保、农业、部队及院校等领域。

沿江石化业。以中国石化集团南京化学工业有限公司、中国石化股份有限公司金陵分公司、扬子石化、空气化工产品公司、欧德油储和雅保化工等为首的一系列化工企业坐落于南京市六合区的南京化学工业园。南京化学工业园区是江苏沿江开发战略的重要组成部分，也是南京市石化产业重点发展区域。南京化学工业园是国家级化学工业园区，是继上海之后的中国第二家重点石油化工基地，长期规划面积约100平方千米。化工园区按照"世界一流，中国第一"的标准，以乙烯、醋酸、氯化工为三大支柱产业，与世界石化巨头开展深度合作。园区产业区累计投产建成各类企业近200家，其中外商投资企业80余家，巴斯夫、

BP、亨斯迈、空气化工等 20 多家世界 500 强与化工 50 强企业在园区落户，园区重点发展石油化工、基本有机化工原料、精细化工、高分子材料、新型化工材料、生命医药等项目，产业规模与综合竞争力位居全国同类园区前列。

园区按照"产业发展一体化、公用设施一体化、物流输送一体化、环保安全一体化、管理服务一体化"五个一体化的开发方针，通过优化产业结构，提升产业层次，积极发展循环经济，最终形成以深度加工和高附加值产品为特征，具有国际竞争力的石化生产基地、物流中心和化工研发基地，成为 21 世纪南京经济建设的重点工程，也是中国石化集团重点发展的化学工业基地之一。

4.3.2 无锡市海洋经济空间布局现状

无锡市海洋经济发展立足深化陆海统筹、促进江海联动的目标，积极发挥海洋科研教育实力雄厚的优势，重点发展海洋工程装备制造业、海洋交通运输业、海洋船舶工业、海洋产品批发业、海洋信息服务业等海洋相关产业，全力推动无锡市海洋经济高质量发展。

无锡市是海洋船舶工业和海洋工程装备制造业重镇。无锡市涉海企业产业类别中，海洋工程装备制造业、海洋交通运输业、海洋船舶工业、沿江石化业、海洋信息服务业五大产业类别的涉海企业数量比重较高。

海洋交通运输业。无锡市江阴港素有"江海门户、锁航要塞"之称，现有 10 万吨级以上码头泊位 5 个，并建成长江沿岸第一座 15 万吨级通用码头。长江南京以下 12.5 米深水航道全线贯通后，江阴港大宗散货海进江最优区位特点凸显，江海联运效应扩大。船长超 250 米，载重量超 10 万吨的"开普型"船舶可以直接到港。无锡（江阴）港是上海国际航运中心的喂给港、区域综合运输的换装港和经济腹地的集散港。2018 年，无锡（江阴）港完成货物吞吐量 1.7 亿吨，其中外贸吞吐量 4 397.4 万吨、集装箱运量 57.4 万标箱，同比分别增长 10.0%、28.4% 和 6.1%。

海洋船舶工业和海洋工程装备制造业。无锡市已形成了较为成熟的海洋船舶工业和海洋工程装备制造业产业链，拥有一批海洋船舶工业和海洋工程装备制造业行业龙头企业。无锡市海洋工程装备制造领域，涵盖海洋平台配套、载人潜水器、船舶制造和修理等诸多方面。以"深海技术"为着力点，重点发展深海装备总体及配套设施，培育海洋工程装备新兴产业，发挥中船集团的技术优势，提高海洋工程装备核心研发能力。重点突破深海勘探技术、新型采油平台系统设计、深海潜水器和深海空间站等关键技术，加快配套设备自主化进程，提高本土化能力。依托中国船舶重工集团公司第七〇二研究所试验基地，建立产学研合作机制，推进国际学术交流和技术合作，积极引进一批海内外高层次创新创业领军人才和重点人才，大幅提高研发设计能力，培育先发优势。

海洋信息服务业。无锡市依托中国船舶重工集团公司第七〇二研究所技术支撑，积极进军海工装备等产业。无锡中船海洋探测技术产业园由中国船舶工业集团有限公司在高新区投资设立，以海洋探测与信息技术工程为核心，致力打造海洋工程、海洋资源勘探、海洋信息服务与管控、水下工程装备、船舶运维保障等七大产业集群，形成科技创新研发等"五大中心"，未来将成为无锡打造海洋经济的重要产业基地和创新高地。

沿江石化业。无锡市沿江地区分布有中石化无锡石油分公司、壳牌统一（无锡）石油制品有限公司、江苏苏利精细化工股份有限公司、无锡蓝星石油化工有限责任公司、汉邦（江阴）、中纤纺化、润尔石化、无锡市中港石化集团等石化和化工企业，涉及产业有大宗化工品、医药及农药中间体，代表产品有柠檬酸、PVB 胶片、涤纶 FDY 工业丝等。无锡市是中国重要的精细化工生产基地和进口型化工生产集中地，医药和农药中间体生产企业分布众多，并且生产存在一定规模；与此同时，大中规模化工企业少，缺乏像扬子石化、扬子巴斯夫、斯尔邦等产品数量和产品规模在行业内存在较强竞争力的大中型企业。

4.3.3　常州市海洋经济空间布局现状

常州市海洋经济发展立足于深化陆海统筹、促进江海联动的目标，重点发展海洋工程装备制造业、海洋交通运输业、海洋船舶工业、海洋产品批发业、海洋产品零售业等海洋相关产业，全力推动常州市海洋经济高质量发展。

常州市涉海企业产业类别中，海洋工程装备制造业、海洋交通运输业、海洋产品批发业、海洋产品零售业、海洋船舶工业五大产业类别的涉海企业数量比重较高，与其他沿江城市的产业分布相比，常州市的海洋产业分布较为均匀，且以中小企业为主，龙头企业较少。

海洋交通运输业。常州港是江苏省地区性重要港口，是综合交通运输体系的重要枢纽，是常州市经济社会发展、港产城融合发展和带动沿江产业布局的重要依托。常州港口岸是经国务院批准对外开放的一类口岸。常州港以散货、杂货运输为主，积极发展集装箱运输，进一步发挥地区大宗物资转运、集散、物流基地的作用，兼顾长江中上游物资中转运输，构建录安洲港区、圩塘港区和夹江港区"一港三区"的总体发展格局。

海洋工程装备制造业。海洋工程装备制造业是常州市重点发展的海洋相关产业。螺旋桨、轴系等船用设备配套产业是船舶工业的重要组成部分。常州市中海船舶螺旋桨有限公司是中国优秀的船用配套企业，在国内螺旋桨行业中，只有常州中海实现螺旋桨、轴系及桨轴拂配打包供货，不仅缩短了产品的交付周期，也提高了桨轴配合质量。常州市依托常州军民融合产业园、风力发电产业园等园区载体，寻求海洋工程装备等涉海产业的突破。其中，成立于2017年的常州军民融合产业园，重点围绕军转民、民参军发展方向，推动军民融合板块在资本市场更快发展和以"基地+基金"模式推动军民融合产业集聚，在雷达通信、卫星导航、无人机与通用航空设备、海洋工程装备、兵器装备、轨道交通、检测检验、光电信息、商业卫星与火箭装备、公安武警装备等大型装备和电源电机、伺服控制、仿真系统、显示器、传感器等配套元器件等领域，加快军民深度融合，提升军民融合产业发展水平。

4.3.4 苏州市海洋经济空间布局现状

苏州市海洋经济重点发展海洋交通运输业、海洋产品批发业、海洋产品零售业、海洋工程装备制造业、海洋船舶工业、沿江石化业等海洋相关产业，全力推动苏州市海洋经济高质量发展。

苏州市涉海企业产业类别中，海洋交通运输业、海洋产品批发业、海洋产品零售业、海洋工程装备制造业、海洋船舶工业五大产业类别涉海企业数量比重较高。

海洋交通运输业。海洋交通运输业是苏州市主导海洋产业。作为苏州市最主要的海洋产业，海洋交通运输业的发展离不开苏州港的强劲优势。苏州港背靠苏州强大的经济发展腹地，紧紧围绕"一带一路"倡议等，在江苏省港口一体化发展中先行先试，更好地服务于区域经济社会，实现港产城融合发展。苏州对接长江经济带发展战略，转变港口发展方式，打造布局合理、结构优化、管理科学的集约化发展格局。

苏州港共有张家港港区、常熟港区和太仓港区三个港区。2018年，苏州港口累计完成货物吞吐量5.3亿吨，位居江苏省第一，全国第六。其中，外贸货物为1.4亿吨，占总数的26.1%。苏州市围绕建设集装箱干线港和江海联运核心港区目标，推进苏州港与上海港、宁波港、中远海运以及江苏省沿江港口等战略合作和资源整合，营造与上海港和宁波港优势互补、错位发展的新格局。其中，太仓港集装箱四期工程及太仓港港口疏港铁路、苏昆太高速东延、通港高速等基础设施正在加快建设，打造集装箱综合立体转运平台。苏南公铁水和吴淞江综合物流园等项目列入省级多式联运示范工程项目，依托长江黄金水道，发展江海联运。一方面，支持规模型港口企业加强与保税港区、综合保税区、临港物流园区经济融合，加快拓展港口物流服务功能；另一方面，继续推进区港联动的"无水港"建设，优化集装箱、矿石、煤炭等主要货类运输系统，发展江海联运、水陆联运、水铁联运、水水中转、集装箱多式联运业务，提升港口对区域经济的辐射和带动作用。建立港口与口岸查验部门间跨行业常态化信息共享平台、"一站式"通关服务平台等，提高港口外贸货物通关效率。

海洋产品批发业。太仓市浏河渔港临江枕海，古称"刘家港"，素为我国江海运输、海洋渔业的重要港口。2007年，农业部批复浏河渔港建设国家一级渔港；2010年，浏河国家一级渔港竣工启用，逐渐发展成为江苏乃至整个华东地区的著名渔港、东海沿岸的海洋鱼货集散地。2015年，太仓市浏河国家一级渔港被命名为第三批"全国文明渔港"。太仓市华东水产品中心年水产品交易量将达30万~50万吨。项目建成后，将成为集交易、展示、仓储于一体的华东地区水产品一级中心市场。

海洋船舶工业。苏州主要造船企业有苏州市东吴造船有限公司、苏州金港造船有限公司等；相应的主要船舶配套企业为苏州通顺船用机械公司、苏州市中天船用配件厂等；在船舶配套业上，苏州拥有规模较小的配套企业，配套产品比较低端，主要产品有配电板、配电箱、驾控台、机舱监控、甲板机械、中低速柴油机缸套、活塞器、船舶侧推器、船用卸扣、滑车、套环、船用锅炉、压力容器等。

涉海科研机构包括苏州市江海船舶设计有限公司、船舶制造国家工程研究中心。船舶产业的优势为旅游船舶产品的研制、开发与设计，初步形成完整的船舶产业链，特别是游艇产业发展较为快速。

沿江石化业。化工及石油业是苏州市第三大行业，2018年有化工原料及制品制造业615家。2018年规模以上国有及国有控股工业的化学原料和化学制品制造企业有17家，其中2家2018年亏损；规模以上民营企业有255家，其中33家亏损。

苏州沿江地区石化和化工企业有73家，主要分布在太仓市（29家）、张家港市（24家）以及常熟市（20家），主要有埃克森美孚（太仓）石油有限公司、苏州优洁能液化石油气有限公司、太仓东华能源燃气有限公司、东华能源股份有限公司、中油泰富船舶燃料有限公司、江苏宝洁有限公司、雅本化学股份有限公司、太仓中石油润滑油添加剂有限公司、东华能源（张家港）新材料有限公司、双狮（张家港）精细化工有限公司、常熟三爱富中昊化工新材料有限公司、江苏理文化工有限公司、长春化工（江苏）有限公司、常熟联邦化工股份有限公司、江苏九海化工等石化和化工企业。2018年规模以上国有及国有控股的石油、煤炭及其他燃料加工企业有1家；规模以上民营企业有16家，其中3家亏损。

4.3.5　扬州市海洋经济空间布局现状

扬州市海洋经济重点发展海洋产品批发业、海洋船舶工业、海洋交通运输业、海洋工程装备制造业、海洋产品零售业等海洋相关产业，全力推动扬州市海洋经济高质量发展。

海工装备和高技术船舶是扬州市重点发展的产业。扬州市涉海企业产业类别中，海洋产品批发业、海洋船舶工业、海洋交通运输业、海洋工程装备制造业、海洋产品零售业五大产业类别的涉海企业数量比重较高。海洋船舶工业与海洋交通运输业发展较能凸显扬州市海洋产业发展优势。

海洋工程装备制造业。扬州市突破海洋风能等新能源开发装备自主设计建造技术、大型吸砂船高效率吸砂设备和系统集成的研发制造等技术，重点发展海上风塔、自卸式吸砂船等一批专用海洋工程装备。扬州市海洋工程装备和高技术船舶产业以江都经济开发区、仪征船舶工业园、广陵船舶（重工）产业园为重要载体，形成了以中远海运重工、中航鼎衡、金陵船舶、新大洋造船等为骨干船企，以中船重工七二三所、九力绳缆等为重点配套的产业格局，以高技术船舶、海洋工程装备、船舶配套为重点发展方向，初步实现集聚化和协同化发展。扬州市造船骨干企业转型升级步伐加快，为产品迈向高端市场探路先行，海洋工程装备和高技术船舶产业集群发展后劲十足。

海洋船舶工业。扬州市已建成一批高水平的造船基础设施，完成仪征、广陵、江都三大产业集群空间布局，形成远洋近海和内河船舶并造产业格局，成为江苏省三大远洋造船基地，产能约占全省的1/3、全国的1/10。从船舶产品来看，散货船、油船、集装箱船三大主力船型成熟发展，高附加值特种船舶异军突起；从船企品质来看，扬州市重点骨干船舶生产企业中有一半以上为央企集团所属公司或航运依托型企业。扬州市船舶工业未来发展的重点定位为高技术船舶和海洋工程装备制造业，谋求向更高端船舶制造业发展。

海洋交通运输业。扬州港口强化企业跟踪管理和市场拓展，狠抓小散码头堵漏挖潜，港口货物吞吐量稳中有升，海洋交通运输业发展初具规模。在港口布局及岸线规划方面，规划方案以扬州港口优化功能布局、集约高效利用资源为前提，进一步明确扬州港的功能和定位，从以能源、原材料、木材和液体化工品运输为主，逐步发展成为现代化、多功能的综合性港口。2018年，扬州市沿江港口货物吞吐量首次突破亿吨，其中外贸吞吐量972万吨；沿江港口集装箱运量50.03万标准箱，其中外贸箱17万标准箱。

4.3.6 镇江市海洋经济空间布局现状

镇江市海洋经济重点发展海洋交通运输业、海洋工程装备制造业、海洋船舶工业、海洋产品批发业、海洋技术服务业等海洋相关产业，全力推动镇江市海洋经济高质量发展。

镇江市海洋科技较为发达，镇江市涉海企业产业类别中，海洋交通运输业、海洋工程装备制造业、海洋船舶工业、海洋产品批发业、海洋技术服务业五大产业类别的涉海企业数量比重较高。

海洋交通运输业。港口是镇江最大的比较优势和战略资源，在"一带一路"倡议和长江经济带、"宁镇扬一体化"等重大计划实施的背景下，镇江港稳步推进港口发展"综合枢纽战略、集约转型战略、港城联动战略和低碳智慧战略"。镇江港是长江三角洲重要的江海河、铁公水联运综合性对外开放港口，全国主枢纽港之一，是长江最大的铁矿石中转港和非主流铁矿石最大贸易港、全国最大的元明粉出口港、全国最大的硫磺进口港、长江最大的化肥出口港、长江最大的钾肥进口港、长江最大的锂辉石进口港和长江最大的散集联运中心。2018年，镇江港口累计完成货物吞吐量1.5亿吨，同比增长7.9%。其中，外贸货物为3 750万吨，同比增长11.1%。

海洋工程装备制造业与海洋船舶工业。镇江市海洋工程装备制造业与海洋船舶工业呈现你追我赶的发展优势。镇江高新区8千米长江深水岸线上，形成中船动力、挪威康士伯、德国贝克尔等30多家单体投资超亿元的特色产业集群，获批科技部镇江特种船舶及海洋工程装备特色产业基地、江苏省高端装备制造业示范产业基地。

镇江市将海工船舶纳入全市"3+2+X"产业链体系加以重点扶持，

依托镇江高新区、扬中高新技术船舶两大产业基地，构建特种船舶制造、海工装备制造、船舶关键配套、海工关键配套四大特色板块，推动优势海洋产业集聚发展。镇江高新区着力发展船舶与海工配套产业，集聚镇江船厂、中船动力、中船日立、镇江船舶电器、挪威康士伯、德国贝克尔等重点企业，引进"中–乌船舶及海洋工程跨国技术转移中心"、江苏科技大学海洋装备研究院等涉海战略平台，建立了较为完备的船舶与海工配套产业链，产品涉及多功能全回转工作船、海洋石油平台支持船、船用中低速柴油机、船舶导航控制系统、配电系统、船用导流罩、螺旋桨、甲板机械等多个门类，其中全回转港口作业船、船用中速柴油机在行业细分市场处于领先地位，诞生了中船动力陆用电站系统、镇江船舶岸电系统、挪威康士伯的液位测量系统、德国贝克尔的高性能船用导流罩等一批行业"单打冠军"。2018年，镇江市海工船舶规模以上企业实现主营业务收入112亿元，同比增长22.0%。

海洋技术服务业。镇江市高新区坚持"三高四新"发展思路，即打造高新产业、高新企业、高端人才和新技术、新模式、新金融、新业态，设立海洋船舶与海洋工程装备制造产业引导基金，依托江苏科技大学海洋装备研究院等载体，瞄准产业高端，在人才培养、产品研发、品牌创新、技术创新等方面强化和完善长效合作机制，建成规模化、品牌化、高端化的全国一流产业园。江苏科技大学海洋装备研究院入驻高新区以来，累计承担协同创新和自主培育项目42个，成功研发12个产品样机，并实行工程化、产业化。

4.3.7　泰州市海洋经济空间布局现状

泰州市是海洋船舶与海工装备制造大市。在涉海企业产业类别中，海洋船舶工业、海洋工程装备制造业、海洋交通运输业等产业的涉海企业数量比重较高。

海洋船舶工业和海洋工程装备制造业。海洋船舶工业是泰州市工业经济重要板块，重点船企均通过国家两化融合管理体系贯标评定，主流船型设计和建造水平已与日本和韩国的造船企业并驾齐驱。通过"互联网+造船"，利用云计算、大数据、物联网等技术，改造传统造船工艺设备和工艺流程，提升船舶建造过程的标准化、信息化和智能化水平，泰州市从造船大市向造船强市迈进。泰州市抢抓军民融合发展机遇，加快进军海军保障性船舶建造市场，泰州口岸船舶有限公司成为江苏省首家取得军工四证资质的重点造船企业。

2018年，泰州市海洋船舶工业发展势头良好，靖江市造船产业集群入选"江苏省百家重点产业集群"，全市重点监测的海洋船舶工业企业造船完工量为891.6万载重吨，新承订单量为1 188.5万载重吨，手持订单量为2 217.9万载重吨，占全省份额的比重分别为59.5%、66.1%、52.8%。2018年10月，靖江市获批国家级新技术船舶特色产业基地，为科技部认定的船舶行业全国唯一的产业基地，形成了以新主力整船制造企业为骨干、向产业链上下游延伸的整体产业布局，涵盖船舶动力、舾装、锚链、电器、仪表、导航等诸多领域。

泰州市拥有一批海洋船舶与海工装备龙头企业。泰州市海洋船舶工业企业不断提高科技创新能力，加大新一代主流船型和两高船型开发力度，船舶建造标准化、信息化、大型化、智能化特征更加明显。引导企业加大研发投入，强化企业在科技创新中的主体地位，提升自主创新能力和市场竞争力。其中，江苏亚星锚链股份有限公司是国际锚链行业竞争实力最强、规模最大的生产企业，也是船舶配套海工装备行业第一家上市公司，产品出口50多个国家和地区。江苏振华泵业公司是国内最大、最专业的舰船用泵配套企业，荣获国家科技进步奖二等奖等省部级以上奖项10余项，承担国家科技支撑计划项目1项、国家火炬计划项目6项。

海洋交通运输业。泰州港是长江中上游西部地区物资中转运输的重要口岸，是江海河联运、铁公水中转、内外贸运输的节点，也是上海组合港中的配套港和国际集装箱运输的支线港及喂给港。泰州市沿江地区依托港口形成船舶制造、石化、粮油、能源和冶金五大支柱产业，临港特色产业集聚效应凸显。泰州市依托泰州港至上海港外高桥港区"精品快航"直达航线，加强与上海港的合作，以引进国际供应链管理模式为突破口，完善港口基础设施，推动临港产业集群，积极打造连接长江上下游的江海联运中心港。2018年，泰州港货物吞吐量突破2亿吨大关，海船货物吞吐量首次超过1亿吨。

4.4 沿东陇海城市海洋经济空间布局

在陆海统筹发展战略指引下，淮海区域中心城市徐州和沿海临港城市连云港充分发挥自身的区位优势，以徐州公路、铁路交通枢纽和连云港深水良港为抓手，把海洋经济深度融合到东陇海线现代产业布局中，有效拓展了江苏海洋经济的空间格局。徐州港成功创建为国家综合保税区、铁路一类开放口岸和内河二类开放口岸，以徐工集团为代表的龙头企业在涉海优势产能、对外工程等领域的国际产能合作取得较快发展。连云港港以"大港口"建设为契机，逐步强化区域性国际枢纽港的地位，有效推动了海港功能沿东陇海线向内陆腹地的延伸。但因以石化、钢铁为代表的临港工业刚刚起步，尚未形成规模，存在海陆产业关联度偏弱、产业集聚发展不够，高附加值、高技术含量的临海产业和产品比重不高，没有形成上下游拓展延伸的产业链和龙头骨干产业基地的问题，从而导致海洋经济沿东陇海线向内陆扩张的能力在很大程度上受限。

4.5 沿淮河城市海洋经济空间布局

在"集约开发、生态优先"的战略指引下，沿淮河生态经济带海洋经济发展轴正在形成与发展。淮安市成立了淮河出海航道整治工程建设办公室，淮河出海二级航道整治工程正在有序推进，借助其处在运河和淮河交汇点的物流枢纽功能，淮安以运输成本低的优势贯穿南北、连接东西。盐城滨海港10万吨级航道工程顺利完成，借助其河海联运优势，盐城实现了淮河航道与淮三角各个海港的无缝对接。但盐城和南通由于产业结构相似（产业相似度系数在0.95以上），造成产业上相互竞争大于协作。由于交通和产业协作程度不强、海滨城区与主城区相分离，行政、教育、医疗、文化、娱乐和商业等能吸引产业集聚的主要资源集中在主城区，海滨城区建设落后于主城区，这些因素导致城市间相互作用强度不大，尚未形成一条连续的沿海经济带。

4.6　沿海地区和沿海城市比较分析

2020 年，我国 224 个沿海县、市、区构成的沿海地带以 4.3% 的国土面积、10.5% 的人口，创造了 18.4% 的国内生产总值[①]，占沿海地区比重分别为 31.9%、24.8%、32.8%[②]。改革开放 40 多年以来，我国沿海地带"临海""涉海"的经济特征和形态日趋深度演化，成为沿海地区增长速度最快、发展活力最强、开发潜力最大的区域之一，为东部沿海地区和全国经济增长和区域协调发展做出重要贡献。

从地区生产总值来看，沿海地带领跑全国县域经济。沿海地带地区生产总值于 2012 年首次突破 10 万亿元量级（沿海地区是 2005 年），2020 年达到 18.7 万亿元，占全国沿海地区、全国国内生产总值比重分别为 32.8%、18.4%。2007—2020 年，沿海地带地区生产总值占全国沿海地区比重一直保持在 32.0%~33.6%，沿海地带对全国经济增长的贡献保持在 18.4%~19.7%，沿海地带经济支撑着国民经济的近 1/5。沿海地带和全国平均单个县域经济总量分别为 682.82 亿元和 290.12 亿元，沿海地带县域经济远超全国平均水平。从沿海地带内部而言，2020 年沿海地带县域经济地区生产总值中位数是 450 亿元，上海浦东新区地区生产总值高达 13 207 亿元。2020 年 7 个沿海县地区生产总值超过 2 000 亿元，主要分布在深圳市的宝安区、龙岗区、南山区、福田区，青岛市黄岛区，广州市黄埔区，杭州市萧山区。9 个沿海县域均主要位于国家和区域经济核心城市——上海、天津、深圳、青岛、广州、杭州，具有较为完善的基础设施、较强的投资环境和较高的经济水平，说明环渤海、长三角和珠三角核心城市更容易接纳国际资本转移和高新技术产业转移，充分发挥沿海港口城市优势，形成国家级产业集聚基地和科教创新基地

①　福建泉州市金门县现由台湾地区辖有，本书暂未合计金门县社会经济数据，采用 223 个县市区数据。

②　截至 2017 年，全国沿海地带辖有 53 个县、48 个县级市、123 个区，合计 224 个沿海县市区；全国辖有 962 个市辖区、363 个县级市、1 355 个县、117 个自治县，合计 2 797 个县级市区。

优势，从而带动周边地区发展。2020年有40个沿海县地区生产总值低于200亿元，主要分布在辽宁的营口、葫芦岛、丹东（合计11个），海南的三亚及省直辖县（合计9个），广东的湛江、汕头、江门（合计7个），河北的秦皇岛（合计4个），广西的防城港（合计3个）。需要加大对外改革开放，通过对外招商引资，利用产业、税收、土地等优惠政策，以产业发展为主，以制造业、高新技术产业和生产性服务性产业为载体，充分发挥沿海地区的区位优势、产业集聚功能、地方经济增长引擎作用，不断提高沿海县域经济规模和发展质量。

从人均地区生产总值来看，沿海地带人均地区生产总值超过高收入国家水平。2020年沿海地带人均地区生产总值高达11.47万元，同期沿海地区、全国人均GDP分别为7.68万元、5.95万元，已经超过世界银行定义的高收入国家门槛。2007—2017年我国人均GDP年均增速达到9.95%。从沿海地带内部而言，沿海地带人均地区生产总值中位数是7.87万元，有6个沿海县区人均地区生产总值超过50万元，主要分布在深圳盐田区、宝安区、龙岗区、南山区、广州黄埔区、天津滨海新区。2020年有79个沿海县人均地区生产总值低于全国平均水平，主要分布在广东的湛江、汕头、汕尾、揭阳、江门、阳江（合计22个），浙江的温州、台州（合计5个），山东的烟台、潍坊、威海、日照（合计7个），辽宁的葫芦岛、丹东（合计9个），江苏的连云港、盐城（合计8个），河北的秦皇岛、沧州（合计7个），海南的省直辖县（合计10个），福建的漳州、莆田（合计7个），表明部分沿海县域需要加快临海涉海产业发展，加快产业集聚和产业链主导发展，促进沿海县域经济规模型、质量型、效益型多维发展，持续稳健提高沿海县域经济发展质量和强度。

从地区生产总值构成来看，沿海地带三次产业结构日趋优化。沿海地带三次产业比例为5.7∶47.1∶47.3，服务业比重首次高于工业，呈现"三二一"型经济结构，而沿海地区和全国三次产业比例分别为5.1∶43.7∶51.2和7.9∶40.5∶51.6，沿海地区、全国分别在2015年、2012年达到"三二一"型经济结构，表明沿海地带服务业开始成为区域经济增长的主要拉动力，与工业一起共同支撑沿海地带经济发展。从工业化和服务业关系来看，产业结构升级和服务业领先是沿海地带工业化中后期阶段的必由之路，随着沿海地带经济趋向高质量发展，特别是"一带一路"建设，京津冀协同发展、长江经济带发展、粤港澳大湾区建设以及长三角区域一体化发展等国家计划相继实施，以区域中心城市为主的都市圈同城化发展，以生产服务性和生活服务性为主的第三产业将获得更快发展，促进沿海地带加快发展临港制造业、海洋高新技术产业、海洋特色渔业、海洋服务业，充分发挥沿海地带在沿海经济发展中的重要支撑和引领作用。从沿海地带内部来看，"三二一"型沿海县域个数为90、"二三一"型县域个数为109，分别占全部沿海地带的40.4%、48.9%，表明近9成沿海县域进入以制造业为主或以服务业为主的工业化后期或后工业化阶段。有21个沿海县域一产比重高于30%，主要分布在海南的省直辖县（7个）、辽宁的葫芦岛（6个）、广东的湛江（4个）。有67个沿海县域二产比重高于50%，主要分布在福建的泉州、漳州（18个），广东的珠海、汕头、揭阳、江门、广州（16个），浙江的温州、绍兴、宁波、嘉兴（14个），山东的烟台、青岛、东营（9个），辽宁的大连（4个），河北的唐山（3个）等。有70个沿海县域三产比重高于50%，主要分布在广东的湛江、深圳、汕头、江门（15个），浙江的舟山、温州、台州、杭州（15个），山东的威海、青岛（12个），辽宁的葫芦岛、大连（8个），海南的海口及省直辖县（8个），福建的厦门（6个），上海（3个）。

从人均地区生产总值和经济密度来看，沿海地带高于全国及沿海地区态势比较稳定。沿海地带县域经济发展态势良好，人均地区生产总值、经济密度、地区生产总值占全国或沿海地区比重等主要指标稳中有进，沿海地带对沿海地区乃至内陆区域经济社会发展起到重要的辐射带动作用，有力推动高质量发展和可持续发展。2007—2020年全国沿海地区生产总值、第一产业增加值、第二产业增加值、第三产业增加值、总人口占全国的比重分别在55.1%~59.1%、36.1%~45.6%、57.6%~66.5%、54.3%~55.8%、42.3%~43.5%区间波动。第一产业、第二产业、地区生产总值比重幅度分别高达9.5个百分点、8.9个百分点、4.0个百分点且比重逐年趋向递减，表明随着国家区域经济协调发展和中西部地区快速发展，沿海地区经济比重逐年趋于缓慢下降。与之形成对比的是沿海地区服务业和总人口比重分别增加1.5个百分点、1.2个百分点且比重逐年趋于缓慢递增，表明在城市化和服务业化进程中，人口向沿海地区低速缓慢集中，且后工业化服务型社会逐步形成。沿海地带地区生产总值、第一产业增加值、第二产业增加值、第三产业增加值、总人口占全国沿海地区比重分别在32.0~33.6%、28.2~36.6%、34.5~37.9%、28.9~32.0%、23.4~24.1%区间波动。第一产业、第二产业、第三产业比重总体趋于递减，总人口趋于缓慢递增，表明沿海地带在沿海地区经济比重趋于缓慢下降、在全国比重趋于缓慢上升，揭示沿海地带在沿海地区和全国经济中的地位稳步提升，沿海地带逐渐成为沿海地区和全国重要的经济增长轴。

从陆海产业发展来看，临海产业园区各具特色，是支撑区域经济集聚发展和改革创新的前沿地带。沿海地区产业园区①是沿海地区陆海经济的重要载体，在沿海地区经济发展中发挥着重要的引领和带动作用，是沿海地区产业经济集聚和改革创新的前沿地带。本节主要从沿海地区和沿海地带（沿海城市）两个区域层面进行比较分析，从沿海产业园区视角揭示江苏省、连云港市、盐城市、南通市在全国沿海省份、全国沿海城市两个层面的陆海产业园区的发展现状以及发展不足。

4.6.1 沿海产业园区数量及面积分布

沿海产业园区数量占全国近一半，山东产业园区数量领跑沿海省（见表4-1）。根据《中国开发区审核公告目录》（2018年版）②，经严格审核，全国符合条件的开发区合计有2 543家，其中国家级开发区552家、省级开发区1 991家。11个沿海地区的产业园区共1 094家，其中国家级开发区292家、省级开发区802家，分别占全国产业园区、国家级产业园区、省级产业园区的43.1%、53.1%、40.3%。山东以174家产业园区位列首位，占沿海地区产业园区总数的15.9%。

① 产业园区特指开发区，开发区是由国务院和省、自治区、直辖市人民政府批准在城市规划区内设立的经济技术开发区、高新技术产业开发区、保税区、国家旅游度假区等实行国家或省级特定优惠政策的各类开发区。
② 经国务院同意，2018年2月26日，国家发展改革委、科技部、国土资源部、住房和城乡建设部、商务部、海关总署印发2018年第4号公告，发布《中国开发区审核公告目录》（2018年版）。

表4-1　　　　沿海地区开发区按照级别及核准面积分组分布情况

沿海地区	开发区数（个）			两级开发区核准面积分组个数（个）							
	省级	国家级	合计	0~250	250~500	500~1 000	1 000~1 500	1 500~2 000	2 000~3 000	3 000~4 000	4 000以上
天津	21	12	33	25	1	3	1	0	1	1	1
河北	138	15	153	139	6	2	3	1	2	0	0
辽宁	62	24	86	2	65	11	5	2	0	1	0
上海	39	20	59	2	45	2	3	2	0	0	3
江苏	103	67	170	12	123	21	7	2	3	1	1
浙江	82	38	120	3	89	15	6	2	4	1	0
福建	67	30	97	6	9	66	11	2	1	1	1
山东	136	38	174	2	6	153	7	0	6	0	0
广东	102	30	132	7	6	34	76	3	4	2	0
广西	50	13	63	4	2	2	4	30	15	3	3
海南	2	5	7	2	1	0	0	0	1	1	2
总计	802	292	1 094	204	353	309	123	44	38	12	11

数据来源：根据《中国开发区审核公告目录》（2018年版）整理，以下同。

从省级开发区核准面积分组情况而言（见表4-2），开发区规模按照核准面积分组定义为小规模（250公顷以下）、中小规模（250~500公顷）、中等规模（500~1 500公顷）、中大规模（1 500~3 000公顷）、大规模（3 000公顷以上），开发区个数分别为159个、292个、299个、44个、8个，占全部省级开发区个数比重分别为19.8%、36.4%、37.3%、5.5%、1.0%。其中，天津、河北以小规模为主，辽宁、上海、江苏、浙江以中小规模为主，福建、山东、广东以中等规模为主，广西、海南以中大规模和大规模为主，显示出省级政府在核准省级开发区土地规模方面的偏好差异性。

表4-2　　　　沿海地区省级开发区按照核准面积分组分布情况

沿海地区	0~250	250~500	500~1 000	1 000~1500	1 500~2 000	2 000~3 000	3 000~4 000	4 000以上	合计
	小规模	中小规模	中等规模		中大规模		大规模		
天津	21								21
河北	138								138
辽宁		62							62
上海		39							39
江苏		103							103
浙江		82							82
福建		6	61						67
山东			136						136
广东			30	72					102
广西					30	14	3	3	50
海南								2	2
合计	159	292	227	72	30	14	3	5	802

说明：本表格中空白处表示数据为0。

从国家级开发区核准面积分布而言（见表4-3），开发区规模主要集中在500~1 000公顷、250~500公顷、1 000~1 500公顷三个规模，分别为82个、61个、51个，占全部国家级开发区个数比重分别约为28.1%、20.9%、17.5%，而250公顷以下、1 500公顷以上分别为45个、53个，占全部国家级开发区个数比重分别约为15.4%、18.2%。其中江苏、浙江、山东、福建、广东以中等规模（1 500公顷以下）为主，体现了国家级开发区核准面积的严格性和土地利用集约性双重要求。而天津、上海、江苏、福建、广东均有2个及以上开发区的核准面积超过3 000公顷，表明国家在实施对外开放发展战略过程中，通过较高土地规模吸引先进产业和重大项目投资，进而形成以高新技术产业为主的现代制造业基地和集聚区。

表4-3　　　沿海地区国家级开发区按照核准面积分组分布情况

沿海地区	0~250	250~500	500~1000	1000~1500	1500~2000	2000~3000	3000~4000	4000以上	合计
天津	4	1	3	1	0	1	1	1	12
河北	1	6	2	3	1	2	0	0	15
辽宁	2	3	11	5	2	0	1	0	24
上海	2	6	2	3	2	1	1	3	20
江苏	12	20	21	7	2	3	1	1	67
浙江	3	7	15	6	2	4	1	0	38
福建	6	3	5	11	2	1	1	1	30
山东	2	6	17	7	0	6	0	0	38
广东	7	6	4	4	3	4	2	0	30
广西	4	2	2	4	0	1	0	0	13
海南	2	1	0	0	0	1	1	0	5
总计	45	61	82	51	14	24	9	6	292

从国家级开发区分布而言，长三角和珠三角核心城市相对比较集中，其他沿海地区的国家级开发区相对趋于沿海分布，其内陆地区相对较少。这表明从国家开发区布局而言，长三角和珠三角核心城市更容易接纳国际资本转移和高新技术产业转移，充分发挥沿海港口城市优势，形成国家级高新技术产业集聚基地和科教创新基地，带动周边地区发展。

从省级开发区分布而言，山东与河北交界地区、天津与河北交界地区、江苏南部地区相对比较集中，而辽宁、浙江、福建、广东的沿海城市与其腹地城市分布相对均匀。揭示各个沿海省（区、市）政府从本省（区、市）经济产业情况综合考虑，发挥省域经济管理权，发挥产业发展作为区域经济发展的重要载体和有效支撑作用，通过产业园区设立，规划引领产业结构转型升级，加快工业化城镇化进程，带动地方经济发展，实现省域经济发展战略。

从沿海地区产业园区地域分布规模而言（见表4-4），山东为174家，江苏、河北、广东、浙江紧随其后，均超过120家。江苏以67家国家级产业园区位列首位，占沿海地区国家级产业园区总数的22.9%，山东、浙江紧随其后，均为38家。从国家级和省级开发区核准面积总额而言，河北以131 032公顷位列产业园区核准面积首位，占沿海地区产业园区核准面积总数的16.54%。江苏、广东、浙江紧随其后，均超过90 000公顷。从国家级开发区核准面积总额而言，河北产业园区核准面积占沿海地区产业园区核准面积总数的24.25%，上海、浙江、山东、广东紧随其后，均超过20 000公顷。国家级开发区核准面积占该省开发区核准面积比重超过全国平均水平29.3%的沿海地区有天津、河北、上海、辽宁，表明一些沿海地区在国家对国家级开发区布点个数、核准规模双重宏观调控下，发挥省级经济管理权限，加大省级开发区布局规模，充分发挥省辖区域开发区经济活力和发展质量。

表4-4　　　　　　　沿海地区开发区地域分布规模和层次

沿海地区	开发区数（个）			开发区核准面积（公顷）			平均单个开发区核准面积（公顷）		
	省级	国家级	合计	省级	国家级	合计	省级	国家级	合计
天津	21	12	33	11 509	18 107	29 616	959	862	897
河北	138	15	153	74 715	56 317	131 032	859	853	856
辽宁	62	24	86	37 722	16 216	53 938	699	507	627
上海	39	20	59	56 511	29 122	85 633	1 346	1 713	1 451
江苏	103	67	170	74 746	19 370	94 116	550	570	554
浙江	82	38	120	66 925	25 242	92 167	697	1 052	768
福建	67	30	97	49 248	9 725	58 973	608	608	608
山东	136	38	174	66 574	21 082	87 656	486	570	504
广东	102	30	132	73 373	20 142	93 515	706	719	708
广西	50	13	63	41 651	14 085	55 736	868	939	885
海南	2	5	7	7 044	2 834	9 878	1 409	1417	1 411
总计/平均	802	292	1 094	560 018	232 242	792 260	698	795	724

从平均单个开发区核准面积而言，上海、海南、天津、广西、河北（降序排列）开发区国家级、省级、整体三个层次，都超过相应层次的全国平均水平；而山东、江苏、福建、辽宁（升序排列）都低于相应层次的全国平均水平，揭示沿海地区需要加强和提高开发区土地利用强度，进而提高开发区土地集约利用效率和发展效益。从沿海城市产业园区核准面积总额而言，上海一枝独秀，高达85 633公顷；天津、唐山、湛江、宁波处于第二层次（15 000~30 000公顷）；广州、青岛、厦门、南通、福州、沧州、泉州、珠海、中山处于第三层次（10 000~15 000公顷）；潍坊、大连、江门、阳江、北海、漳州、烟台、钦州、温州、台州、东营、威海、盐城处于第四层次（5 000~10 000公顷）；其他27个城市处于第五层次（低于5 000公顷）。

沿海省（区、市）产业园区核准面积北高南低，河北省产业园区面积高居沿海地区首位。目前全国产业园区核准面积共182.1万公顷，其中11个沿海省（区、市）产业园区核准面积79.2万公顷，占全国核准面积的43.5%。北部海洋经济圈（天津、河北、山东、辽宁）核准面积合计30.2万公顷，东部海洋经济圈（上海、江苏、浙江）核准面积合计27.2万公顷，南部海洋经济圈（广西、广东、海南、福建）核准面积合计21.8万公顷。上海产业园区平均面积最大，山东产业园区平均面积垫底。通过计算11个沿海省（区、市）核准面积与数量的比值，上海以1 451公顷的平均面积居沿海省（区、市）首位，海南以1 411公顷位列第二。山东产业园区平均面积为504公顷，仅为上海平均面积的1/3。

产业园区产业类型呈现地域特色（见表4-5）。北部海洋经济圈产业园区以机械制造、装备制造等传统重工业为主，以生物医药、新型建材等新兴产业为辅；东部海洋经济圈产业园区偏重电子信息、纺织等轻工业及服务业；南部海洋经济圈中广西及海南以海产品深加工为特色，而福建及广东则偏向生物医药、新材料等新兴产业。

表4-5　　　　　　　　　　沿海地区产业园区主导产业类型

沿海地区	主导产业类型
天津	精细化工、电子信息、医药、新型建材
河北	机械制造、化工、电子信息、机电一体化
辽宁	装备制造、铸造机械、新材料、生物医药
上海	机械、电子信息、精细化工、光电子
江苏	纺织、机械、精细化工、生物医药
浙江	机械、电子信息、纺织、水产品精加工、船舶机械
福建	生物医药、电子信息、服装、鞋业、纺织、轻工机械
山东	生物制药、精细化工、石化产品深加工、家电、电子信息
广东	生物医药、新材料、石油化工、电子机械
广西	海产品深加工、轻工机械、化工、饲料
海南	水产品及农副产品深加工、医药、建材、化工、电子信息

4.6.2　沿海地区产业园区经济发展情况[①]

沿海地带产业园区分布规模和层次差异显著（见表4-6）。沿海地区合计有229个沿海县（区、县级市），从开发区分布规模及级别上看，从绝对规模而言，广东、福建、山东、浙江的国家级开发区均高达30个以上；从相对规模而言，天津、上海由于直辖市地位以及国家发展战略特殊政策，分别有5个和6个国家级开发区。从绝对规模和相对规模对比而言，江苏、辽宁、河北、海南、广西的沿海县由于各种原因，国家级开发区个数相对较少，平均一个沿海城市布局一个国家级开发区。由于中央赋予省级政府设立省级开发区，山东、浙江、福建、广东的省

① 该部分根据第一次全国海洋经济调查（根据《中国开发区审核公告目录》（2006年版））筛选出316个位于沿海县（县级市、区）的产业园区中有效上报"地区生产总值"等核心经济指标的229个开发区数据整理。该调查要求上报2015年各产业园区经济情况，受不同省份上报率的影响，部分省份的统计数据可能无法反映实际情况，即229个开发区中有若干个开发区没有填报或缺失开发区核准面积、填海面积、海岸线长度、财政收入、税收收入、进口总额、出口总额、固定资产投资额、年末从业人员等数据。

级开发区的绝对规模均高达22个以上，在相对规模上，江苏、河北的沿海城市平均布局3~5个省级开发区，通过对内对外招商引资，利用产业、税收、土地等优惠政策，以产业发展为主，以制造业、高新技术产业和生产性服务性产业为发展实体，充分发挥省级开发区的产业集聚功能、地方经济增长引擎作用。

表4-6　　　　　　沿海地带产业园区地域分布规模和层次

沿海地区	沿海城市	沿海地带（县、区、县级市）	开发区个数		
			合计	国家级	省级
天津	1	1	6	5	1
河北	3	11	12	3	9
辽宁	5	22	15	4	11
上海	1	5	20	6	14
江苏	3	15	20	4	16
浙江	7	33	34	11	23
福建	6	33	36	13	23
山东	7	35	35	10	25
广东	14	48	37	15	22
广西	3	8	5	2	3
海南	4	18	9	3	6
合计	54	229	229	76	153

上海地区生产总值领跑沿海各省（区、市）（如图4-1所示）。2015年沿海产业园区共创造地区生产总值68 813亿元[①]，其中上海产业园区地区生产总值为25 300亿元，占沿海产业园区地区生产总值的36.77%；山东、广东分列第二位和第三位，分别为10 569亿元、9 653亿元，地区生产总值分别占沿海产业园区地区生产总值的15.4%和14.0%。天津、浙江、福建处于第二方阵，江苏、辽宁处于第三方阵，河北、海

---

① 考虑到第一次全国海洋经济调查工作从国务院2012年12月批准同意到2016年6月国家海洋局印发《第一次全国海洋经济调查实施方案》，2019年7月江苏省在全国沿海省份中第一家通过国家验收，因此，本节以2015年沿海产业园区经济数据进行统计分析。

南、广西处于第四方阵。这表明沿海地带的产业园区从沿海省级层次而言，发展差异巨大。

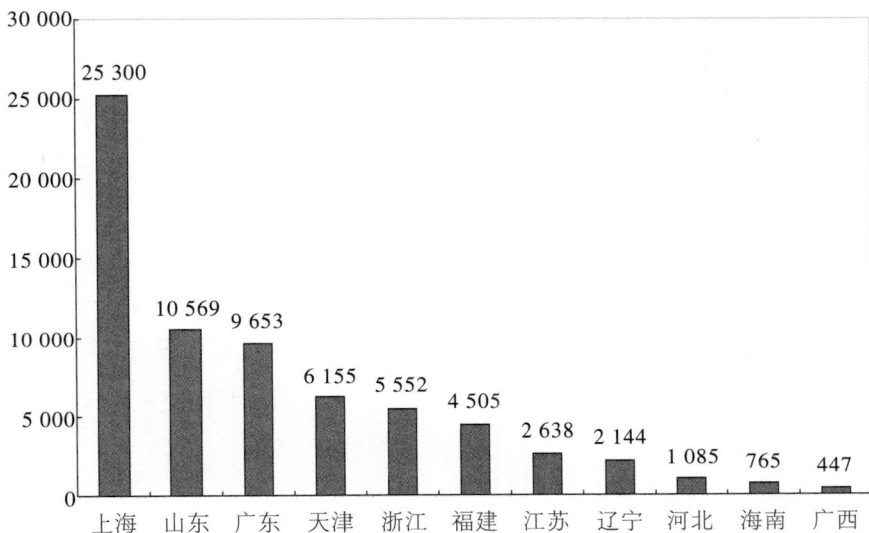

图4-1 沿海地带产业园区分省地区生产总值（单位：亿元）

数据来源：第一次全国海洋经济调查系统数据库，以下同。

从全国53个沿海城市对比分析（见图4-2），地区生产总值排序第一的上海高达25 300.3亿元，是沿海城市平均地区生产总值的19.5倍，约占沿海城市地区生产总值总额的36.77%。排名第二到第十的天津、青岛、广州、烟台、宁波、厦门、深圳、南通、大连的产业园区地区生产总值分别占全国沿海城市地区生产总值的4.74%、3.28%、2.77%、2.36%、1.99%、1.60%、1.42%、1.36%、1.11%，前十强沿海城市地区生产总值总额为52 097.51亿元，占全国沿海城市地区生产总值总额的75.71%。而产业园区地区生产总值低于500亿元的唐山、营口、中山、舟山、珠海、漳州、秦皇岛、嘉兴、盐城、海南省直辖、泉州、东莞、江门、北海、沧州、海口、儋州、杭州、绍兴、宁德、钦州、锦州、茂名、潮州、丹东、湛江、防城港、汕尾、滨州、葫芦岛、三亚等31个沿海地区，地区生产总值累计约为7 211.70亿元，约占全国沿海城市地区生产总值的10.48%，表明沿海城市产业园区的地区生产总值内部差异较大。

上海　　　　　　　　　　　　　　　　　　　　　25 300.3
天津　6 155.5
青岛　4 254.7
广州　3 601.6
烟台　3 069.6
宁波　2 577.4
厦门　2 080.8
深圳　1 844.3
南通　1 770.0
大连　1 443.2
温州　1 105.9
惠州　1 034.1
潍坊　903.8
东营　863.8
莆田　804.3
福州　773.6
威海　755.6
台州　721.7
揭阳　711.8
日照　681.8
汕头　642.2
连云港　505.2
唐山　472.0
营口　470.0
中山　462.1
舟山　438.0
珠海　412.9
漳州　411.7
秦皇岛　397.8
嘉兴　375.6
盐城　362.9
海南省直辖　326.1
泉州　304.4
东莞　304.0
江门　300.8
北海　260.5
沧州　215.2
海口　211.7
儋州　211.5
杭州　191.6
绍兴　142.0
宁德　130.4
钦州　124.0
锦州　118.1
茂名　103.8
潮州　102.7
丹东　91.0
湛江　85.5
防城港　62.4
汕尾　46.8
滨州　39.5
葫芦岛　21 3
三亚　15.4

0　　5 000　　10 000　　15 000　　20 000　　25 000　　30 000

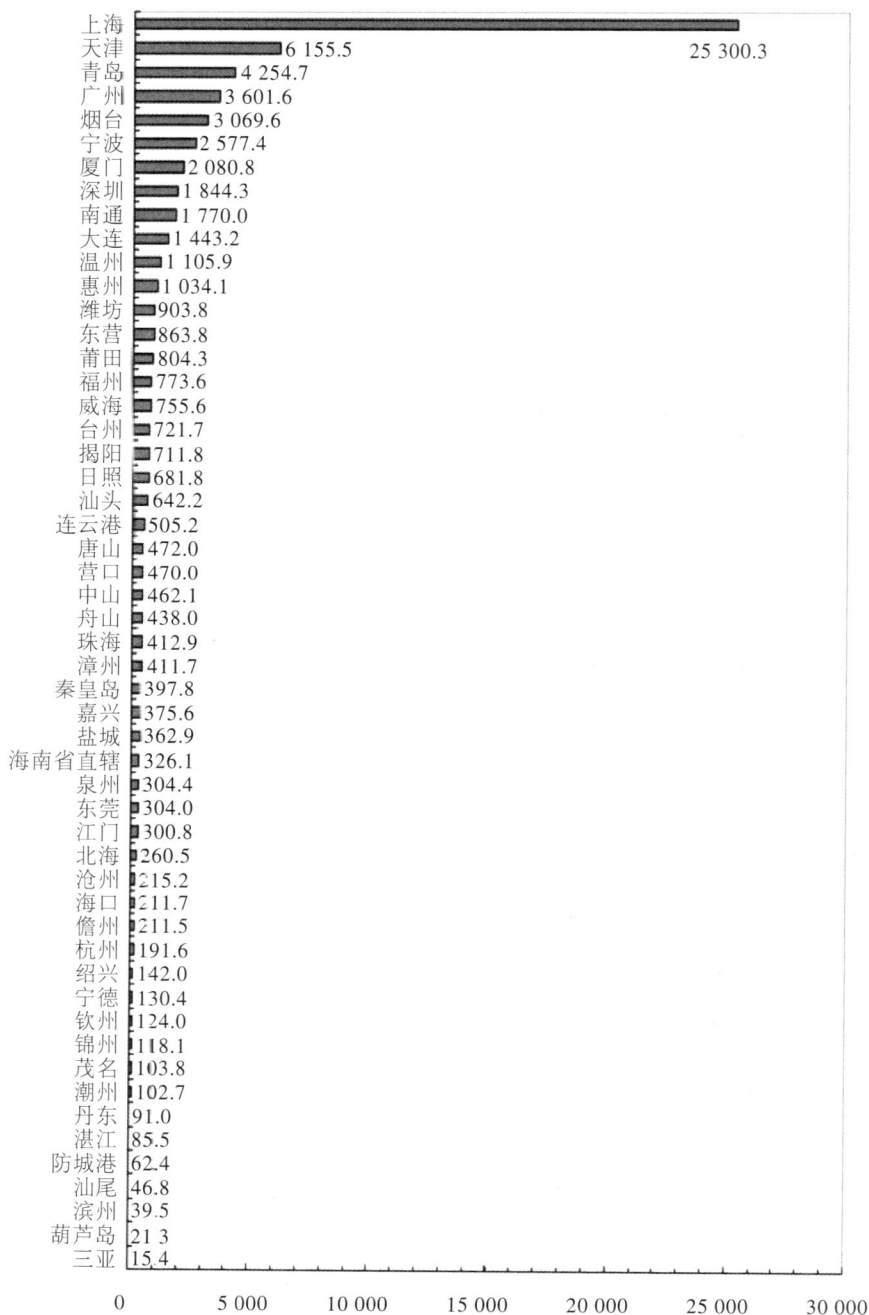

图4-2　沿海地带产业园区地区生产总值分市降序图（单位：亿元）

中国沿海地带产业园区分省主要经济质量指标显示（见表4-7），从经济密度、就业密度、人均劳动生产率、区均地区生产总值、区均税收、区均就业人数等6个经济质量指标而言，6个指标全部超过指标平均水平的城市有上海、天津两个直辖市；广东、辽宁、浙江、山东均仅有2~3个指标超过指标平均水平，河北、江苏、海南、广西、福建仅有1个指标超过指标平均水平，表明除了沪津两市外，其他沿海省的产业园区产业集聚集约发展质量还不够高，需要沿海地带的各级各类产业园区按照产业园区引导产业集聚、集约发展开放型经济的功能定位和要求，坚持改革创新、规划引领、集聚集约、发展导向，发挥产业集聚效应和溢出增长效应，促进开发区规模型、质量型、效益型多维发展，为沿海地区经济社会高质量发展做出新的更大的贡献。

表4-7　　　　沿海地带产业园区分省主要经济质量指标

沿海地区	经济密度（万元/公顷）	就业密度（人/公顷）	人均劳动生产率（万元/人）	区均地区生产总值（亿元/个）	区均税收（亿元/个）	区均就业人数（万人/个）
上海	3 888	54	73	1 265	140.4	17.42
天津	1 507	21	70	1 026	119.7	14.56
广东	518	9	58	261	32.2	4.53
辽宁	501	31	16	143	10.3	8.83
平均	483	11	46	300	37.2	6.54
河北	362	7	49	90	10.9	1.85
江苏	346	11	32	132	17.3	4.14
浙江	340	18	19	163	33.5	8.57
海南	274	4	66	85	31.6	1.29
广西	245	3	75	89	24.7	1.2
福建	220	8	28	125	18.2	4.46
山东	186	3	56	302	27.4	5.38

说明：经济密度=开发区地区生产总值/开发区核准面积；就业密度=开发区就业人数/开发区核准面积；人均劳动生产率=开发区地区生产总值/开发区就业人数；区均地区生产总值=开发区地区生产总值/开发区个数；区均税收=开发区税收总收入/开发区个数；区均就业人数=开发区就业总人数/开发区个数。

产业园区经济密度是指产业园区地区生产总值与规划核准土地面积之比，其综合衡量产业园区经济活动中经济效益水平，表征产业园区单位土地面积上经济活动的效率和土地利用的密集程度。产业园区经济密度大小主要取决于开发区内部城镇化、生产要素流动、产业结构转型升级以及外部的区域发展基础状况、国家宏观调控政策（国家投资政策、户籍制度、行政区划）等多种因素。沿海地带产业园区分省数据显示，全国沿海地区产业园区平均经济密度为483万元/公顷，只有上海、天津、广东、辽宁沿海地区超过平均水平，其中排序第一的上海高达3 888万元/公顷，是平均水平的8.05倍，是排序第二的天津1 507万元/公顷的2.58倍。山东产业园区地区生产总值排序第三，但考虑到山东35个开发区、开发区核准面积占全国比重高达40%的总量规模，山东经济密度最低且仅为186万元/公顷，是全国平均水平的38.5%，这一判断与山东的就业密度、区均地区生产总值、区均税收、区均就业人数等质量指标的排序结果是比较一致的，表明山东沿海地带的产业园区需要在提高总量规模时切实提高产业园区经济质量效益和水平。

中国沿海城市产业园区主要经济质量指标显示（见表4-8），经济密度、就业密度、人均劳动生产率、区均地区生产总值、区均税收、区均就业人数等6个指标全部超过指标平均水平的城市有上海、天津、广州；广州现有4个国家级1个省级合计5个开发区、核准面积约为12 640公顷，地区生产总值略超3 600亿元。广州开发区（国家级广州经济技术开发区、广州高新技术产业开发区、广州出口加工区和广州保税区，全国唯一的"四区合一"管理模式：四块牌子，一套管理机构，覆盖四个国家级经济功能区）以高新技术产业为导向，围绕光电子、生物医药、精细化工、汽车、现代物流、钢铁等产业，将广州开发区建设成为广州市外向型经济、科技创新、高新技术产业发展高地。

东莞、营口、揭阳、杭州、厦门、烟台、青岛7个沿海城市均有4~5个指标超过平均水平。北海、茂名、中山、沧州、儋州、宁波、潍坊等8个沿海城市3个指标高于平均水平。连云港、滨州、锦州、丹东、三亚、汕尾、漳州、宁德等8个沿海城市6个指标均低于平均水平。其他城市仅有1~2个指标超过平均水平。表明其他沿海城市产业园区可以学习广州开发区的先进实践经验，根据本地区实际情况，按照"精简、统一、高效"和"小政府、大社会、小机构、大服务"的原则，形成精简高效、为民亲商、务实创新的开发区独特管理体制。在开发区土地利用、产业招商、基础设施、产业集聚、产业特色、区域布局等方面，在体制和政策上统一规划、引导，从而加强城市内部各级各类开发区的有序分工合作，提高产业园区的经济质量规模和效益。

表4-8　　　　　　　　沿海城市产业园区主要经济质量指标

沿海城市	经济密度（万元/公顷）	就业密度（人/公顷）	人均劳动生产率（万元/人）	区均地区生产总值（亿元/个）	区均税收（亿元/个）	区均就业人数（万人/个）
东莞	29 511	550	54	304.0	81.1	5.7
营口	17 537	257	68	470.0	25.0	6.9
深圳	12 720	—	—	922.2	8.6	—
潮州	7 086	9	751	102.7	13.7	0.1
揭阳	6 471	41	157	355.9	5.6	2.3
上海	3 888	54	73	1 265.0	140.4	17.4
大连	2 931	125	23	206.2	16.3	8.8
广州	2 850	39	73	720.3	141.6	9.9
杭州	2 083	91	23	191.6	51.5	8.4
泉州	1 579	56	28	60.9	7.2	2.2
防城港	1 533	9	178	62.4	7.6	0.4
天津	1 507	21	70	1 025.9	119.7	14.6
绍兴	1 420	60	24	142.0	22.8	6.0
厦门	1 034	34	31	346.8	66.2	11.4
烟台	1 019	24	43	307.0	32.1	7.1

续表

沿海城市	经济密度（万元/公顷）	就业密度（人/公顷）	人均劳动生产率（万元/人）	区均地区生产总值（亿元/个）	区均税收（亿元/个）	区均就业人数（万人/个）
福州	978	36	28	96.7	15.4	3.5
北海	976	17	57	86.8	4.3	1.5
茂名	960	19	49	51.9	3.3	1.1
中山	886	36	24	231.1	24.4	9.5
沧州	789	13	60	71.7	14.7	1.2
儋州	682	6	106	211.5	175.5	2.0
秦皇岛	578	16	35	79.6	10.4	2.3
台州	519	6	92	120.3	7.0	1.3
平均	483	11	46	300.5	37.2	6.5
莆田	480	13	37	114.9	3.4	3.1
舟山	463	7	68	219.0	12.5	3.2
青岛	430	7	58	531.8	59.5	9.1
南通	397	11	37	252.9	26.7	6.8
海口	369	6	63	105.8	19.3	1.7
湛江	325	20	16	28.5	1.4	1.8
温州	324	10	33	276.5	38.8	8.4
盐城	323	18	18	40.3	9.6	2.2
日照	322	4	89	340.9	18.0	3.8
宁波	297	24	12	184.1	55.3	14.8
惠州	281	11	25	258.5	53.2	10.2
东营	279	2	146	108.0	3.9	0.7

沿海城市	经济密度（万元/公顷）	就业密度（人/公顷）	人均劳动生产率（万元/人）	区均地区生产总值（亿元/个）	区均税收（亿元/个）	区均就业人数（万人/个）
连云港	249	8	33	126.3	18.4	3.9
江门	246	15	16	100.3	14.3	6.3
唐山	232	4	65	118.0	8.6	1.8
嘉兴	217	13	17	62.6	11.7	3.7
海南省直辖	210	3	66	81.5	16.4	1.2
潍坊	132	4	32	451.9	43.8	14.0
汕头	131	1	92	128.4	2.0	1.4
钦州	82	1	118	124.0	103	1.1
珠海	79	1	53	103.2	8.5	1.9
滨州	79	6	14	19.8	2.8	1.4
锦州	73	4	19	118.1	—	6.4
丹东	65	6	12	30.3	4.1	2.6
三亚	43	4	12	7.7	2.6	0.7
汕尾	41	6	7	15.6	0.3	2.4
漳州	35	2	18	68.6	9.4	3.8
宁德	33	2	15	32.6	4.3	2.2
葫芦岛	28	66	—	7.1	0.9	16.6
威海	24	0		251.9	—	

说明：—表示缺少该项数值资料。

上海、广东、浙江创造税收总额占沿海地区税收总额略超六成（如图4-3所示）。2015年，沿海地带产业园区共创造税收8 507.49亿元，上海以2 807.5亿元位列沿海地区第一位，广东、浙江以1 191.3亿元和

1 139.8亿元分列第二位和第三位，第一梯队税收过千亿元的上海、广东、浙江税收总额占沿海地区税收总额的60.4%。第二梯队税收在500亿~1 000亿元的山东、天津、福建税收总额占沿海地区税收总额的27.4%。第三梯队税收在500亿元以下的江苏、海南、辽宁、河北、广西税收总额占沿海地区税收总额的12.2%。

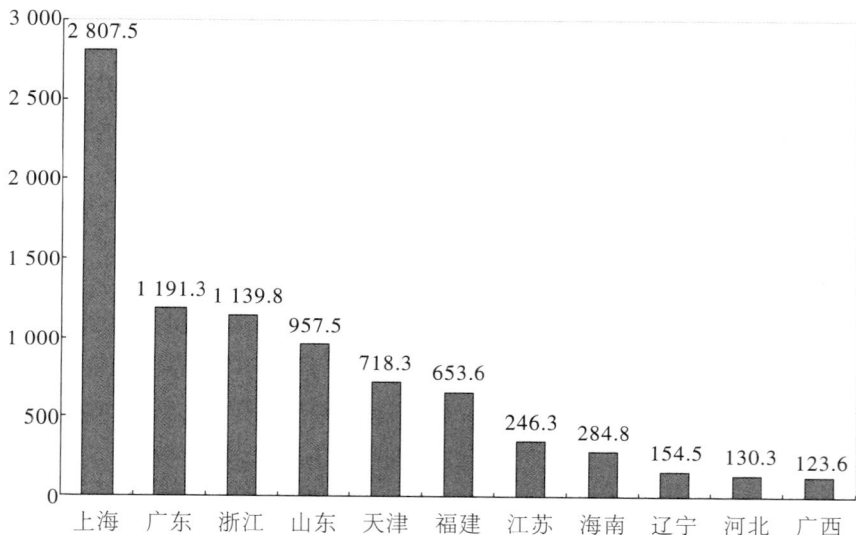

图4-3　沿海地带产业园区创造税收情况（单位：亿元）

从全国53个沿海城市对比分析来看（如图4-4所示），税收收入排序第一的上海高达2 807.5亿元，是沿海城市平均税收收入的17.16倍、约占沿海城市税收收入的33.0%。排名第二到第四的宁波、天津、广州税收收入分别占全国沿海城市税收收入的9.1%、8.4%、8.3%，税收收入超过500亿元的前四强沿海城市税收收入略超5 000亿元，占全国沿海城市税收收入的58.9%。税收收入在100亿~500亿元的第二梯队青岛、厦门、烟台、惠州、南通、儋州、温州、福州、大连、钦州税收收入累计约为2 264.7亿元，约占全国沿海城市税收收入的26.6%。税收收入在50亿~100亿元的第三梯队潍坊、盐城、东莞、连云港、嘉兴、海南省直辖、漳州、秦皇岛、杭州税收收入累计约为623.4亿元，约占全国沿海城市税收收入的7.3%。税收收入在50亿元以下的第四梯队28个沿海城市税收收入累计约为612.02亿元，约占全国沿海城市税收收入的7.2%。

城市	数值
上海	2 807.5
宁波	773.5
天津	718.3
广州	708.1
青岛	476.2
厦门	397.4
烟台	320.5
惠州	213.0
南通	186.7
儋州	175.5
温州	155.0
福州	122.9
大连	114.4
钦州	103.0
潍坊	87.6
盐城	86.1
东莞	81.1
连云港	73.5
嘉兴	70.0
海南省直辖	65.5
漳州	56.3
秦皇岛	51.8
杭州	51.5
中山	48.9
沧州	44.1
江门	43.0
台州	42.0
海口	38.6
日照	36.1
泉州	35.9
唐山	34.4
珠海	33.8
东营	31.5
营口	25.0
舟山	24.9
莆田	23.8
绍兴	22.8
宁德	17.3
深圳	17.1
潮州	13.7
北海	12.9
丹东	12.3
揭阳	11.2
汕头	10.0
防城港	7.6
茂名	6.6
滨州	5.6
三亚	5.2
湛江	4.1
葫芦岛	2.8
汕尾	0.8

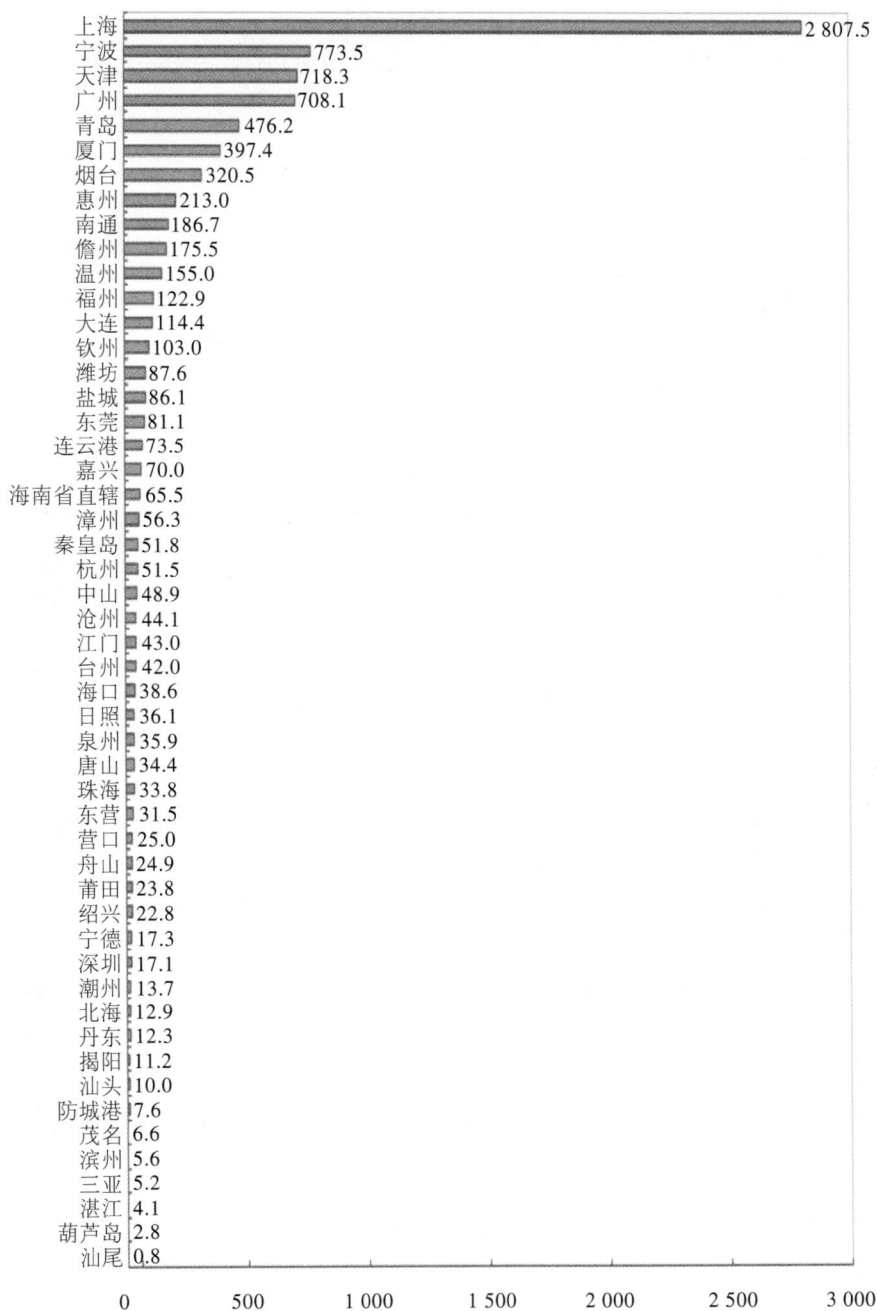

图4-4　全国沿海城市产业园区创造税收情况（单位：亿元）

广东省进出口总额居11个沿海省（区、市）首位（见表4-9）。2015年沿海地带产业园区共创造进出口总额12 901.5亿美元，其中广东省创造进出口总额3 993.7亿美元，占全国沿海地带产业园区进出口总额的31.0%，是进出口总额排序第二名到第四名的上海、山东、辽宁的进出口总额的1.64倍、2.11倍、2.67倍。进出口总额排序前四强的广东、上海、山东、辽宁进出口总额合计约占全国沿海地带产业园区进出口总额的76.1%。与之形成鲜明对比，经济强省江苏的沿海地带15个县区市的进出口总额反映出其对外开放型经济发展规模相对不高，与广西、海南、河北处于第四梯队，四省沿海地带产业园区累计进出口总额约为409.7亿元，约占全国沿海地带产业园区进出口总额的3.1%。

表4-9　　　　　沿海地带产业园区创造进出口总额情况

沿海地区	进口总额（亿美元）	出口总额（亿美元）	进出口总额（亿美元）	进出口总额占比（%）	梯队层次
广东	1 632.0	2 361.7	3 993.7	31.0	第一梯队
上海	1 252.9	1 175.6	2 428.5	18.8	第二梯队
山东	961.9	931.0	1 892.9	14.7	
辽宁	899.1	596.2	1 495.3	11.6	
福建	376.8	855.3	1 232.1	9.5	第三梯队
天津	447.2	300.6	747.8	5.8	
浙江	295.3	406.2	701.5	5.4	
江苏	60.1	80.7	140.8	1.1	第四梯队
广西	53.7	49.4	103.1	0.8	
海南	68.1	27.4	95.5	0.7	
河北	24.4	45.9	70.3	0.5	
合计	6 071.5	6 830.0	12 901.5	100.0	——

从全国53个沿海城市对比分析来看（如图4-5所示），进出口总额排序第一的上海高达2 428.5亿美元，是沿海城市平均进出口总额的9.985倍、约占沿海城市进出口总额的18.8%。排名第二到第十的大连、深圳、中山、厦门、天津、青岛、珠海、广州、烟台进出口总额分别占全国沿海城市进出口总额的11.2%、7.2%、6.3%、6.2%、5.8%、5.7%、5.2%、4.8%、3.9%，前十强沿海城市进出口总额近1万亿美元，占全国沿海城市进出口总额的75.2%。而进出口总额低于100亿美元的儋州、嘉兴、日照、南通、东营、宁德、连云港、温州、钦州、潍坊、秦皇岛、防城港、江门、莆田、泉州、杭州、丹东、台州、舟山、营口、湛江、唐山、盐城、北海、沧州、绍兴、海口、锦州、茂名、汕尾、海南省直辖、潮州、葫芦岛、滨

州、三亚，进出口总额累计约为1 044.38亿美元，约占全国沿海城市进出
口总额的8.14%，表明沿海城市产业园区的进出口总额的内部差异较大。

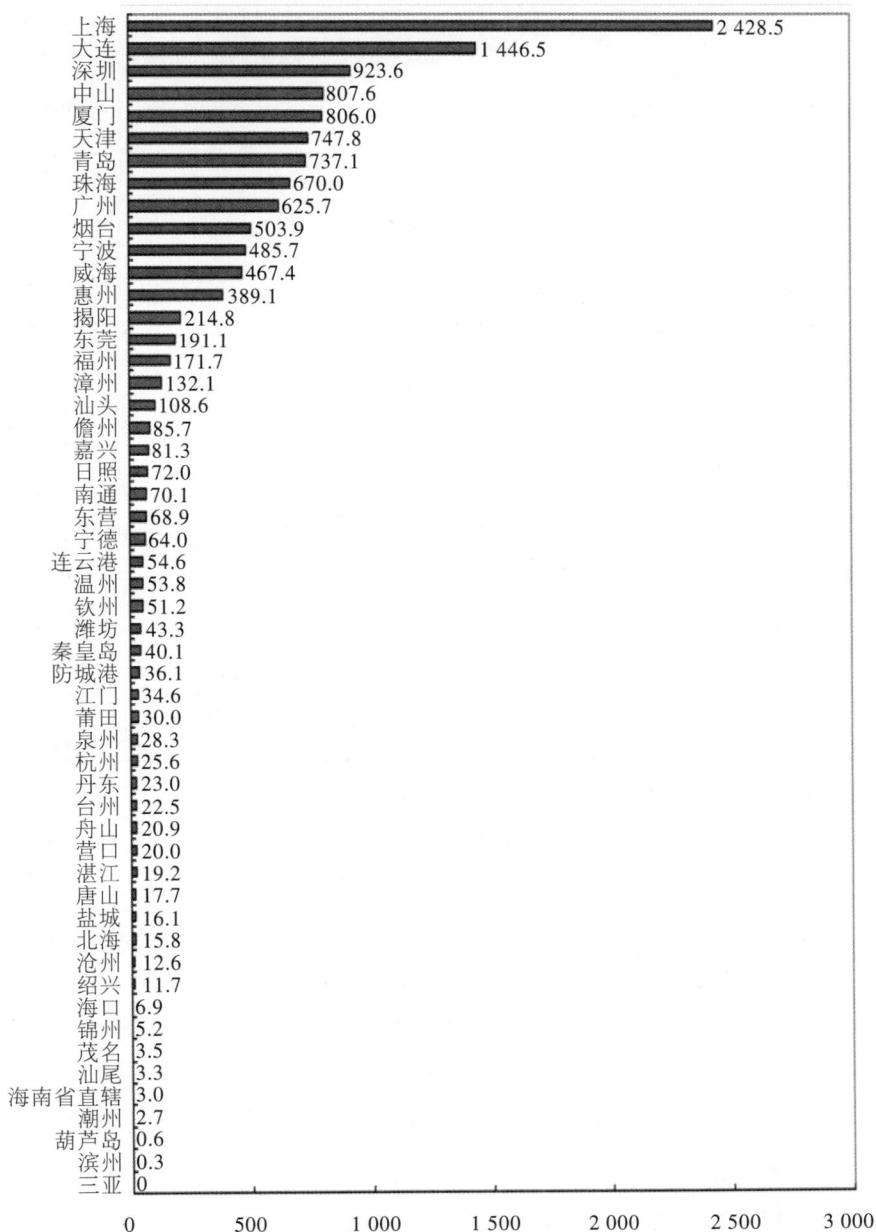

图4-5 沿海城市产业园区创造进出口总额情况（单位：亿美元）

固定资产投资以北部海洋经济圈为主（见表4-10）。2015年，全国沿海地带产业园区固定资产投资额高达24 634.4亿元，其中北部海洋经济圈固定资产投资额略超1万亿元，占到固定资产投资总额的42.1%。东部和南部固定资产投资额占总额比重分别为28.4%、29.5%。这表明北部海洋经济圈的海洋经济发展基础雄厚，在京津冀发展战略和深度融入"一带一路"双重引导下，加大涉海先进制造业等领域固定资产投资，着力发展成为具有全球影响力的先进制造业基地和现代服务业基地、全国科技创新与技术研发基地。

表4-1C 沿海地带产业园区分省固定资产投资

三大海洋经济圈	三大地带	沿海地区	固定资产投资额（亿元）	比重（%）
北部海洋经济圈	环渤海地区	山东	6 603.1	26.8
		天津	1 946.1	7.9
		辽宁	1 026.1	4.2
		河北	776.7	3.2
东部海洋经济圈	长江三角洲地区	浙江	3 421.5	13.9
		江苏	2 054.6	8.3
		上海	1 523.2	6.2
南部海洋经济圈	珠江三角洲地区	广东	3 533.1	14.3
	—	福建	3 039.3	12.3
	—	海南	462.9	1.9
	—	广西	247.8	1.0

将全国53个沿海城市进行对比分析（如图4-6所示），固定资产投资额排序第一的青岛高达2 253.0亿元，是沿海城市平均固定资产投资的4.85倍，占沿海城市固定资产总额的9.15%。排名第二、第三的天津、上海的固定资产投资额分别占固定资产投资总额的7.90%、6.18%。固定资产投资额排序前十强的城市青岛、天津、上海、宁波、烟台、广州、厦门、温州、潍坊、南通，固定资产投资总额高达13 630.5亿元，占全国沿海城市固定资产投资总额的55.33%。而沧州、营口、台州、宁德、北海、滨州、绍兴、江门、泉州、丹东、东莞、三亚、锦州、杭州、钦州、儋州、深圳、茂名、海口、湛江、汕尾、潮州、葫芦岛、防城港等24个沿海城市固定资产投资合计约占总额的9.28%。这表玥沿海城市产业园区的固定资产投资额的内部差异较大。

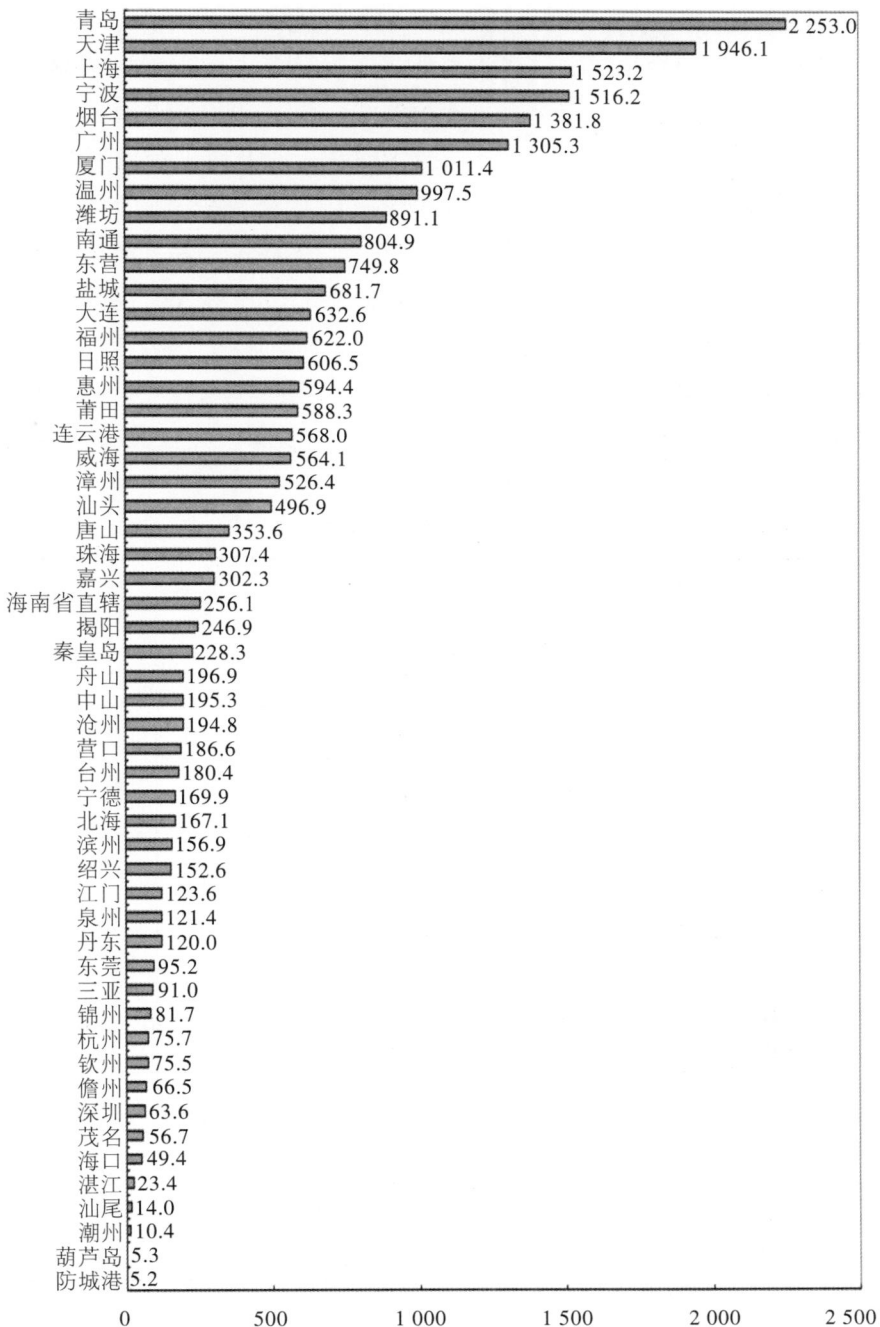

图 4-6　沿海城市产业园区固定资产投资情况（单位：亿元）

上海临海产业园区就业总量、区均就业规模和就业密度远超其他沿海省份（见表4-11）。2015年沿海地区产业园区共实现就业1 498.3万人，其中上海产业园区共实现就业348.3万人，占沿海产业园区总就业人数的23.25%；浙江与山东分列第二和第三，实现就业分别占沿海产业园区总就业人数的19.44%和12.57%。天津、辽宁和浙江的就业总量、区均就业人数和就业密度处于次优的第二梯队，传统的海洋经济强省山东、广东、福建处于第三梯队，而江苏、河北、海南、广西相对较弱，处于第四梯队，表明沿海地区各级各类产业园区，需要通过积极发展园区主导产业、特色产业和高新技术产业，培育龙头企业，促进更多关联企业和产业集聚集约发展，提高区均就业规模和就业密度，进而提高就业总量。

表4-11　　　　　　　沿海地区产业园区就业规模情况

沿海地区	年末从业人员（万人）	区均就业人数（万人）	就业密度（人/公顷）	梯队层次
上海	348.3	17.42	54	第一梯队
天津	87.4	14.56	21	第二梯队
辽宁	132.5	8.83	31	
浙江	291.3	8.57	18	
合计/平均	1 498.3	6.54	11	—
山东	188.3	5.38	3	第三梯队
广东	167.5	4.53	9	
福建	160.5	4.46	8	
江苏	82.8	4.14	11	第四梯队
河北	22.2	1.85	7	
海南	11.6	1.29	4	
广西	6	1.2	3	

5 江苏海洋经济发展条件分析

5.1 机遇挑战分析

5.1.1 发展机遇分析

从发展机遇来看，一是全球"蓝色经济"发展潜力巨大。向海洋进军发展已经成为全球主要经济体和新兴经济体的共同选择，全球海洋经济发展格局正处于深度重构阶段。江苏省域经济在全国处于前列、科技水平处于领先行列、高科技人才资源富余、海洋资源开发利用空间广阔，逐渐成为吸引国内外越来越多涉海产业投资的沿海省份之一，为江苏海洋经济创新转型、高质量发展创造了有利条件。二是国家海洋强国和江苏海洋强省建设双重战略蕴藏巨大发展良机。以南通、连云港、盐城为示范建设点的国家海洋经济创新发展示范城市、国家海洋经济发展示范区和海洋特色产业集群产业基地，沿海交通基础设施建设等良好基础和发展平台，为江苏海洋经济向更深更高水平发展创造了良好机遇。

三是海洋经济高质量发展新格局释放发展潜力。中国作为世界第二大经济体，大国市场效应持续稳态显现，带动消费规模和层次持续增长和升级，滨海旅游、海洋生物医药、高品质渔获产品等海洋健康消费品的需求日趋增加，江苏"十四五"期间积极打造陆海联动、东西双向的开放格局，正在持续赋能海洋经济发展，能够显著扩展拓深江苏海洋经济发展空间和发展规模。四是多重国家计划叠加带动海洋经济发展。"一带一路"建设、长江经济带建设、长三角区域一体化发展、海洋强国等重大计划以及苏南国家自主创新示范区、中国（江苏）自由贸易试验区等重大布局，现有较厚实的海洋产业基础、较强大的海洋科技创新能力、较高位的沿海城市发展能级等的利好战略和平台交汇叠加，为江苏海洋经济高质量发展提供发展平台和有力支撑。

5.1.2　发展挑战分析

从发展挑战而言，一是全球金融危机、中美战略竞争和全球疫情防控态势导致不确定性、不稳定性加剧，部分国家单边主义和贸易保护主义行为导致国际贸易成本提高，江苏海洋经济外向度较高，容易受国际市场影响，风险和挑战不容忽视。二是随着全球产业链和价值链竞争日趋激烈，江苏海洋科技领域短板和不足容易面临不确定性的挑战，特别是江苏海洋船舶工业、海洋工程装备制造业、海洋新能源产业、海洋生物医药业、海洋新材料产业等海洋主导产业和海洋支柱产业的核心技术或关键零部件供给有"卡脖子"风险。三是全国沿海发达省市竞争态势增强导致海洋优质资源要素竞争激烈。深圳、上海、天津、大连、青岛、宁波、舟山相继提出建设全球海洋中心城市，容易引致国家重大涉海产业布局、重要涉海科研平台等海洋创新资源向全球海洋中心城市集中集聚，当前江苏缺少综合竞争力强的全球或全国海洋中心城市，海洋经济发展面临更大的竞争压力。四是江苏海洋经济发展不平衡不充分问题比较突出。海洋经济发展总量偏低，长期处于中游水平，海洋经济相对省域经济增速较低；海洋产业结构性矛盾突出，海洋传统产业比重过高、海洋新兴产业和海洋未来产业规模偏小；科教大省优势没有显著带来较高的海洋科技创新水平，涉海领域产学研平台和科研机构水平偏弱；海洋经济布局结构性矛盾深化，沿海沿江融合发展效应不明显，海洋资源与生态环境保护刚性约束加大，对海洋经济可持续发展提出更高要求。

5.2 优势资源分析

5.2.1 沿海岸线空间储备宽裕

江苏拥有954千米的海岸线，且沿海岸线常年不冻，辐射沙洲区大型水道相对稳定，管辖海域3.75万平方千米，拥有适宜建港的深水岸线海湾，有利于港口建设，如连云港30万吨深水航道是陇海兰新地区最便捷的出海口。沿海滩涂资源丰富，沿海潮上带和潮间带滩涂面积超过5 000平方千米，约占全国滩涂总面积的1/4，是江苏乃至我国东部地区最具潜力、最有价值的土地后备资源。海洋生物资源丰富，是我国重要的海洋渔场和海水养殖区。海上风能和潮汐能、波浪能、风能等海洋能资源丰富，近海大部分海域风功率密度超过350瓦/平方米，是全国首个规划建设的千万千瓦级的海上风电基地；拥有长江黄金水道和深水岸线资源，拥有8个亿吨大港，南京以下12.5米深水航道全线贯通，5万吨级海轮可直达南京；沿江船厂造船完工量占全省九成以上。江苏沿海同时具有丰富的旅游资源。

5.2.2 沿海滩涂持续稳定增长

在"生态优先、绿色发展"理念的指引下，江苏积极推进"退圩还湖"与湿地修复等重大生态治理项目，实现了从沿海滩涂围垦向土地资源保护与开发的战略性转变。依托滩涂围垦土地资源，构建技术创新平台，推进土壤改良试验，大力推进土地整治，推进湖泊生态环境治理，极大释放了土地资源价值，有效缓解了沿海岸线的生态压力。

5.2.3 陆海联动腹地空间深厚

江苏地处中国沿海、沿长江和沿陇海兰新线三大生产力布局主轴线交会区域，区位优势独特，是"一带一路"和长江经济带建设两大国家计划的重要交汇点，陆海联动腹地的空间很大。可充分发挥连云港、盐城、南通等城市的临海优势，加快建设沿海深水大港，强化基础设施建设和临港产业布局，实现港口、产业互动发展新格局，提升江苏沿海地区经济的集聚力和辐射力，实现沿海与沿江、苏北腹地良性互动，从而优化江苏海洋经济的空间布局。

5.2.4 沿江海洋产业基础雄厚

2021年，《江苏沿海地区发展规划（2021—2025年）》获国务院批复同意，江苏沿海地区特别是苏中、苏北沿海城市能够更加积极融入共建"一带一路"和长江经济带发展，在长三角一体化进程中拓展新的发展空间。这就需要重点打造沿海海洋经济隆起带，南通、盐城和连云港具有较好的产业基础，工业门类相对齐全，汽车、电子信息、新能源、新材料等已成为主导产业；建筑业、旅游业、服务业发展水平不断提升，以海工装备、康养旅游等为代表的海洋产业比较优势明显；土地储备较为充足，农业产业规模较大。海洋经济隆起带重点围绕连云港徐圩新区、盐城滨海港工业园区、南通大通州湾等重点产业基地，构建以港兴产、以产兴城、产城融合的港产城融合发展格局，打造人海和谐的蓝色经济带，强力助推江苏海洋经济崛起。

江苏现有的海洋主导产业为海洋交通运输、滨海旅游、海洋船舶工程、海洋装备制造业。2018年，连云港、盐城、南通三市海洋交通运输业、海洋船舶工业和海洋旅游业的增加值占主要海洋产业增加值的比重分别为37.9%、22.5%和17.7%。以石化、化工、钢铁等为代表的临港重工业主要分布在沿江地区。随着长江经济带不搞大开发、共抓大保护战略的推进，这些基础雄厚的临港重工业会不断向沿海转移，这不仅为沿江海洋产业结构的转型提供了机遇，其雄厚的产业基础更为沿江海洋产业结构的转型升级提供了可能和支撑。

5.3 发展潜力分析

从世界各国产业布局一般规律以及国家对优化产业布局基本要求而

言，在沿海地区集中布局"大运输量、大用水量、大耗电量、大消耗量"的临港重化工业是适宜的。目前，我国钢铁、石化、工程装备制造业等基本原材料，如石油、铁矿石等进口依存度较高，多数要从海外进口，把重化工业以及与其直接关联的加工类产业集聚分布在沿海地区，如七大石化基地、九大钢铁基地、石油加工基地大部分落户沿海地区，是经济和科学的统筹布局，有利于在现代产业集群基础上，通过集中建设环保设施，集中处理固废液气污染物，有助于发挥集聚效益和规模效益。

从涉海产业和行业发展规划看，海洋渔业、修造船及海洋工程装备制造业、钢铁工业、石油开采业、石化工业、滨海旅游业、电力业等，大多临海布局，彼此交叉，相邻紧密，在沿海地区掀起重化工业发展高潮，导致沿海岸线、滨海土地、浅海滩涂、近岸海域等空间资源利用呈现"超量"瓜分态势，行业冲突、用户矛盾进一步突出，这就需要高度重视并有效解决临海工业园区及其产业布局"超重"所带来的较大潜在风险。

在当前沿海开发不断升温、竞争加剧和海洋战略地位提高、海洋开发进程加快背景下，沿海地区产业园区国土开发需要坚持陆海统筹协调发展战略思维，充分发挥陆地国土开发的基础支撑作用并与海洋国土的重点开发相结合，合理配置陆海要素资源，以产业园区国土空间开发管控、基础设施建设、产业联动发展为途径，全面提升开发区国土空间开发的协调度、基础设施通达度、主导产业发展融合度，促进临海经济与腹地经济的深度融合和协调发展，形成沿海地区产业园区国土空间开发利用的绿色发展、高质量发展和协调发展。

根据临海产业园区产业发展规划和现有产业发展现状，发现东部临海产业园区以装备制造业、纺织服装业、通信电子、食品行业、石油化工等主导产业为主。根据产业发展过程中的投入要素使用重要程度以及产业对要素依赖程度，将产业划分为劳动密集型、资本密集型和技术密集型。以劳动密集型产业为主导产业的产业园区主要分布在山东、长三角地区和海西地区，形成以潍坊、济宁、杭州、嘉兴、上海、莆田和泉州为核心的开发区集聚区域；以资本密集型产业为主导产业的产业园区主要分布在天津、山东东营、江苏南通和浙江宁波；以技术密集型产业为主导产业的产业园区主要分布在京津、山东、苏南、浙北、海西和珠三角地区。电子信息、生物医药、化工等产业在沿海地区的空间集聚发展揭示了产业高度同质化、产业结构相似化以及招商引资过度竞争化，从不同程度上带来临海产业园区的土地集约利用程度不够。

这就要求江苏沿海和沿江地区要抓住临海工业园区发展机遇，突出临海主导产业集聚，以优化国家和省级沿海国土开发功能分区和海洋产业区域分工格局为基本方向，加强现有开发区国土资源开发统一规划与管理，规范临海产业园区国土空间资源开发秩序，维护和提升开发区国土资源开发生态功能。以科学规划为基础，正确处理生产、生态和生活三大功能二地资源竞用关系，合理、集约、有序利用开发区现有国土资源。合理确定国家和省级开发园区的产业发展主导方向和重点，促进产业园区内部与所在区域经济要素合理流动，着力推动本省跨区域临海产业空间重组，优化临海开发区中高端资源开发空间布局和区域临海经济分工，促进开发区和周边区域产业合理有序转移，加快开发园区和临海产业空间整合和区域布局调整。

5.4 基础条件分析

5.4.1 沿海城市海洋产业发展的基础条件

（1）南通市海洋产业发展的基础条件

第一，沿海滩涂广阔，空间资源丰富。南通市连陆滩涂和辐射沙洲滩涂面积23.5万公顷。大部分滩涂为淤涨型，每年向外淤涨10~200米，每年滩涂面积增加650公顷左右。滩涂面积的不断扩大，为海洋渔业生产、围垦造地、沿海重大项目建设提供了空间保障。

第二，海洋渔业资源丰富。南通市沿海是全国著名的吕四渔场，海洋渔业资源和饵料生物丰富，是大小黄鱼、银鲳、梭子蟹、带鱼、海蜇、脊尾白虾等各种经济海洋鱼虾贝类繁殖、摄食、生长、育肥的理想场所。

第三，港口航道资源丰富。南通市南临长江，东濒黄海。沿海岸线毗邻苏北，辐射沙洲南部的烂沙洋–黄沙洋和小庙洪–大弯洪–三沙洪水道，可以分别建设10万~30万吨级航道。

第四，滨海旅游资源较为丰富。启东圆陀角位于东海、黄海和长江三水交汇处，具有滩涂湿地等自然景观和丰富的鸟类景观资源；海门东近海的牡蛎礁具有全国乃至全球罕见的地质、生物研究价值和独特的旅游景观；沿海地区绵延百里的风力发电场、各具特色的生态农业、休闲海洋渔业、现代化港口、国家中心渔港、具有独特风味的南通海鲜和特色餐饮等都是具有吸引力的滨海旅游资源。

第五，海洋风能具有利用价值。南通沿海地区70米高度年平均风速为8.64米/秒，具有建设"海上三峡"的天然禀赋，是全国风电发展的重点规划区域之一。如东、启东沿海潮汐平均潮差分别为4.61米和3.04米，沿海地区潮流速度最高可以达到4节以上，潮汐能和潮流能资源丰富，具有潜在的和现实的开发利用价值。

（2）**盐城市海洋产业发展的基础条件**

第一，区位优势独特。盐城市是江苏沿海中部枢纽、长三角城市群北翼重要城市，位于国家沿海发展轴的主通道、长三角北向沿海发展带和淮河生态经济带上，紧邻西太平洋的东亚航道要冲，拥有以"一港四区"为主体的港口群和较完善的集疏运体系，在全国海洋经济布局中具有独特优势。

第二，海洋资源富集。盐城海洋及滩涂资源丰富，全市海岸线长582千米，海域面积1.79万平方千米，沿海滩涂面积683万亩，是江苏最大的土地后备资源开发区之一。近海有鱼、虾、蟹、藻等海洋生物近300种，是全国重要的贝类产区和最大的鳗鱼苗捕捞出口基地；风能资源特别是浅海风能资源丰富，可用布局光伏电站空间28万亩；沿海蕴藏着丰富的石油天然气资源，开发潜力较大。

第三，生态环境优良。盐城拥有太平洋西海岸、亚洲大陆边缘面积最大、生态保持最完好的海岸型湿地，沿海滩涂建有国家级野生麋鹿保护区和珍禽自然保护区，兼具湿地、海洋、森林三大生态系统，在涵养滨海生态、维持海洋生物多样性方面发挥着重要作用。

第四，海洋产业特色日益显现。海洋资源型产业优势突出，海洋渔业、港口物流业、盐土农业、滨海旅游业发展势头良好，海洋渔业产值持续保持全省第一；海洋风电、海洋工程装备、海洋生物医药等海洋新兴产业成为全市海洋经济重要增长点；海洋新能源、海水淡化等生态型产业初具规模。

（3）连云港市海洋产业发展的基础条件

第一，海洋资源丰富。连云港市拥有176千米的优质海岸线，沿海滩涂和可开发浅海面积丰富；在生物资源方面，有较多的浮游生物和藻类，海洋生物有110种左右，经济鱼虾类有30余种，可利用的海洋渔业资源达50万吨以上，拥有全省最大的条斑紫菜养殖加工基地和对虾养殖基地，海洋渔业资源开发潜力巨大。海洋旅游资源丰富，拥有连岛、秦山岛、前三岛、在海一方公园、海州湾度假区、海滨大道等一系列旅游景区，构成以碧海蓝天、青山绿水、沙滩海岛、历史文化为主要特色的连云港滨海旅游区。

第二，海洋产业体系初步形成。连云港市目前已初步形成了以滨海旅游业、海洋渔业、港口物流业、海洋船舶工业等为支柱的海洋产业体系。沿海开发步入快车道，获批设立国家东中西区域合作示范区，确定为国家七大石化产业基地之一。以连云新城、徐圩新区、连云港经济技术开发区、赣榆海洋经济开发区等为代表的涉海经济新区建设加快推进，集约化开发水平不断提升，石化、钢铁产业优势进一步凸显，临港产业成为经济发展新的增长板块。

第三，海洋科技含量不断提高。连云港市海洋开发较强的科技优势是海洋产业发展的支撑力量。为提高海洋产业的科技含量，连云港市已初步形成了以江苏海洋大学为主体的海洋水产科研开发服务和人才培训体系，以连云港市海洋生物工程技术中心为主体的海洋生物、海洋医药科研开发体系。

第四，涉海基础设施日臻完善。连云港市是长三角地区7个国家级综合运输枢纽之一，已形成以港口为核心的公路、铁路、水运、航空、管道"五位一体"的现代化综合交通体系。连云港港是全国沿海12个主枢纽港之一，是上海与青岛之间最具潜力的资源配置港、江苏唯一的大型深水良港。集疏运体系不断完善，连云港旗台作业区铁路专用线建成，北疏港高速公路隧道贯通，临海高等级公路建成通车，全长120千米的港产城联动发展交通大动脉海滨大道建成贯通。青连铁路、连盐铁路、连淮扬镇铁路开工建设，新机场正在加快建设，连云港市涉海基础设施建设逐步完善。

5.4.2 沿江城市海洋产业发展的基础条件

（1）南京市海洋产业发展的基础条件

第一，区位优势明显。南京位于中国东部、长江下游中部地区，是长三角辐射带动中西部地区发展的国家重要门户城市，也是东部沿海经济带与长江经济带战略交汇的重要节点城市。

第二，交通枢纽地位重要。南京是华东地区重要的交通、通信枢纽，拥有全方位、立体化、大运量的交通运输网络，铁路、公路、水运、空运、管道五种运输方式齐全，高铁南京南站是亚洲地区最大的铁路枢纽中心，拥有现代化的通信体系。

第三，港口建设实现江海转运。南京港是中国重要的主枢纽港和对外开放一类口岸，是华东地区及长江流域江海换装、水陆中转、货物集散和对外开放的多功能江海型港口，是长三角唯一实现集装箱铁路与水路无缝对接的港口。12.5米深水航道工程的建成，使南京港成为最深入内陆的国际型深水海港，也是中国联结全球的江海转运综合枢纽。

第四，科教资源优势显著。海洋经济产业的发展需要相关的科学知识作为支撑，南京市的高等院校与科研机构众多，相关学科齐全，各类人才云集，技术力量雄厚，为生态旅游的发展提供强有力的科技支撑。

（2）扬州市海洋产业发展的基础条件

第一，扬州市拥有多功能的综合性港口。扬州规划港口岸线42.59千米，岸线利用率高。目前扬州港以能源、原材料、木材和液体化工品运输为主，沿江和内河货物吞吐量和沿江港口集装箱运量稳中有升，逐步发展成为现代化、多功能的综合性港口。

第二，海工装备和海洋船舶工业是其海洋优势产业之一。扬州市已建成一批高水平的造船基础设施，持续推进海工装备和高技术船舶产业集群发展，完成仪征、广陵、江都三大产业集群空间布局，形成远洋近海和内河船舶并造产业格局，成为江苏省三大远洋造船基地，产能约占全省的1/3、全国的1/10。散货船、油船、集装箱船三大主力船型成熟发展，高附加值特种船舶异军突起。

（3）镇江市海洋产业发展的基础条件

第一，拥有发展海洋工程装备产业长江岸线优势。镇江地处长江和京杭大运河"十字黄金水道"的交汇处，是长三角重要制造业基地、长三角区域物流中心城市。境内长江岸线269.7千米，深水岸线达75千米，其中尚有部分长江深水岸线有待开发，拥有发展海洋工程装备产业的岸线优势。

第二，镇江港以货物中转服务为主。镇江港是长江三角洲重要的江海河、铁公水联运综合性对外开放港口。镇江港主要提供江海直达、铁水联运、水陆换装、散杂货与集装箱换装、多式联运服务等货物中转装卸服务。

第三，海洋产业以海工装备为主。目前，镇江造船企业已达30家，具备较大的产能规模，有利于发展各类海洋工程船舶、中小型海上浮式生产储油装置、海工模块等；镇江船舶配套业的优势更为明显，拥有船舶配套企业44家，已经形成较为完整的产业体系，是江苏省镇江船舶配套高新技术基地、江苏省船舶动力特色产业基地，又是国家火炬计划镇江特种船舶及海洋工程配套产业基地。

第四，涉海人才与科技优势明显。驻镇高校江苏科技大学、解放军镇江船艇学院，可培养专门从事船舶工程、轮机、船舶电器、船舶材料、焊接及海洋经济方面的专门人才，为镇江海洋工程装备产业的发展提供人才支持。另外，镇江还拥有江苏省船舶设计研究所、江苏省船舶先进制造技术公共服务平台等船舶设计、研究机构，海洋科技优势明显。

（4）泰州市海洋产业发展的基础条件

第一，泰州是长三角北翼重要的交通枢纽。泰州是苏中门户，自古有"水陆要津，咽喉据郡"之称，是上海都市圈、南京都市圈、苏锡常都市圈重要节点城市。新长、宁启铁路，京沪、宁通、盐靖、启扬高速公路纵横全境。江阴长江大桥、泰州长江大桥"双桥飞渡"贯通大江南北。

第二，泰州港是江海河联运的重要节点。泰州港是长江中上游西部地区物资中转运输的重要口岸，是江海河联运、铁公水中转、内外贸运输的节点，也是上海组合港中的配套港和国际集装箱运输的支线港及喂给港，具有煤炭专业化码头。2018年，泰州港海船货物吞吐量首次超过1亿吨，跨入亿吨大港行列，连接远海大洋。

第三，海洋产业以海洋船舶与海工装备制造为主。涉海企业产业类别中，泰州市拥有成规模的海洋船舶工业、海洋工程装备制造业、海洋交通运输业、海洋产品批发业、海洋产品零售业五大产业类别的涉海企业，数量比重较高。其中，泰州市作为海洋船舶与海工装备制造大市，拥有一批海洋船舶与海工装备龙头企业，泰州口岸船舶有限公司是江苏省首家取得军工四证资质的重点造船企业。靖江市获批国家级新技术船舶特色产业基地，为科技部认定的船舶行业全国唯一的产业基地，形成了以新主力整船制造企业为骨干、向产业链上下游延伸的整体产业布局。重点打造以高技术海洋船舶产业为主导的特色鲜明、竞争优势突出的涉海产业集群。

（5）常州市海洋产业发展的基础条件

第一，交通运输网络发达。常州市位居长江之南、太湖之滨，处于长三角中心地带，与上海、南京两大都市等距相望，与苏州、无锡联袂成片，构成苏锡常都市圈。常州港位于常州市新北区，东临江阴市，与泰兴市隔江相望，经济腹地为富庶的长江三角洲，距338省道约1千米，距沪宁高速公路约14千米，可方便通达南京、上海，民航常州机场、京沪铁路、京杭大运河和正在建设的高速公路网为常州港提供了多层次的集疏运输网络。

第二，常州港是国家一类开放口岸。常州港将以散货、件杂货运输为主，积极发展集装箱运输，主要为地区经济发展和物资运输服务，进一步发挥地区大宗物资转运、集散、物流基地的作用，兼顾长江中上游物资中转运输。长江常州段自然岸线长度为25.5千米，其中，可利用岸线长18千米，现已开发利用4.44千米，常州港仍有较大的发展空间。

第三，航道基础设施建设不断加强。在航道方面，形成以长江、京杭大运河等国家水运主航道为骨架，常州港为主枢纽的"三纵两横一港"水运主航道网络，实现内河航道网络化。"三纵"指锡溧漕河、德胜河接常宜运河、丹金溧漕河；"两横"指京杭大运河、芜太运河；"一港"指常州港，国家一类对外开放口岸。目前，常州综合港务区已建立"三港一区"联动发展体系，并围绕体制机制完善、基础设施建设、重大项目招引等方面进入实质性建设阶段，新誉航空运营、再生资源综合交易平台、奔牛仓储物流中转中心等一批服务业项目签约，德胜河"六改三"航道整治及港口配套工程、龙城大道高架西延等一批基础设施项目启动建设。重点打造涉海设备及配件、海洋材料（海洋防腐涂料）、海船电缆等涉海优势产业集群。

（6）无锡市海洋产业发展的基础条件

第一，港口是无锡交通运输的主要枢纽。无锡是苏南地区重要的枢纽城市，交通优势明显。无锡北倚长江、南濒太湖，临江抱湖，水系密布，水运成为货畅其流的主要交通方式，既有江海通达的长江港口，又有纵横相连的内河港口，目前有一类口岸1个、二类口岸2个。形成了以江阴港为主体，以下甸桥港区和宜兴港区为两翼的纵深配套的港口群。无锡港是全国55个主要港口之一。随着区域经济快速增长，无锡区域内的港口集散功能进一步加强，吞吐能力快速上升，全市50%以上的货物通过水运进出。港口成为交通运输的主要枢纽，在国民经济、城市建设和社会发展中有着特殊的地位和作用。

第二，沿江基础设施建设日趋完善。无锡港作为沿江港口，积极参与上海大都市圈空间协同规划，可连接为上海国际航运中心重要组成部分，打造为长江经济带重要的水路中转站，增强长江现代航运服务能力，放大沿海港口物流能级。依托无锡惠山工业转型集聚区、无锡新区大规模集成电路产业园、无锡新区生命科技产业园和无锡传感网技术优势，支持发展海洋探测技术，策应长江经济带培育生物医药、新能源装备等世界级产业集群的目标定位，加强与长江经济带重点区域的产业互动，拓展江苏海洋重点产业对外合作空间，重点打造江苏省海洋先进制造业基地、长三角海洋科技创新高地、江海联运中转枢纽和物流中心。

（7）苏州市海洋产业发展的基础条件

第一，地理位置优越。苏州位于长江三角洲中部，东邻上海，南连浙江嘉兴、湖州两市，西傍太湖，与无锡相接，北枕长江，多面环水，建立了苏州港太仓港区、张家港港区和常熟港区。苏州的水文条件、地形地貌和地理位置决定了其具备强大的物流枢纽功能，以低成本运输贯通南北、连接东西，强化其中心城市重要节点功能，整合沿江港口资源，推进沿江优质过剩产能向沿海、苏北地区转移，实施跨江融合发展，港口与城市协调发展，建设公、铁、水、管综合运输体系，推动腹地海洋经济成长，推动长江三角洲中上游经济发展。

第二，港口条件优异。苏州港口码头泊位总计298个，万吨级以上有130个，集装箱码头有16个。苏州港作为集装箱干线港，以外贸集装箱干线、内贸运输为主，针对铁矿石、煤炭和汽车等商品进行重点布局，结合旅游发展需要，改造新建邮轮泊位。张家港港区和常熟港区以服务本地区经济发展和临港产业为主。太仓港区发展近洋航线集装箱运输，成为上海港远洋集装箱运输的喂给港，承担了长江三角洲地区大宗散货海进江中转运输服务。

第三，海洋产业特色鲜明。苏州拥有多个涉海国家级园区，形成海洋船舶、海洋装备制造为主的海洋工业，海洋运输、海洋装配为主的现代港口物流业等产业集群，产业竞争优势明显。船舶自主设计制造能力强，集中发展新型高端海洋船舶和高端海洋工程装备制造产业园区、基地。

5.4.3 沿东陇海城市海洋产业发展的基础条件

沿东陇海城市以徐州和连云港为主要城市发展海洋经济。连云港作为东陇海线与沿海经济带的交汇城市，其基础条件已在沿海城市中介绍过，故此处只介绍徐州海洋产业发展的基础条件。

第一，城市的区位优势明显。徐州是华东重要门户城市，华东地区重要的经济、科教、文化、金融、医疗和对外贸易中心，是淮海经济区中心城市，也是国家"一带一路"重要节点城市、长三角北翼重要中心城市，徐州都市圈核心城市，国际新能源基地，有"中国工程机械之都"的美誉。

第二，徐州是全国性综合交通枢纽。徐州地处苏、鲁、豫、皖四省交界，东襟淮海，西接中原，南屏江淮，北扼齐鲁，素有"五省通衢"之称，是国家综合交通枢纽。连霍、京福、京沪等国家高速公路主干线在此交汇，京沪、陇海两大干线铁路在此相交，京杭大运河傍城而过，徐州观音国际机场是淮海经济区唯一的大型干线机场，徐州市运输管道是华东输油管道的重要组成部分。徐州已经初步形成公路、铁路、水运、航空、管道"五通汇流"的立体化交通格局。便捷的交通可以使徐州成为江苏海洋经济发展的战略腹地，带动沿东陇海线经济带的发展，进而推动海洋产业的内陆经济支撑带向中亚延伸。

5.4.4 沿淮河城市海洋产业发展的基础条件

沿淮河城市以淮安、宿迁和盐城为主要城市发展海洋经济。作为沿淮河城市与沿海城市交汇点的盐城，其基础条件已在沿海城市中介绍过，故此处只介绍淮安市和宿迁市海洋产业发展的基础条件。

（1）淮安市海洋产业发展的基础条件

第一，港口条件优越。淮安市的滨海港码头和集疏运体系建设成效凸显，已建成10万吨级码头6个，其中4个专用煤炭码头已正式运营；完成5万吨级"挖入式"主港池。15米等深线距岸只有3.95千米，是建设10万~15万吨级航道码头距岸最近点；20米等深线距岸不到43千米，是建设20万~30万吨级码头投资最省的深水良港。滨海港的开发建设，打通了淮河水道与海洋的连通，让淮河中下流城市"借港出海"，从而带动整个流域经济融入全球航运体系和供应链，促进其海洋产业的发展。

第二，临港产业基础较好。滨海港可直接承载临港工业项目的低产值盐田和充足的淡水资源，是大吞吐量、大用地量、大用水量工业项目的理想之所，先后引进国家电投、中海油、大唐、华电、中交一航院等多家央企合作开发，共实施重大能源项目13个。这些临港产业项目为海洋产业的发展奠定了基础。

（2）宿迁市海洋产业发展的基础条件

第一，宿迁是江苏省沿海地区向中西部辐射的重要门户城市。宿迁市位于江苏省北部，是徐州都市圈、江淮生态经济区核心城市、"一带一路"节点城市。从交通便捷程度上看，途经宿迁境内的铁路主要有徐盐高速铁路、新长铁路、宿淮铁路。宿迁境内航运河流主要有中运河、徐洪河、成子湖航道等，港口主要有宿迁港、泗阳港、泗洪港。铁路运输和航运优势使宿迁成为江苏省沿海地区向中西部辐射的重要门户城市。

第二，宿迁水文资源丰富。宿迁是典型的苏北水乡，坐拥骆马湖、洪泽湖两大淡水湖，大运河、古黄河、淮沭新河等众多河流镶嵌其间。宿迁市地处淮河、沂沭泗流域中下游，南临洪泽湖，北接骆马湖，承接上游21万平方千米的来水，素有"洪水走廊"之称。宿迁市境内有两大水系——淮河水系和沂沭泗水系。

5.5 海洋产业基础分析

5.5.1 海洋渔业

以国家现代海洋渔业发展方针为引领，继续加强渔港体系建设，大力推进海洋渔业结构调整，全面构建"一带三区多港"的江苏现代海洋渔业新格局。

一带以连云港、盐城、南通三市为核心，带动沿海地区发展，构建江苏现代海洋渔业发展经济带。以启东沿海、如东沿海、通州湾示范区、盐都、东台、响水、海州湾渔场为重点，推进海水养殖。开展海洋水产品标准化健康养殖，推广无公害水产品产地认定和产品认证，加强海洋水产品主导产品良种培育和原种保护。以启东市吕四、如东县洋口、刘埠、东台、滨海港区和射阳海洋渔业合作示范区等区域重点布局水产品加工业；以吕四渔港、东灶渔港、射阳临港经济区为中心，积极打造远洋渔业基地、水产交易市场，促进区域水产加工与物流一体化发展；加强海州湾海洋牧场建设，大力养护海洋生物资源，布局高端休闲和游钓海洋渔业，发展设施海洋渔业、高效海洋渔业和健康海洋渔业；

实施岸线综合整治工程，维护滨海岸线的自然属性，严格控制岸线开发强度，加强未利用岸线资源管理，治理修复已受损岸线，加大滨海岸线保护修复；加强典型海洋生态系统保护修复，重点围绕滩涂、湿地等典型生态系统，有效恢复受损海洋生态系统。强化滩涂湿地生态保护，实施退耕退渔退养、还林还湿工程，逐步修复滨海退化湿地，走出一条绿色、生态、可持续的发展道路。

三区即连云港的海州湾国家级海洋牧场示范区、海门南极磷虾产业园和海峡两岸（射阳）海洋渔业合作示范区。连云港市以海洋牧场示范区为核心，打造赣榆、连云、灌云3个海域的"鱼、贝、藻、参"多营养层次的海洋牧场区，构建牡蛎礁生态修复带、紫菜生态养殖产业带、生态网箱养殖带、深水综合开发利用带，形成秦山岛、连岛、开山岛、竹岛和前三岛五个岛礁修复休闲型海洋牧场。重点推进海门南极磷虾产业园和海峡两岸（射阳）海洋渔业合作示范区等项目建设，集群发展规模水产品加工企业，大力发展海洋水产品精深加工，努力打造海洋渔业三产融合发展的现代海洋渔业。

多港即依托小洋口国家中心渔港、吕四国家中心渔港、东灶国家中心渔港、如东县刘埠一级渔港、启东市协兴港、通州湾示范区东凌渔港、琼港国家一级渔港、黄沙港国家中心渔港、连岛国家中心渔港、高公岛渔港、海头渔港等重点渔港，推进渔港扩建，发展远洋渔业、设施海洋渔业基地建设和高效特色水产品养殖，合理布局海洋捕捞、海水养殖、水产品加工、水产品物流和交易中心，以国家级中心渔港南通吕四港为依托，着力打造成为在全国具有影响力的，设施先进、功能完善、产业链完整、综合管理先进的世界级中心渔港。

5.5.2 海洋船舶工业

突破共性技术和关键技术，整合产业资源，加快海洋船舶产业转型升级，提高生存和竞争能力，合力打造"L"形江苏海洋船舶制造业的新格局。

沿海地区海洋船舶产业带为"L"形纵轴。根据江苏省第一次海洋经济调查数据，沿海三市共有海洋船舶工业企业529家，占全省1 189

家的44.49%。其中，南通330家、盐城155家、连云港44家。可以发挥沿海三市优势条件，促进优势互补，加强分工协作。船舶制造和修理产业以南通中远船务、中远川崎、熔盛重工、振华重工等重点企业为龙头，主要布局在南通沿江地区的如皋、通州、启东等地、盐城射阳港区、连云港灌河港区和灌云海工装备产业园。海洋船舶制造业以现有企业升级改造为主。根据产业发展和沿海开发进展，适当规划沿海船舶产业发展区域，沿海地区接受沿江地区产业调整和转移，优化产业布局。

沿江地区海洋船舶产业带为"L"形横轴。江苏省第一次海洋经济调查数据显示，沿江地区共有海洋船舶工业企业602家，占比50.63%。其中，泰州179家、无锡103家、南京93家、扬州75家、苏州57家、镇江55家、常州40家。整合沿江地区的造船资源，推进高技术船舶产业集群发展，完成泰州、无锡、南京、扬州、苏州、镇江、常州等沿江城市的产业集群空间布局，结合区域内资源优势，合理分工、错位发展，形成远洋近海和内河船舶协调发展产业格局。着力开展节能环保型散货船、超大型集装箱船、大型液化天然气（LNG）船、液化石油气（LPG）船、游轮游艇等高技术船型的研发建造。鼓励船舶行业兼并重组，推动船舶龙头企业规模化专业化发展，推动低附加值的普通散货船制造和污染型船舶制造去产能。

5.5.3 海洋工程装备制造业

重点突破海工装备关键核心技术，以创新链带动产业链，加快形成产业集群，促进海洋工程装备制造业实现集约化、高端化发展，构建"一带多点"的空间分布格局。

海洋工程装备制造业以江苏沿海经济带为核心，以镇江、无锡、泰州、苏州等沿江城市为多点骨干，重点发展海洋工程专用装备制造业，船舶海洋工程及配套产业，海洋石油探采、港口机械等海洋工程装备制造业，风电及安装设备、海洋冷冻和加工设备等海洋机械制造业。依托南通经济开发区海洋工程船舶及重装备制造产业基地、崇川区船舶及海洋工程产业基地、通州船舶海洋工程基地、启东船舶海洋工程产业基地、如皋船舶海洋工程及配套产业基地、镇江特种船舶及海洋工程装备特色产业基地、东台海洋工程特种装备产业园等载体，加快提升海洋工程装备设计建造能力并扩大其规模，形成产业集聚，打造从高端海工材料到海工核心装备完整产业链的高端海工装备产业。鼓励发展海底光缆、水下电缆、海上直流输电系统等为主的海上输变电装备制造，拓展海洋工程装备产业链。培育壮大海洋环保、海洋电子信息、港口机械、海洋电力等新兴领域的装备制造规模，打造具有核心竞争力的海洋工程装备制造基地。

5.5.4　滨海旅游业

江苏省滨海旅游业依托南通、盐城和连云港沿海三市，重点打造沿海生态旅游带。依托江苏省沿海地区山、海、岛、沙滩、生态湿地、珍稀野生动物等特色资源，开发以淤泥质潮坪海岸、滨海湿地为江苏特色的沿海旅游产品，建设贯穿沿海三市，江海联动，以休闲、度假、生态旅游为特色的"南黄海旅游带"，打造"南黄海生态之旅"品牌。创新连云港海滨休闲度假、盐城湿地生态休闲、南通海洋运动休闲等旅游发展业态。

南通市要突出江海风光特色，承接上海优质市场辐射，主打文化休闲特色产品，打造全国一流的江海旅游门户城市。海洋渔业体验和海鲜餐饮主要布局在吕四中心渔港、洋口中心渔港、如东县沿海滩涂；海洋与海洋渔业科普教育、高端游钓、观光休闲主要布局在通州湾示范区、苏通科技产业园区"航母世界"。盐城需要围绕珍稀野生动物资源和潮坪湿地生态资源，建设生态湿地观光休闲旅游目的地城市。观光休闲主要布局在滨海港城、东台经济区；生态旅游重点分布在亭湖湿地经济区、射阳岛临港经济区和东台滩涂经济区；高端养老、康复保健主要布局在亭湖区。连云港的滨海旅游业要依托山海资源和西游记文化品牌，大力发展海洋休闲旅游和山岳生态旅游，建成"一带一路"交会点的重要旅游节点城市。在全市全面布局，为推动国际海岛旅游，都市休闲游憩区、国际邮轮港建设主要布局在连岛；而观光休闲、高端游钓主要布局在秦山岛与竹岛主题度假岛、海州湾旅游度假区。

5.5.5 海洋交通运输业

做大做强海洋交通运输业，为江苏省现代海洋经济发展提供强有力的支撑。江苏的港口服务能力偏低，大型港口少，业主码头、产业码头多；港口航运信息化程度低；内河高等级航道比重低，干线航道网、疏港航道未形成。因此，江苏省港航基础设施建设重点应在沿海三市。

沿海三市海洋交通运输业各有特色和侧重点。南通市的LNG等能源运输业主要布局在洋口港区和吕四港区，LNG分销转运站一、二期项目已经完工，三期项目于2020年12月完工并投入运营。盐城市的临港物流园主要布局在大丰、滨海和射阳，其中大丰重点发展矿石、石油化工和集装箱物流，滨海重点发展矿石和LNG运输。至于响水，将以直达运输煤炭为主，根据需求配套布局5座5万吨级专业化泊位，目前已正式运营2个5万吨级公共码头和重件公用码头。连云港市港口物流运输主要布局在连云港区和中哈物流基地、上合组织物流园区，而LNG等能源运输业主要布局在徐圩新区和连云港港区。2020年5月，连云港港首次成功接卸运输LNG并实现江海联运，充分发挥南通和连云港分别作为江苏南、北出海口的组合港集群效应。具体来说，江苏北出海口以连云港港为龙头，陆桥国家级通道为核心，推进连云港港30万吨级航道二期工程徐圩航道、徐圩港区30万吨级原油码头建设，逐步成为服务国内大循环以及东亚、东南亚国际循环的重要通道，巩固和拓展连云港国际枢纽海港功能和地位。江苏南出海口以通州湾为载体，积极融入长三角港口群建设，以上海为龙头，南有宁波舟山港、北有南通通州湾的组合港集群，是南通对外开放、向海发展的重要战略支撑和服务国内国际"双循环"战略的枢纽。

5.5.6 海洋生物医药业

海洋生物医药业（海洋医药制造业）作为江苏沿海战略性新兴产业，近些年虽然取得了一定的成绩，但突破性创新能力仍显不足。目前，沿海三市正积极发展海洋医药制造业。南通市海洋医药制造业主要布局在启东、海门、通州湾示范区，争取在磷虾油等海洋药物和生物制品生产上取得突破，把南通早日建成重要的海洋药物和生物制品基地。盐城海洋医药制造业主要布局在大丰港城、滨海港城、东台滩涂经济区和响水工业经济区，其中海洋功能食品制造布局在大丰、滨海、射阳。连云港海洋医药制造业主要布局在连云港经济技术开发区、高新技术产业开发区、赣榆海洋经济开发区等区域。通过加强与恒瑞医药、康缘药业、豪森药业、正大天晴等龙头企业的合作，打造全国海洋生物医药产业基地。

5.5.7　海水利用业

海水淡化和综合利用（简称海水利用）已有100多年历史，150多个国家和地区实施了海水淡化和综合利用工程。加快发展海水淡化与综合利用产业，增加水资源供应，可以有效缓解江苏沿海地区水资源短缺矛盾，保障用水安全。海水淡化与综合利用产业属海洋战略性新兴产业，产业链条长，涉及离子膜、高压泵、压力回收装置制造、输水管网建设、浓盐水综合利用、饮用水品牌开发等多个环节。江苏沿海地区相继形成许多从事海水淡化研发、装备制造、淡化水及盐化工产品生产的企业，在海水淡化与综合利用产业技术、装备、人才等方面具备一定优势，积累了丰富的可复制、可推广的做法和经验。大力发展海水淡化与综合利用产业，将加速江苏海洋经济新旧动能转化、培育新的增长点，促进海洋经济高质量发展。

海水淡化与综合利用业重点发展大型海水淡化热法、膜法关键核心技术，大型自主装备工程技术和百万吨级集成技术，压汽蒸馏海水淡化、膜蒸馏海水淡化、海水淡化与新能源耦合技术，海水/苦咸水淡化用反渗透膜及组件制备技术、中空纤维疏水/亲水膜及组件制备技术、纳滤膜制备技术，低能耗、耐污染新型海水淡化用膜制备技术。

海水淡化和综合利用业主要分布在盐城、连云港和南通。总体产业发展空间布局是：一区、三园、多点。江苏省整体创建全国海水淡化与综合利用示范区；建设盐城、连云港、南通三个具有辐射供水功能和较长产业链的综合性产业园；在江苏沿海沿江地区的工业园区配套建设若干个海水淡化基地、海水淡化与综合利用基地，实现水盐联产。

5.5.8　海洋电力业

海洋电力业（海洋新能源产业）通常指海洋中所蕴藏的可再生的自然能源，主要为潮汐能、波浪能、海流能（潮流能）、海水温差能、海水盐差能以及海洋风能、海洋太阳能以及海洋生物质能等。发展海洋新能源产业有利于江苏沿海地区改善环境效率，有利于江苏低碳经济稳健发展。

江苏海洋新能源产业重点发展海洋清洁能源和风电设备制造、研发及服务，主要侧重于大功率海上风电机组一体化安装平台、风电机组关键部件研制、独立变桨设计等核心技术及应用，风电测试及公共实验研发系统、风电大数据分析、风电场设计和运营优化技术。

在沿海和辐射沙洲滩涂适当布局光伏发电产业，并与水产养殖等产业有机结合起来，能节约空间资源。有序发展海上风电、严格控制沿海近岸滩涂区域风电发展。海洋新能源利用业主要分布在盐城、南通和连云港。具体而言，优化海上风电开发布局，积极发展离岸风电。依托沿海三市风电产业发展基础，推动海上风电设备关键技术攻关，重点发展具有世界先进水平的大功率海上风电机组及关键零部件、集中监控及智慧风场管理系统、风电控制系统及设备，构建集风电技术研发、整机制造、海上风电工程施工、风机零部件及控制系统生产于一体的新能源装备产业体系；积极构建集技术研发、装备制造、风场应用和配套服务于一体的全产业链，支持盐城、南通、连云港海上风电开发，加快建设千万千瓦级风电基地，打造国内技术领先的海上风电基地和风电装备制造基地。

5.5.9　海洋化工业

落实"中国制造2025"，促进临海工业实现低碳化、集约化和高端化发展。充分发挥江苏沿海沿江港口群优势，以临海产业园区为载体，主动承接长三角产业转移，加快形成以石油化工、钢铁制造、有色金属、电力能源、粮油食品、船舶修造为主的临海产业集群，着力构建江苏临海重化工业格局。

临海重化工业（海洋化工业）主要分布在连云港、南京、南通、盐城等。坚持"调整存量、提升增量、优化总量、突出特色"导向，以连云港徐圩石化产业基地、南通洋口港经济开发区和吕四港经济开发区、盐城大丰港区等为主要承载地，推动苏南及沿江地区绿色先进的重化工项目向沿海地区转移升级。积极打造若干临港大型绿色化工基地，以外进油气资源为主要原料，形成包括清洁油品、基础化学品、三大合成材料、化工新材料等在内的多元化临海化工产业链群。推进连云港徐圩新区石化产业基地建设，打造世界一流石化基地。依托大丰港城经济区、滨海港城经济区、如东洋口港经济开发区等载体，适度发展临海重化工业，打造一批大型化工新材料、精细化学品、盐化工、生物化工生产和研发基地。严格环境准入，禁止临海重化工业占用和影响周边海域旅游景区、自然保护区、河口行洪区和防洪保留区。

5.5.10　海洋科研教育管理服务业

海洋服务业（海洋科研教育管理服务业）是指生产或提供各种服务的海洋领域经济部门及各类涉海企事业单位的集合，包括海洋交通运输业、海洋旅游业、海洋科研教育管理服务业。海洋服务业属于中间性产业，其特点是科技含量高、知识智力密集。根据江苏海洋经济发展的需要，海洋服务业在沿海沿江重点布局，重点发展海洋交通运输业、海洋旅游业以及海洋科研教育管理服务业（主要包括海洋技术、海安信息、海洋金融、海洋监测等海洋服务业）。

6 陆海统筹加快推进江苏海洋经济空间优化分析

6.1 海洋经济空间布局存在的主要问题

6.1.1 海洋产业空间分布不够合理

江苏整体经济发展水平在全国一直位居前列，是全国经济大省，但是这种优势却没有同样体现在海洋经济领域。从全国经济发展现状来看，沿海地区的经济发展水平普遍高于内陆地区，依靠沿海地区带动内陆地区的经济增长。然而江苏并不是这种情况。长期以来，江苏虽然相继出台"海上苏东""江苏沿海开发"等区域发展战略，但生产力布局侧重于长江岸线为主，导致江苏沿海地区不但没有成为江苏区域经济增长极并带动全省经济发展，连云港、盐城的发展还远滞后于沿江城市，甚至达不到全省平均水平。2018年，江苏海洋生产总值在全国沿海省份中位列第五，与江苏经济规模居全国第二的地位极不相称；海洋经济总量与广东、山东差距较大，与省内拥有的海洋资源禀赋也不成正比。

2019 年，江苏沿海三市的海洋生产总值占全省的比重仅为 50.9%，而 10 个非沿海设区市的比重高达 49.1%，占到江苏海洋经济的半壁江山。本应该在江苏沿海布局的石化、钢铁、造船、发电企业以及码头均沿江密布，形成了江苏特有的沿江重化工业带，这与长江经济带不搞大开发、共抓大保护的精神不吻合。

6.1.2 海洋产业集聚集群不够显著

江苏涉海企业和项目散布于沿海沿江地区，涉海产业集中度不够，导致单位土地、海域投资强度和效用产出明显不足。从港口布局而言，较为分散，南北港口跨度接近 900 千米。从沿江石化产业而言，涉海石化企业和项目散布于沿海沿江地区，石化产业集中度较低。这就需要通过强有力的产业政策和市场重组等有效措施推动涉海产业集中，以国家利益和海洋产业规划为纲领，打破地方利益、部门利益和企业利益的制约，编制科学规划、成立权威机构、配套有效政策，推动适宜集中发展和规模收益递增的海洋产业和涉海领域的集中有序发展。

要以长三角区域经济一体化为契机，建立更高级别、更加权威、更有效力的涉海产业集中发展协调领导机制，统筹解决重复建设严重、产能过剩加剧、行业无序竞争等结构不合理问题。在坚持和尊重企业在市场经济中的主体地位的同时，沿海沿江地方政府部门要积极制定和完善相关政策，推动各类涉海企业围绕重点产业和优势领域并购重组、集中发展。以龙头企业为依托，带动涉海产业集中发展，坚决制止低水平的产能扩张和重复建设，引导各类产能落后涉海产业和企业的有序退出。

6.1.3 海洋产业差异化竞合不明显

沿海和沿江地区海洋经济发展齐头并进的同时，海洋船舶工业、海洋交通运输业、海洋高端装备制造业等海洋产业，表现出一定程度上的产业同业低效竞争情况，伴随着涉海企业追求海洋产业规模经济，促使已有海洋产业呈现较强的路径依赖性以及地区竞争性，海洋产业结构调整具有明显的瓶颈制约，事实上形成了高度同质的海洋产业结构。在沿海产业竞争上，连云港市已经形成了风电全产业链发展，而盐城市也在大力推进风电项目；南通市海洋经济主导产业主要由海洋船舶建造和港口运输业等构成，这些产业都是近年来全国，特别是长三角地区发展最快的海洋经济产业，同质化现象非常明显，产业发展面临的国际、国内竞争激烈，甚至在本省、本市范围内的竞争都非常激烈。在港口布局与建设上，江苏沿海区域由北向南依次分布着赣榆港、连云港港、徐圩港、滨海港等重点港口，跨度近900千米，投资大、布点多，不仅造成多个港口的过度竞争，而且使有限的资金分散使用，不能形成集聚效应。

在经济"新常态"和外部环境持续收紧的情况下，海洋产业趋同将进一步加剧区域间恶性竞争，严重影响整体资源配置效率，制约江苏海洋经济的高质量发展。

6.1.4 海洋空间集约化利用度不高

与浙江、山东、广东等沿海地区相比，江苏海洋资源劣势主要在于海岸线不长、管辖海域面积小、海岛数量少。尤其是适合城市建设、港口和工业项目的海岸线不长，集约利用这些宝贵的现有岸线资源十分重要。但是沿海三市为了发展经济，急于铺摊子，导致部分投资额较小项目、污染性高的项目或科技含量不高的项目先期占据了有限的岸线资源，在岸线的布局上，往往过于重视港口和工业项目的布局而忽视了生活岸线的保留，不仅影响了居民的生活质量，也制约了滨海旅游业的进一步发展。

与此同时，海岸线空间利用压力大，缺乏科学布局，造成过度开发与资源浪费现象并存。沿海中心城市仍处于培育过程中，集聚海洋高级要素能力较弱，后发劣势不容忽视。部分地区海岸线使用管理比较粗放，项目开发层次偏低，岸线资源多占少用、占而不用现象较为普遍。

6.1.5 港产城融合发展深度不鲜明

江苏省海洋港口布局相对分散,港产城一体化发展不充分,有待进一步扩模提质。连云港市的海洋产业空间集聚能力不足,港产城还在一定程度上存在发展空间、岸线资源的争夺。而盐城市的海洋产业主要分布在以海港、渔港、临海城镇、临海开发区为依托的沿海地区,与广大腹地联系度较弱,海陆分割现象突出;港产城一体化建设成效初显,但港产城规模和综合服务水平普遍不高,对海洋经济支撑力不足;中心城区的极核功能仍待培育,对海洋高级要素集聚辐射力不足,制约沿海三市海洋产业转型升级。

海洋经济区域竞争呈现新格局,沿海中心城市及城市群虹吸海洋高级要素、引领海洋经济发展的态势更为明显,沿海三市要以上海、深圳等全球海洋中心城市为标杆,加快各具特色的全国性海洋中心城市建设。加快建设海洋航运服务中心、海洋产业集聚中心、海洋科技教育中心、海洋文化交流中心,充分利用长三角区域一体化战略,加强江苏沿海沿江地区涉海联动合作和互动发展。

6.1.6 深度融合国家发展战略不足

沿海地区和沿江地区作为江苏区域经济发展的重要版图,面临着"多规不合一"的矛盾、冲突和制约。一方面,沿海城市的地方规划存在与国家规划和省级规划目标定位、发展路径、方式方法不一致的现象;另一方面,目前的"多规合一"改革只注重沿海、沿江地区单个城市的规划整合,缺乏对于更大尺度的沿海、沿江、沿东陇海等城市之间规划的统筹协调。

长江经济带建设是我国"十三五"规划中区域协同发展三大战略之一,"生态优先、绿色发展"是该规划的基本思路,而沿江化工园区集聚,船舶运输、港口货物装卸等存在事故隐患,有毒化学危险品泄漏等海洋环境污染事件突发的可能性增加,生态调节功能减弱,长江中下游生态受到威胁。如何解决好发展与保护的问题,维护生态环境可持续发展也是当前面临的重要问题之一。

6.2 海洋经济空间布局主要制约因素

6.2.1 制度障碍因素

一是政府考绩制度不合理。政府的考绩制度不合理是制约江苏省海洋经济空间布局优化的制度障碍中最典型的一项。改革开放以来，地方政府一个重要的行政目标就是要促进并保护本地区的经济发展。与此相对应的政府考核也主要看其是否有效地促进了本地经济的发展。而人们在对政府及其公务人员的行政绩效予以评价时，也会从自身实际出发，更为看重他们是否为本地区谋取了充分的经济利益。上级政府的考核标准也同样局限于地方政府为本地创造的地区生产总值和物质财富。本地区的经济增长率因而就成为对地方官员评价的首要指标。这样就迫使地方政府将工作重点放在发展本地区的经济上，使得地方政府片面强调"任期"内以地区生产总值、招商引资额、经济增长速度、上缴利税等硬指标为核心的"政绩"，从而导致各种短期行为的出现。例如，制定地方性政策来争夺市场资源，制定政府规范性文件限制外地企业的同类产品进入本地市场，制定"优惠政策"争上高利税产业等。同样，各沿海省份政府为了本地海洋经济的发展而制定不同的法规政策来争夺海洋资源等，导致海洋法规差异冲突的产生。海洋经济空间布局的优化是从省级层面对海洋产业的空间布局进行调整和优化，一定程度上、一定时间内会影响局部地区的短期内的经济利益，肯定会与考绩制度形成一定的矛盾冲突。

二是地方利益法制化倾向明显，没有区域统一的立法。缺乏区域统一的立法是江苏省海洋经济空间布局优化过程中的一大制度障碍。目前，海洋经济发展过程中不同程度上存在地区封锁和经济割据的现象，出台的法规政策往往以有利于本地的经济发展为出发点，地方利益法制化倾向明显。各地以有利于自身海洋经济发展的实际情况为立足点来制定相应的法规及制度，但由于各地实际情况不同，导致制定的海洋法规制度也不同。例如，对沿海海洋环境的治理，各地当然会制定利己的相关规定，如果各地政府协议共同出台治理区域海洋环境的相关规定，海洋环境污染问题就会大大改善。问题在于，如果其中两地为了保护环境共同出台了有利于区域海洋环境保护的规章制度，第三个地区可能会制定有利于本省份的规章制度，却可能会"搭便车"直接获取其他沿海地区治理环境的溢出收益。各地利益不同，导致各区域各地的海洋法规制度的不同甚至冲突。

目前我国还没有处理跨区域事务的法律或法规。虽然国家制定了《中华人民共和国环境保护法》《中华人民共和国水法》等法律，为海洋环境保护提供了一定的法治保障，但统一的法律制度满足不了特定区域环境治理的需要。就跨区域环境污染总体上来说，我国地方政府在处理跨区域海洋环境污染问题时基本上无具体的协调规定。因此，各地只能根据发展的不同情况来制定海洋环境保护的规章制度，从而导致各地相关制度的差异或冲突，构成了海洋经济空间布局优化过程中的一大障碍。

6.2.2 机制阻碍因素

一是区域合作与协调机制"不完善"。区域合作与协调机制不完善是制约江苏省海洋经济空间布局优化的机制障碍之一。只有健全区域间、产业间的合作与协调机制，才能确保海洋经济空间布局优化这项重要且艰巨的任务得到落实。随着海洋经济的快速发展，各地在海洋产业领域经济活动日趋增多，政策协调性有了一定的发展，但对同一经济活动的规制上仍然存在不一致或者重复的情况。各地需要加强合作，统一市场规制，为海洋经济的空间布局优化提供制度保障。关于体制制度深化改革，要充分发挥沿海办的功能作用，可考虑把沿海办调整为江苏海洋经济发展领导小组及其办公室。另外，各地区间的政策之所以存在低效率的组织协调，关键是缺少独立的跨行政区的规制与协调机构。目前，我国尚未建立起成熟的规制机构体系，也未成立专门的规制改革委员会，当前政府间的合作在很大程度上还是靠政府领导推动，这难免会带有一定的主观性，很难保证决策的科学合理性。例如，主管领导的个人偏好、对某项经济事项的关注程度差异以及政府的换届和职位调整，往往对政府合作有着重要的影响，有些政策或者绩效评估甚至带有明显的每5年或每10年更换的特征。

二是金融融资机制的支持"不足"。海洋经济的空间布局优化离不开金融融资机制与相关金融政策的支持。江苏省的金融融资机制无法有力地支撑海洋经济的发展与空间布局优化，构成一大机制障碍。如何吸引金融资源更多地、更有效地配置到江苏省海洋经济中的各个主要产业中，配合其完成空间布局的优化，是一个长期存在且值得探讨的问题。目前，金融支持主要通过产业形成机制、产融结合机制、资本导向机制和校准补充机制推动海洋产业结构的调整与保障空间布局的优化。然而，银行业金融机构对海洋经济中的重点领域、重点企业、重点项目的信贷资金投放力度明显不足，政银企的合作机制也不够完善，无法满足海洋新兴产业、涉海先进制造业、涉海服务业等的资金需求，不利于海洋经济的产业结构调整与空间布局的优化，亟须积极发展船舶融资、航运融资等创新金融服务，鼓励金融机构设立海洋经济专业服务部门。此外，金融融资渠道和方式相对落后，无法有效保障海洋经济的空间优化，有必要拓宽和畅通融资渠道并创新融资方式，助力加速海洋经济的空间布局。

6.2.3　薄弱支撑因素

一是海洋生态环境保护与灾害风险防范意识"淡薄"。近些年，我国沿海区域经济和海洋经济得到了快速发展，但是近海海洋生态系统也遭受到了严重的威胁，海洋生态环境保护问题已引起我国政府与公众的高度关注。但是，出于对经济考核指标（如GDP、税收等）的顾虑，各级单位出台的海洋经济与海洋产业发展和空间布局的规划中对海洋生态环境保护的重视程度不够，或者执行力度不够。此外，目前的海洋立法有待完善，特别是要建立重点海域排污总量控制制度与排污权交易制度。在海洋生态环境管理的统筹与协调方面，有必要以国家海洋委员会为基础，建立陆海统筹和国家部门间的协调机制，巩固与稳定齐抓共管的体制，形成政策合力，保障目前的涉海政策与法律的有效执行。在海洋环境与灾害风险防范方面，需进一步排查生态环境风险源，提升生态环境安全突发事件应急监测预警与处理能力。

二是海洋信息资源共享机制"缺乏"。为实现区域海洋产业的快速发展，实现海洋经济的空间布局优化，海洋信息资源的共享机制必不可少，然而这也正是薄弱点之一。因此，有必要建立跨领域、跨行业、跨地区的海洋信息共享机制和军民联动机制，推动涉海部门、行业内部海洋信息整合及部门间核心业务系统的互联互通，开发智能化的海洋综合管控、开发利用与公共智慧应用服务，推动海洋信息互联互通，实现国家海洋信息的有效共享。加快建立海洋数据资料的社会化和公开性服务机制，逐步实现政府海洋数据面向社会的安全有效开放。形成与建设海洋强国要求相适应的国家海洋信息保障体系。

三是海岸带纵向城市间协作"不深"。海岸带纵向城市间协作不深是江苏沿海尚未形成一条经济带的主要原因。产业的持续发展需要广阔的市场，不仅包括区域内市场，还包括区域间市场。区域市场整合程度是区域资源配置效率的重要指标之一，也是区域产业持续发展的基本保障。本地和本国市场对该产品的需求状况在一定程度上决定了产业的产出规模。由此可见，市场一体化对产业竞争力提升的显著作用。江苏沿海的连云港、盐城和南通三市由于产业结构相似，造成产业上相互竞争大于协作。由于交通不便和产业协作程度不深等因素，城市间产品和要素流动不足，相对作用强度不强（盐城与南通间稍强，而连云港与盐城间较弱），尚未形成一体化的市场。在国内外大力发展湾区经济的背景下，江苏沿海三市加强相互间协作，促进要素便捷高效流通，形成区域内统一的大市场，不仅有利于提升自身，也有利于提升区域整体的产业集聚力和产业竞争力，逐步形成连续的带状的经济带。

四是海岸带横向陆海统筹"不够"。海岸带横向陆海统筹不够是江苏沿海经济带宽度不足、辐射力不强的主要原因。陆海统筹分为陆海互动和陆海一体化两个层次。陆海互动要求实现陆海资源互补、陆海产业联动发展、陆海环境改善和陆海经济互动发展。陆海一体化，主要指陆海经济一体化，不仅包括陆海资源互补、产业互动、环境协调，还包含了经济、社会、文化、制度和自然各个方面。这两个层次的统一，就是陆海统筹。因此，陆海资源互补，陆海产业互动不仅是陆海统筹的需要，也是沿海经济带形成的前提和基础。国际公认沿海岸线向陆地延伸100千米内的陆域是陆海互动发展的核心区域。而江苏沿海地区陆海产业关联度不高，陆域经济未能给海洋经济的发展提供产业支撑和广阔腹地，海洋经济也未能给陆域经济发展带来服务便利和集聚效应，使得江苏沿海地区陆海经济发展均不充分，陆域经济纵深发展不足，造成江苏沿海经济带宽度不够，辐射力不强。

6.3 海洋经济空间布局优化基本原则

6.3.1 陆海统筹，江海联动

江苏海洋经济发展要立足"陆海一盘棋"的基本理念与"陆海一体化"的基本规律，打通土地与海洋、潮上与潮下、岸上与水里。统筹陆海资源配置，强化陆海空间的互联性、陆海资源的互补性、陆海生态的互通性和陆海产业的互动性。主动融入国家重大战略，按"丰"字形的系统结构优化江苏海洋经济发展的空间布局，实现陆海统筹和江海联动，提升海洋经济带发展能级，形成通江达海的空间布局。

6.3.2 合理分工，协同发展

江苏海洋经济发展要突出全省整体思维和总体战略，对沿海经济带、沿江经济带、东陇海线经济带、沿淮河经济带构成的"丰"字形各区域间海洋产业分工进行统筹，重视超载地区、产能过剩地区"以海定陆"，推广内陆优势技术，结合海洋需求、区位特征与资源禀赋"引陆下海"。集聚海洋优质资源要素，强化产业链融合，形成分工合理、各展特色、优势互补、集聚度高的海洋经济空间布局。

6.3.3 创新引领，科技兴海

充分发挥创新在提高海洋经济生产力和综合实力中的重要支撑作用，实施创新驱动、科技兴海战略；通过海洋科学技术正确认知海洋、开发利用海洋，科学规划海洋经济空间布局，突出海洋科技创新和海洋高端产业培育，持续推动海洋产业发展迈向中高端，加快形成创新型现代海洋产业体系。

6.3.4 生态保护，高质发展

践行"绿水青山就是金山银山"的理念，统筹协调海洋经济发展与资源、环境、生态之间的关系，调整优化海洋经济布局，遏制对海洋资源的粗放利用和无序开发，不断提升海洋资源集约节约和综合利用水平，推动海洋经济由资源消耗型向循环利用型转变，实现海洋经济发展与生态文明建设互促互进。改变原有陆海分头划设主体功能区的方式，健全"节约优先、保护优先、生态恢复为主"的主体功能区海洋政策，统筹推进海洋经济高质量发展。

6.3.5 人海和谐，惠民共享

以生态文明建设贯穿经济社会发展全过程和各领域为根本指导方针，推进海洋主体功能区建设，优化近岸海域空间布局，科学开发海洋资源，保护海洋生态环境，促进人海和谐共处，增加海洋公共服务和公共产品供给，拓展海洋产业惠民渠道，提升海洋经济惠民水平，共享海洋发展成果，增进海洋民生福祉。

6.4 海洋经济空间布局优化总体思路

江苏海洋经济空间布局的总体思路是，要在江苏"十三五"海洋经济空间布局规划的基础上进一步优化，"锻长板、补短板、添空板"。

总体而言，江苏海洋经济正处于经济快速发展、分工合作日益紧密、城市矛盾日益凸显、沿海沿江面临转型的关键时期。建设陆海统筹、江海联动协同发展的海洋经济强省，关键是要实现海洋产业协同发展。江苏省'十四五'海洋经济发展要以推动沿海沿江各城市间专业化分工协作为导向，推动沿海沿江地区海洋产业高端化发展，夯实沿海沿江海洋高端制造业基础，促进沿海沿江海洋生产力功能互补、产业错位布局和特色化发展，为江苏构建合理分工、多元互补的产业格局提供示范引领。

因此，江苏海洋经济空间布局要以服务"一带一路"和长江经济带建设等国家规划，服务本地区和长江流域、沿陇海线等腹地经济社会发展为目的。综合发展基础、区位特征与资源禀赋，提升"一带"、培育"三轴"、做强"三核"、开发"深远海"，加快构建特色鲜明、优势互补、集聚度高的"丰"字形海洋经济空间布局，引导全省海洋经济高质量发展。"三轴"各市根据区域经济发展水平、资源禀赋、区位条件以及发展战略定位的不同，构建符合当地发展需求、具有鲜明特色的海洋经济空间布局，为形成各市之间功能特色互补、联动发展的海洋经济空间布局打下基础。

6.4.1 以海洋主导产业提升"一带"

提升沿海海洋经济核心带。以连云港、盐城、南通沿海三市为主的沿海海洋经济带，以现有海洋资源禀赋、海洋产业发展基础以及港产城联动优势为依托，打造多形式多业态的海洋产业，激励海洋新兴产业发展，使海洋经济带在多引擎促进下发展。未来海洋产业将会在高新技术、高端服务等新兴产业中释放潜力。全省沿海城市应注重发展海洋工程建筑、海洋生物医药、海洋旅游等产业增速快的新兴产业，以提升海洋经济发展质量，培育海洋经济新增长点。注重海洋交通运输、海洋旅游、海洋商务、涉海金融服务、海洋信息服务等高端海洋服务业的发展。为涉海龙头企业、科技型涉海中小企业和众创型涉海小微企业的发展提供优良政策环境，推进海洋新兴产业和高端海洋技术服务发展，打造具有国际竞争力的产业集群。

不断优化陆海、江海资源配置，加大沿海地区引进人才、投资和新技术的力度。增强对海洋教育和海洋技术研发的扶持，尽力吸引并留住海洋人才，为集聚海洋创新要素奠定基础。通过研发海洋新技术、创办产业园区、引进高端人才、加强对外交流与合作等方法，各个沿海城市形成各具特色的高新技术产业化道路。

为明确海洋功能区划，根据各个海域自然资源条件以及发展定位的不同，精准适宜地布局海洋渔业、港口航运、海洋新兴产业、海洋高新技术以及海洋服务业等产业形态，打造多种类产业集聚区。连云港海域拥有连云港港、海州湾渔场、海州湾海洋牧场、海州湾生态系统与自然遗迹海洋特别保护区、海州湾中国对虾国家级水产种质资源保护区和滨海景观等得天独厚的条件，在完善航运、滨海工业、城镇、农海洋渔业、旅游休闲娱乐等功能的基础上，创新国际海陆物流一体化模式，并注重蓝色海湾综合整治，以求发展成为海洋经济发展示范区。盐城海域主要包括废黄河三角洲海域和辐射沙洲海域，主要拥有盐城港响水港区、滨海港区、射阳港区、大丰港区、盐城湿地珍禽国家级自然保护区、大丰麋鹿国家级自然保护区等区域性产业港、海洋生物资源、辐射沙脊群海域滩涂资源，盐城两个海域都具备发展海洋渔业、港口航运、工业和城镇、矿产和能源、滨海旅游、海洋生态保护的良好基础。南通海域主要包括长江口北部海域，拥有小庙洪水道、吕四渔场南部和长江口渔场、长江口北支湿地系统自然保护区、海门蛎蚜山牡蛎礁海洋特别保护区，重点发展海洋渔业、滨海旅游等海洋产业。

6.4.2 以海洋生态优先培育"三轴"

坚持海洋生态优先。统筹陆海环境保护与防治，加强海洋生态建设，加大滨海湿地、海州湾、吕四渔场、沿江地区生态修复与保护。始终坚持"在开发中保护，在保护中开发"的方针，实现海洋资源的可持续开发，着力促进海洋资源的节约高效利用。

培育沿东陇海线海洋经济成长轴。依托徐州淮海区域中心城市和连云港沿海临港城市的区位优势，发挥徐州交通枢纽和连云港深水良港的辐射效应，使海洋经济在东陇海线经济布局中发挥作用。徐州港可通过徐工集团等龙头企业的涉海产能优势、加强对外工程合作等增强国际产能合作。加速连云港海港功能建设，沿陇海线向内陆延伸，促进海洋产业与内陆经济产业的融合并向中亚延伸，将连云港建成区域性国际枢纽港。同时，更加注重沿东陇海线海洋港口的自然资源与生态环境保护，通过生态保护红线划定、海岸带保护等，系统构建生态安全格局，使沿东陇海线经济带符合绿色生态发展理念，并成为新亚欧大陆桥经济走廊重要部分和江苏海洋经济成长轴。

培育淮河生态经济带海洋经济成长轴。积极推动淮河生态经济带建设，鼓励沿海各市建设海洋生态环境保护示范区，因地制宜强化整治污染流域、推进生态海洋城市建设、加强对工业企业排污监管、不断完善海洋环境监测和评价体系。淮安位于运河与淮河交汇处，优化其物流基础设施建设，能够更加高效地贯通南北、连接东西。让盐城组合港河海联运为淮河航道与淮三角各海港的良好对接服务，为江苏海洋经济发展提供新航道和更广泛的空间。

培育沿江海洋经济生态带。深入推进沿江地区涉海产业自主创新示范区建设，大力实施跨江融合发展，强化南京、苏州、无锡、常州、镇江、扬州、泰州、南通等沿江城市功能，整合沿江港口资源，加速集聚海洋创新要素，以海洋经济高质量发展为目标，对照海洋经济绿色化、低碳化、可持续化发展，着力增强海洋教育和科技研发功能，建设海洋人才培养基地和海洋科技创新策源地。重点发展海洋船舶工业、海洋交通运输业、海洋设备制造业、涉海产品及材料制造业、海洋科研教育管理服务业，推动海洋船舶、海工装备、港口物流等优势产业转型升级，建设一批海洋先进制造业集聚区。培育发展海洋药物和生物制品、涉海金融服务、海洋信息服务等新产业、新业态，打造海洋经济新增长点。鼓励发展涉海龙头企业、科技型涉海中小企业和众创型涉海小微企业，打造一批特色鲜明、竞争优势突出的涉海企业集群。有序推进沿江石化优质过剩产能向沿海、苏北地区转移，腾出发展空间，留足生态空间，切实把修复长江生态环境摆在压倒性位置，共抓大保护，不搞大开发，守护长江两岸良好生态。

6.4.3 以发展战略政策协同做强"三核"

在国内外形势不断变化、江苏海洋经济发展步入新阶段的大背景下，为增强沿海三市的核心发展力，促进高质量发展，需要从战略协同、区域协同以及政策协同三方面共同统筹，同时也要兼顾沿海三市的基础条件、发展水平、所处阶段、问题矛盾的共性和个性，三市应利用各自优势条件，优化区域内资源配置，差异化发展，达到优势互补。在区域规划、战略定位、政策调控、产业发展、产能协作、协同创新、基础设施等领域分工协作，共同探索并形成高效的协同发展体制机制，提高发展集约化程度，充分发挥政府的作用。

连云港市打造形成"一带、四圈、五区、五镇"的海洋经济开发空间格局以求在加快提升经济总量、优化产业结构、提升技术研发水平等方面有显著发展效果。基于"一体两翼"组合港的连云港产业和港口发展思路，将连云港临港产业划分为连云、徐圩、赣榆、灌河四个重点临港产业圈，优化空间布局，划分产业发展方向，各临港产业圈发展特色功能产业。连云临港产业圈重点发展港口物流、健康医疗、高性能纤维等新兴高端产业。徐圩临港产业圈重点发展石油化工、精品钢、节能环保、盐化油化、机械装备五大产业。赣榆临港产业圈重点发展钢铁石化、海洋生物产业、电子信息产业等。灌河临港产业圈重点发展精细化工、工程装备、船舶修造、海洋新能源，推动化工、冶金产业转型升级，力争打造成为精细化工生态产业区。打造滨海高端商务服务业集聚区、海洋高新技术产业集聚区、海洋文化旅游产业集聚区、高效海珍品养殖集聚区、互联网金融海洋虚拟产业区等五个优势产业集聚区，促进各类生产要素向产业集聚区流动，发挥产业集聚优势并产生经济带动效应。为打造成港产城联动、三生和谐、城乡统筹发展的特色城镇，让滨海特色城镇成为连云港市海洋经济发展的稳定增长点，需要因地制宜，根据发展进程，不断调整优化滨海城镇建设规划方案。

盐城市构建"双核、四区、多节点"的海洋产业空间布局，区域内部各领域优势互补、互通融合发展。"双核"指大丰港城海洋产业功能核和滨海港城海洋产业功能核。大丰港主港区，重点发展石油化工、矿石、煤炭及集装箱物流；木材、石材、粮食和石化新材料物流以及综合性保税物流行业发展需政策扶持，带动海洋产业重点领域创新及产业化；不断优化港城综合服务，营造海洋产业发展便捷环境。滨海港城海洋产业功能核，以服务临港产业、以大宗散货为主的海洋交通运输业为发展重点，发挥交通物流枢纽功能。四区集聚打造成为海洋经济全面发展区。东台滩涂经济区，建设国家级滩涂综合开发试验区，重点发展高端产业集聚区、现代生态港城区、滩涂经济区和湿地旅游度假区，协同发展现代农业、生态旅游、高端制造业和现代物流业。亭湖湿地经济区，依托千鹤湾国际养生社区，带动生态旅游、养老护理、康复保健等绿色产业的发展。射阳临港经济区，构建"公、铁、水、空、港"现代综合交通集疏运体系，优化港口功能，发展成为区域港口物流重要枢纽。响水工业经济区，建设国内一流的海洋新能源装备生产基地和新能源应用示范基地、合金材料和电子储能材料生产基地以及东部沿海重要的海洋生物医药产业基地。多点联动，使海洋经济多引擎发展，尝试发展新型海洋产业。

依据南通市的海洋自然资源和产业发展现状，以及空间与环境资源承载能力，以提高海洋经济发展水平和质量为目的，以保护陆海生态环境为准线，因地制宜分配陆海资源、发展多业态陆海产业集群、加大引进"制造业投资"工作的力度，促进江海港口一体化发展。重点发展现代海洋渔业、滩涂农业、海洋船舶制造业、海洋工程装备制造业、滨海旅游业、海洋交通运输业、海洋药物和生物制品行业。将促进通州湾江海联动开发示范区、海安老坝港滨海新区、如东小洋口旅游度假区、如东沿海经济开发区、南通外向型农业综合开发区等12个格局特点、功能各异的产业园区大力发展，形成涵盖范围较广泛的海洋经济集聚区。

6.4.4　以海洋科技创新促进开发"深海"

江苏沿海地区海洋传统产业过多，但海洋的新兴产业、战略性产业、高科技产业发展远远不够，海洋经济结构调整和产业升级面临十分繁重的任务。与此同时，海洋产业发展方式粗放，特别是科技基础和支撑能力有待提高。海洋生态环境压力比较大，近海污染情况比较严重，生物资源衰减状况没有得到根本好转。

这就需要以海洋科技创新促进开发"深海"。开发利用远海深海是开拓海洋经济发展新空间、孕育海洋经济新产业、打造沿海经济增长新引擎、构建陆海可持续发展、促进海洋经济高质量发展的必要途径。

重点是坚持海洋科技创新驱动战略，加强海洋基础研究，搭建海洋科技创新载体，提升海洋科技创新能力，构建以涉海企业为主体、市场为导向，政产学研深度融合的海洋产业协同创新体系。推进海洋产业关键技术突破，加强绿色环保船舶、高技术船舶、海洋工程装备设计建造的基础共性技术、核心技术、前瞻先导性技术研发，发展深远海养殖装备与技术，加强海洋候选药物成药技术研究，攻克海洋药物先导化合物发现技术，实现海洋产业技术重点跨越和产业链延伸，从而加快发展远洋渔业，完善加工、流通、补给等配套环节，延长产业链，提高远洋渔业设施装备水平。推进重点船用设备集成化、智能化、模块化发展，促进船舶配套业由设备加工制造向系统集成转变。

7 陆海统筹加快江苏海洋经济高质量发展对策措施

以《中共中央关于制定国民经济和社会发展第十四个五年规划和二〇三五年远景目标的建议》和江苏省"十四五"规划精神为指导，坚持系统性设计、前瞻性思考、全局性谋划、战略性布局、整体性推进，坚持创新、协调、绿色、开放、共享的新发展理念，坚持创新驱动发展，全面塑造海洋经济发展新优势，强化陆海统筹，江海联动，对江苏省海洋经济空间布局以及海洋经济高质量发展从陆海经济规模、涉海企业和海洋产业、沿海城市和沿海区域、海洋功能分区、涉海交通基础设施、海洋科教、体制机制、海洋生态保护等角度提出陆海统筹视角下江苏海洋经济高质量发展对策措施。

习近平总书记在党的十九大报告中明确要求，坚持陆海统筹，加快建设海洋强国，为江苏加快建设海洋强省指明了方向、明确了路径，也是江苏贯彻落实海洋强国战略的历史使命和时代担当。坚持陆海统筹，促进海洋经济高质量发展，需要构建陆海资源优化配置、陆海资源高效利用、陆海和江海联动发展的新时代海洋高质量发展新格局（国家海洋局战略规划与经济司，2018），推动江苏海洋经济由数量规模型向质量效益型转变、海洋单向开发向陆海统筹双向开发转变。

　　加快海洋经济强省建设必须立足海洋经济新发展阶段，贯彻海洋经济新发展理念，构建海洋经济新发展格局，以推动海洋经济高质量发展为主题，以深化海洋三次产业供给侧结构性改革为主线，以海洋科技引领型创新为根本动力，以高质量海洋强省为根本目的，坚持陆海统筹协调发展理念，稳步推动海洋经济在全省经济格局中和海洋强国战略进程中走在前列（廖民生，2019）。这就要求继续坚持江海并重开发利用，以陆海统筹推进海洋经济强省建设，充分发挥陆海统筹对海洋经济强省建设的战略引领作用，深入把握江苏陆海统筹优势，明确海洋经济强省建设主要目标，充分发挥海洋对区域经济发展和对内对外开放的重要支撑作用，在"十四五"末期，海洋经济强省建设取得重大突破，实现海洋大省向海洋强省的战略性转变，初步建成与全国经济强省地位相适应的海洋经济总量规模巨大、海洋产业结构优化升级、海洋科技创新水平领先、海洋生态环境质量优良、海洋文化开发利用先进、海洋治理能力高效的全国海洋强省和全国海洋经济高质量发展示范省（区、市），在海洋强匡建设中发挥示范引领作用。

7.1　坚持江海统筹发展，以提高海洋产业重型化扩大海洋经济规模

　　发达国家的沿海地区和我国发展较好的沿海地区经验证明，工业化是不可逾越的发展阶段。江苏沿海地区目前仍然处于向工业化快速迈进的阶段，规模不大仍然是首要问题。鉴于江苏沿江与沿海地区经济密度和产业空间密度的巨大差异，江苏沿江地区产业空间发展应沿着产业空间内部深化和空间外部延伸两条基本路径深入。一是注重产业空间的内部深化，即以技术创新为手段，进行产业结构升级，提升空间要素的集约使用。二是注重产业的空间延伸，向江苏沿海地区转移适合在沿海地区布局的产业项目。因此，江苏沿海地区产业的发展应服务于国家长江经济带发展战略，调整优化江海产业空间布局，坚持绿色发展理念，借

助新一轮技术革命和产业革命趋势，大力发展沿海化工、石化、钢铁、造船、海工、核电和风电等大型临港产业，迅速扩大江苏沿海经济带的经济规模。

这就需要将江苏沿海开发战略扩展至"3+3"开发战略。陆海统筹需要将江苏沿海三市和作为沿海腹地的徐、宿、淮三市统一起来进行规划和建设。因此，借鉴辽宁"6+7"、山东"1+7"和广西"3+3"战略，实行江苏的"3+3"整体开发战略。这样不仅有利于江苏陆海统筹整体规划，还可以将苏北地区拓展为临海辐射区，使得整个苏北地区都能享受到国家沿海开发的阳光雨露。

首先，加快区域内产业结构的优化升级。发挥沿海地区优势应着力加快沿海新兴产业基地建设，争取尽快启动实施一批具有重大带动作用的大项目，实施大项目带动战略。集中力量引进、培育规模大、成长性好、带动性强的核心企业和项目，使沿海各个园区分别拥有拉动力强、影响面广的大项目。积极构建有优势的特色产业基地，大力推动产业聚集和企业集群发展，突出沿海比较优势，依托丰富的海洋资源，培育海洋生物产业、船舶及海洋工程装备制造业、大型生态型石化产业、大型临港加工制造业、海洋交通运输物流业、海洋新能源与矿产业、海水综合利用业等产业集群。充分依托港口大进大出的枢纽功能，发展临港产业，推动国内外企业合作建设大型龙头企业，提升产业竞争力。

其次，促进新模式下区域经济互动合作。在江苏陆海统筹战略的大框架下，从区域经济未来发展趋势出发，树立区域经营与经营区域的理念，打破传统的以"竞争"和"零和"为基础的区域竞争思想，建立以"共赢"和"协同"发展为核心的区域经营理念和经营区域的新思想；树立"打破藩篱，加速合作，放大产业版图，做大区域经营"的新理念。要培育和完善开放的区域性要素市场，促进各种生产要素在区域内自由流动、优化配置，推动城市、市场、企业三环联动。六市要树立区域整体意识，共同为区域系统的要素流通创造畅通的渠道，促进地区间人流、物流、资金流、信息流的互动。

最后，建立必要的区域发展协调机制。在江苏陆海统筹战略的大框架下，建立六市必要的区域发展协调机制，加强区域间和部门间的协商与沟通。协商解决跨市域的重大问题，共同推进事关区域发展的重大项目，研究提出促进区域一体化发展的政策建议；江苏和沿海地市人民政府要给予必要的指导和协调，做好与长三角其他区域的沟通协调，进一步完善提升现有合作机制。

7.2 坚持区域统筹发展，以强化沿海城市融合打造沿海珍珠带

带状的地理特征决定了江苏沿海经济带建设比较适合采用点-轴-网络开发模式。江苏沿海三市不仅自身实力不够强，而且城镇化率也较低，2018年江苏全省城镇化率为69.61%，而南通、盐城、连云港三市分别为67.1%、64.03%、62.6%，都低于全省平均水平。这种状况使得江苏沿海经济带呈"链"状分布。江苏沿海三市相互依存度不高，市场一体化程度不深，本地市场效应作用小，产业集聚力不强，影响了沿海三市增长极的发展和壮大。因此，借力长三角交通基础设施一体化战略，畅通沿海大通道，服务长三角，将南通、盐城和连云港分别打造成为江苏沿海地区的三个重要增长极。同时，江苏沿海三市不仅要交通联通、产业协同，而且更需要要素的自由高效流通，最大限度发挥三个增长极的扩散效应，带动沿交通轴线中小城镇的发展，形成层次分明、分工有序的城镇群。以南通、盐城和连云港三市为中心，以众多中小城镇群为依托，以便捷交通网络为纽带，以一体化的制度设计为保障，促进江苏沿海地区从"珍珠链"向"珍珠带"转变。

这就需要做好陆海空间统筹。在空间布局上做好沿海岸带的纵向统筹和沿海与腹地间横向统筹。在沿海岸带的纵向统筹上，因为江苏沿海岸线开发不足，因此要进一步加大港口建设和沿海重大产业项目和园区的布局，同时更加注重岸线的集约利用，为人们的生活、滨海旅游、生态农业等留下足够的岸线空间，特别是必须为城市留下足够的生活岸线空间。在海岸带与腹地的横向统筹上，要按照海陆产业不同的要素需求进行空间统筹布局。把可以在内陆布局的产业尽量布局在（或迁移至）内陆，为沿海地区的产业布局腾出足够的空间；在沿海地区大力发展港

口经济和为内陆地区服务型经济，与内陆地区间形成产业互动，优势互补，错位竞争。充分利用好沿海滩涂这个最宝贵的土地存量和增量资源，科学合理地开发，用于建设深水大港、临港产业、现代农业、海滨新城或滩涂围垦综合开发试验区等。

通过产业空间布局调整，在加强传统优势产业的基础上，选取经济增长中心与次增长中心，确定各自发展的主导产业，紧密结合当地的资源、劳动力等情况，建立一个市-县-镇（乡）纵向联系及各级主导产业经济网络，从而促进整个区域经济平稳发展。将盐城、连云港、南通三市逐步培育成经济增长中心，形成各具特色和规模的经济区，不但有利于扩大江苏海洋经济的整体规模，提高经济效益，而且有利于缩小江苏沿海区域与苏南的经济差距。由于多年的地区不均衡发展策略，客观上造成了沿海地区与苏南的巨大差距，苏南在现代化的外向型工业企业经济推动下，经济发展日益高速化，形成江苏省经济增长极，该增长极以其巨大的极化作用形成规模经济，而其外部则产生规模不经济，所以沿海区域不能再坐等苏南等发达地区的经济辐射，而是要自力更生，利用自身的滩涂资源、港航资源等优势，培育自己的经济增长极，来联合带动江苏沿海区域的经济发展。继续推进南通市"十三五"国家海洋经济创新发展示范城市建设、盐城市和连云港市国家海洋经济发展示范区建设，积极鼓励涉海开发区申报国家级经济技术开发区、高新技术产业开发区、农业经济开发区，重点支持临港产业园申报省级开发区，一方面增强示范城市和示范区发展后劲和示范带头作用，另一方面促进海洋产业创新升级和绿色转型示范效应。

这就需要加快陆海交通一体化建设。交通一体化是实现陆海一体化的最基本条件，缺少对外高速运输通道已经成为制约苏北发展的主要因素之一。在江苏陆海统筹战略的大框架下，要加快"3+3"六市基础设施的对接和联通。铁路方面：重点推进连淮扬镇和徐宿淮盐高速铁路建设，这也是在迈入高铁年代里加快苏北经济发展的关键举措；另外实施新长铁路复线电气化扩能改造以及构筑盐城大丰港到安徽蚌埠直至西部地区的第二条陇海线铁路；要加快苏北城市间的高速铁路网建设，早日实现苏北城市间交通动车化、公交化；要增加苏北对外快速铁路通道，实现苏北对外交通高铁化。航道方面：重点推进淮河入海水道二期工程建设，早日建成直通航道并与通榆河良性互动，形成皖北地区乃至河南部分地区出海最便捷通道，利用水运的低成本优势，促进沿海港口的快速发展。港口方面：发展海港的喂给港，重点可在盐河和淮河入海航道上加快布局。航空方面：进一步优化整合机场资源，发挥整体优势，提升服务能力，加快航空口岸对外开放，加入上海国际航空枢纽网。

以大力发展现代海洋服务业为着力点，加快港产城融合发展，提升江苏沿海经济带的辐射力。一个城市对周边的辐射力不仅取决于城市的规模，还取决于城市商业，特别是生产性服务业的发达程度。沿海城市的海滨城区一般是港口所在地，是海陆交汇的节点，是集疏运体系的枢纽，是联通国内国外的门户，也是风光旖旎之地，最适宜发展商业服务业和生产性服务业。国内外沿海发达城市无不拥有现代化的美丽的海滨城区。江苏沿海三市承担着服务国家"一带一路"建设的重要使命，客观上要求它们必须提升海洋中心城市综合服务能力。打造以港口物流为核心的集疏运体系，建设集航运、商务、金融、会展、医疗、科教、康养、滨海旅游和文化交流等海洋服务业于一体的现代化海滨城区，以现代化海滨城区带动港产城融合发展，提升沿海三市对"一带一路"沿线的服务能力和辐射功能。

7.3　坚持产业统筹发展，以高关联度涉海产业扩展海洋经济宽度

新兴海洋产业规模比重较小、传统海洋产业产值比重较大、现代海洋服务业层次较低是江苏海洋经济发展不充分、不均衡、不协调的突出特征。这就需要推动海洋产业结构优化升级，以调整优化传统海洋产业，培育壮大新兴海洋产业，拓展提升现代海洋服务业为基本导向，促进以海洋交通运输、海洋渔业、海洋电力、海洋工程装备、海洋生物医药等海洋主导产业集群化发展，构建与其他沿海地区差异化竞争协作、江海特色显著的高质量现代海洋产业体系，增强江苏海洋主导产业群在中高端海洋产业中的国内和国际竞争力。一是提升发展现代海洋服务

业。加快发展涉海研发设计、海洋信息传输服务等与先进海洋制造产业相匹配的生产性和服务性现代海洋服务业，形成以生产性现代海洋服务业带动先进海洋制造业、生产性现代海洋服务业和先进海洋制造业深度融合发展格局。二是培育壮大海洋新兴产业。根据江苏海洋资源禀赋优势和已有海洋主导产业发展潜力，综合确定优先发展海洋高端工程装备、海洋电力、海洋生物药物、海洋高端船舶、海水利用等海洋新兴产业，瞄准海洋产业链高端，借助海洋创新链和价值链培育并形成海洋主导产业链，推动海洋产业高水平集聚集群发展（盛朝迅等，2021）。通过加速海洋科技产业革新进程延伸海洋产业上下游链条、优化涉海产品结构、提升海洋产业核心竞争力，推动海洋产业新旧动能转换（柴士改等，2020），促进海洋产业向价值链中高端攀升。三是加快海洋传统产业转型升级。以涉海产品结构性改革为主线，围绕产值规模大、就业带动力强、市场潜力大、绿色可持续等优点，重点加快海洋渔业、海洋交通运输业、滨海旅游业等海洋传统产业深度调整。四是打造六大海洋主导产业。海洋渔业方面，重点加快海洋牧场规划布局和建设，采取有效产业政策措施扶持远洋渔业发展。全力推进海水生态化、工厂化、自动化和绿色化健康养殖，提升海洋水产品精细深加工能力和高附加值综合化利用水平。海洋交通运输方面，重点调整和优化近海与远洋航线与运力结构，围绕海洋运输生产服务性特点，重点开展保税、中转、采购、分销和配送等业务，发展多种方式船舶交易、船舶买卖和船舶航运经纪、航运保险等现代航运服务。滨海旅游方面，坚持滨海旅游全省一盘棋，构建大旅游和特色游，开发滨海特色旅游线路和产品，发展海洋旅游新业态，积极创建省级滨海旅游改革创新试验城市和国家级全域滨海旅游示范城市。海洋船舶工业方面，重点推进船舶设计制造的规模化、集成化、智能化、模块化、绿色化，增强高技术高附加值的海洋高端船舶和核心配套设备制造能力。海洋电力和海水利用方面，优化海上风电开发布局，有序发展离岸风电，加强海上风电、海水淡化等海洋工程装备自主研发和制造，提升产业配套能力。海洋文化产业方面，重点推进海洋文化与海洋高端装备制造、海洋生物医药、滨海旅游等涉海产业跨界融合，加快构建结构合理、特色鲜明的现代海洋产业体系。

沿海地区的陆海交汇优势、生态优势和资源优势决定了海洋经济带的主导产业具有陆海空间关联性的特征，主导产业应该优先选择陆海产业关联度高的产业。国内外海洋经济强国和地区的实践证明，以化工、石化、钢铁、造船、海工和风电等临港工业为主导的重工业，以港口物流为核心的现代物流服务业，以滨海旅游为主导的消费型服务业陆海产业关联度高。江苏沿海三市应以打造以港口为核心的现代物流体系为先导，以化工、石化、钢铁、造船、海工和风电大型临港产业园区、涉海生产基地为载体，以建设现代化生态化美丽海滨城区为依托，推动临港临海产业高端化、智能化、绿色化、集约化发展，形成具有国际竞争力的沿海产业集聚带，增强向陆域的辐射力，最终实现陆海一体化，扩展江苏海洋经济带的宽度。

从江苏沿海三市来看，南通重点加快建设沿海绿色海洋产业，其中，洋口港区重点建设国家级 LNG 产供储销体系枢纽，通州湾重点发展临海石化新材料，海门港新区重点打造钢铁产业基地，吕四港区重点建设我国东部沿海重要粮油运输中转基地；盐城重点建设和发挥盐城港枢纽港功能，其中，大丰港区、响水港区重点发展综合物流和海河联运物流关联产业，射阳港区重点发展海洋新能源、海洋机械装备产业，滨海港区重点发展钢铁、能源产业；连云港继续挖掘临港工业规模发展潜力，徐圩港区、赣榆港区重点加快区域深海港建设和上合组织出海基地建设，以炼化一体化项目为载体打造具有国际竞争力的世界级石化产业基地和重要钢铁基地。

与此同时，沿海经济发展步入"换挡爬坡期"，坚持江海联动、陆海统筹，推进产业合理布局和协调发展，加快优化产业结构、加速培育新经济增长点，形成各具特色、优势互补、集聚发展的格局。按照陆海产业关联度模型，得到各海洋产业按其与陆域经济关联度高低排序依次为：海洋交通运输业、海洋渔业、滨海旅游业、海洋工程建筑业、海洋石油和天然气业、海洋电力业、海洋盐业、海洋船舶工业、海洋化工、海水利用、海洋生物医药业、海洋矿业等。建议根据陆海统筹的发展阶段和陆海产业关联度的高低来依次推进陆海产业的统筹发展。

陆海统筹的特征之一是陆海产业互动。因此，要提高陆海产业互动水平就要大力发展具有竞争优势的陆海产业关联度高的海洋产业，如海洋电力业、海洋工程建筑业、海洋石油和天然气业、海洋化工、海水利用、海洋船舶工业等，并围绕这些海洋产业，相应发展前向关联或后向关联的陆域产业。以新技术改造传统产业，突破江苏海洋产业供给侧结构性改革的瓶颈。与产品生命周期一样，产业也有生命周期。产业生命周期一般经历形成期、成长期、成熟期、衰退或蜕变期四个阶段。进入成熟期的产业，支撑产业发展的比较优势会逐渐丧失，如果不进行产业升级，创造新的比较优势，就不得不走向衰退或被迫转移出去。江苏的海洋盐业曾经有八大盐场，但是现在大部分已经转变成其他工业用地就是一个例子。江苏沿海地区的海水养殖业、海洋捕捞业、造船和海工产品制造业、海洋运输业等传统产业都面临转型升级的压力。因此，沿海地区应大力发展以远洋捕捞和海洋牧场为主的现代海洋农业；以补齐产业链为导向，提高造船和海工产品等海洋装备工业核心装备的自主配套能力；以最高的环保标准和最新的绿色技术建设沿海化工、石化、钢铁、核电和海上风电等大型临港产业；以便利化、体系化、信息化和智能化为主要手段改造和提升海洋运输业，突破供给侧结构性改革的瓶颈。

可以考虑借鉴日本建立九大沿海地区产业集群和欧盟建立"多产业海洋集群区"、区域性"海洋优秀中心"的成功经验，在江苏范围内，建立若干个类似于海洋经济区、海洋经济发展示范区的海岸带综合开发区，坚持高起点规划，推进产业与临海城市功能融合（以产业带就业，以城市建设支撑经济发展），在海洋、海岸带、腹地三个层面打造现代海洋渔业、海洋战略新兴产业、现代海洋制造业、现代海洋服务业等多种类型的陆海产业基地，加快提高园区（基地）集聚功能和资源要素配置效率，形成集聚效应强、生产规模大、产业链长的区域性陆海产业集群和区域经济增长中心，使之成为调整地区产业结构、实现要素集聚、带动区域经济发展及促进对外开放的重要战略推手，推进江苏经济布局从"陆地时代"转向"陆海并进时代"。

这就要求根据江苏沿海、沿江资源环境承载能力和现有产业基础与发展潜力，陆海统筹，江海联动，优化海洋产业布局，构建江苏"丰"字形特色海洋经济带，提升北部海洋重化工业板块、中部海洋生态产业板块和南部海洋船舶及海洋工程装备制造业板块的综合竞争力，培育以沿海港口和沿江港口为依托的产业集群，形成"一带三区多节点"的海洋经济空间布局。

促进沿海城镇渔港经济区和海洋经济聚集区的形成，优化海洋经济的空间布局。海洋资源的开发、产业的布局与生产力的空间布局是不可分割的过程，必须统筹兼顾。按照现有11个海洋经济区的划分，根据区内海洋资源的区位特征、交通条件和市场环境布局相应的海洋产业，把海洋产业布局的优化与我国区域协调发展战略融合起来。国外经验证明，城镇经济发展，商业服务业、交通运输业、通信业等的发展就有依托和基础条件，所以要把海洋经济的空间布局优化与加快沿海城镇建设结合起来。沿海城镇渔港经济区建设，是建设沿海海洋经济密集带的突破口，也与海洋产业布局的优化密切相关。沿海城镇渔港经济区集区域物流、人流、资金流、信息流于一体，是海洋第一、二、三产业聚集、带动与辐射渔区经济发展的杠杆。通过加大渔港基础设施的投入，在建设现代化渔港的基础上，结合集镇建设和产业聚集，形成以渔港为龙头、城镇为依托、海洋渔业产业为基础，集渔港避风补给、水产品集散与加工、休闲海洋渔业和滨海旅游、城镇建设于一体，产业层次高、结构合理、布局优化、辐射带动明显的现代海洋经济聚集区。同时，沿海城镇经济区和聚集区的形成，是逐步完成农业劳动力向非农产业转移这一历史性任务的必由之路，也是整个海洋产业结构调整的重要环节。

积极打造"丰"字形特色海洋经济带。根据产业和区域特点，在传统产业、主导产业、战略性新兴产业三大领域，加快推动沿海产业布局调整优化。充分发挥长江下游深水航道与海洋相连接的独特优势，统筹规划沿海、沿江两大区域经济发展，实现江海联动，全力打造以沿海地区为纵轴、沿江两岸为横轴的"丰"字形特色海洋经济带。一是通过产业链横向整合，发挥规模效应，加快推动重化工业空间战略转移，促进化工、船舶等行业结构调整，按照"绿色化、基地化、精品化"发展导向，着力推动钢铁、石化、建材等重工业由沿江地区向沿海地区的战略转移，提升产业市场竞争力。二是沿海地区要加快发展先进制造业、战略性新兴产业，推动互联网、大数据、人工智能和实体经济深度融合，在中高端消费、创新引领、绿色低碳、共享经济、现代供应链、人力资本服务等领域培育新增长点、形成新动能。深入实施"中国制造2025"江苏行动纲要，推进智能制造和高端服务，打造一批世界级先进制造业企业集群。支持传统产业优化升级，加快发展现代服务业尤其是生产性服务业，瞄准国际标准提高水平。三是强化沿海地区开发区主阵地作用，主动把握新变革新趋势，加快推动"成熟"产业向"成长"产业转变，抢占产业发展制高点，引导国家级开发区重点打造具有领跑全国乃至全球的标杆性产业，省级开发区重点建设具有地方标志的制造业集群。

加大建设三大重点海洋经济区。加快连云港、盐城、南通3个中心城市建设，扩大城市规模，增强城市功能，促进生产要素集聚，增强为海洋经济发展的服务支撑能力。强化中心城市的辐射带动作用，坚持错位发展、合理分工和良性竞争，以个性化发展强化海洋产业特色，以优势互补提高开发效益，建设以连云港、盐城和南通3个中心城市为核心的江苏北部海洋经济区、中部海洋经济区和南部海洋经济区，提高区域海洋经济综合竞争力。

沿海北部海洋经济区。以连云港港为核心，对接中西部腹地经济区，加强苏鲁海洋经济合作。充分发挥连云港港深水大港的优势，大力发展海洋交通运输和现代港口物流业，建设连云港航运交易市场和大陆桥国际航运中心功能区；重点发展临港重化工业，全力打造石化产业链和钢铁产业链；积极发展核电等能源产业，扶持发展海洋生物医药、海洋化工等新兴产业，建成沿海地区重要的枢纽港和重化工基地。加快发展海洋渔业，提升发展滨海旅游业。

沿海中部海洋经济区。发挥盐城拥有广阔滩涂湿地和国家级自然保护区的特色，大力推进清洁生产，重点发展高效生态海洋产业。做大做强汽车、船舶等临海优势产业，培植壮大新能源、光电、海洋生物等临海战略性新兴产业，建设生态型工业基地；积极发展环保装备、环保材料产业，建设环保产业集聚区；大力发展滨海生态旅游业、高效生态海洋渔业和滩涂农林牧业；积极发展风电装备，建设国内重要的海上风电产业基地。

沿海南部海洋经济区。进一步融入上海国际航运中心和国际金融中心建设，积极开展苏沪海洋经济合作。依托南通船舶及海洋装备制造等雄厚的产业基础，江海联动，重点发展海洋船舶、海洋工程装备和港口机械等产业，加强产业配套和行业合作，建成世界一流的远洋船舶和海洋工程装备产业基地。大力发展海洋交通运输及港口物流业、海洋渔业、滨海旅游业，积极发展临海石油化工、海洋生物医药等产业，提升海洋经济发展水平。

7.4　坚持地区协同发展，以重点功能区为载体重塑区域协调发展

推进"1+3"重点功能区战略，重构江苏经济地理版图，实现由行政区经济向功能区经济转变，通过战略协同、区域协同和政策协同，使江苏沿海经济带由同质竞争向协同发展转变。

战略协同。从江苏沿海发展的视角，审视"一带一路""长三角一体化""长江经济带"等规划，注重从全局谋划一域、以一域服务全局，发挥好区位、生态、产业等优势，深度融入国家发展战略，加强战略协同管理，重点加强相关规划的有效衔接和前瞻性研究，强化功能布局互动。从提升江苏沿海整体竞争力出发，发挥各地特色比较优势，协调处理好江苏沿海与上海、山东等其他沿海地区、沿海与沿江城市、沿海与腹地城市的关系，明确沿海功能定位，强化错位发展，形成分工合理、各具特色的区域空间格局。

区域协同。在当前国内外形势出现新变化、区域发展步入新阶段的大背景下，加快促进江苏海洋经济高质量发展，就要从区域协同发展角度，统筹考虑沿海基础条件、发展水平、所处阶段、问题矛盾的共性和个性特点，特别要针对整体发展质量还不高、区域合作重点不聚焦、运作机制不灵活、合作实效有待提高等现实境况，发挥三市优势条件，优化区域内资源配置，促进优势互补，加强沿海三市在区域

规划、产业发展、产能协作、协同创新、基础设施等领域的分工协作，加快形成更加有效的协同发展体制机制，推动行政区经济向功能区经济转变。

政策协同。充分发挥政策协同引导作用，无论哪个层级，不论什么地区，不管什么行业领域，在政策目标制定、体制机制设计、政策制度执行等活动中，必须具备政策协同观念。强化协调功能，探索建立跨部门、跨领域的创新政策联席制度，加强发改、生态、科技和金融等部门政策资源的统筹协调，形成目标一致、协作配合的政策合力。加强沿海三市政策创新方面的协调力度，加快探索建立沟通协商常态化与有效化的体制机制。

这就需要实行苏南、苏北"双引擎战略"。江苏与其他沿海省份不同，区域经济的显著特点是南强北弱。这为江苏沿海开发和更大范围的陆海统筹提供了良好的条件。苏南地区土地开发强度已经逼近，甚至个别市县已超越了30%的国际警戒线，因此，借苏南产业优势带动苏北经济发展，借苏北的空间优势促进苏南产业转型升级是必由之路。省政府应采取更强有力的措施加快苏南空间和环境容量使用大的产业转移至苏北，按照陆海产业关联进行合理布局。这样不仅能加快苏南的现代化步伐，而且能大大促进苏北经济的更快发展。

这就需要在连云港打造江苏"蓝色硅谷"。发展海洋经济，科技是支撑。江苏沿海三市不仅科技实力不强，而且涉海科研力量薄弱，涉海的科研院所、高校或专业大多分布于南京和苏南地区，没有形成海洋科技的积聚效应。因此，不仅需要在连云港早日建立具有海洋特色的多科性大学，还需要在连云港市建设江苏"蓝色硅谷"。设立省"蓝色硅谷"专项基金，建立以政府投资为引导，银行、社会资本、外资共同投资的多元投资体制，以连云港市科教园区为基础和载体，采取优惠政策和措施吸引省内外涉海的科研院所和高等院校来连云港设立分支机构，优先争取省内涉海院校和研究机构，重点争取国家级的海洋研究机构或实验室来连云港建立基地，尽力争取与国外科研机构的技术合作。重点就海洋医药、海洋生物、海洋化工与新材料、海水利用、海洋可再生能源以及船舶仪器仪表等领域开展研究；建立海洋科研成果孵化基地和产业化基地；规划建设海上试验场等。

这就需要实行点-轴式区域开发模式。在苏北地区缺少特大型中心城市，很难形成中心城市扩散效应的情况下，点-轴开发是现阶段苏北开发的有效模式。因此，以发展壮大现有地市级城市为核心，以沿海三市为重点，以沿交通干线（铁路、高速公路、沿海公路和内河航道）合理布局中小城镇、沿海小镇和各具特色的产业园区，变遍地开花为节点开发，变产业雷同为各具特色。

一是对于连云港而言，以中心城区建设为主导，依托沿海县城和重点中心镇，加快形成组合有序、梯度明显、功能互补、规模适度的沿海城镇体系。重点推进连云新城、徐圩新区以及赣榆新城建设，积极发展柘汪、海头、燕尾港、堆沟港等临港小城镇，推进港口、产业、城镇联动开发。

二是对于盐城而言，建成面积3~5平方千米、功能设施较全、人口规模集聚5万~7万人的现代化新港城：陈家港港城（陈家港镇）、滨海港城（滨海港镇）、射阳港城（黄沙港镇）、大丰港城、弶港新城（弶港镇），形成大市区、县（市）城、沿海港城联动发展格局，为沿海港口和临港产业发展提供支撑。

三是对于南通而言，充分发挥中心城市的集聚辐射作用，将都市区、海安-如城、洋口港-掘港、吕四港-汇龙、通州湾等城镇组团，带动城镇与港口、产业的协调发展。寅阳、近海、东灶港、包场、三余、长沙、洋口、老坝港等临海重点镇，依托沿海特色产业，建成功能配套完善、生态环境优良的滨海城镇。

7.5　坚持综合交通优先，以建成综合交通通道打造对外开放高地

以港口为核心的综合集疏运交通体系在沿海经济带建设中具有基础性、先导性和战略性地位和作用。以开发区为载体的对外开放平台，是实施创新驱动发展战略、加快转变经济发展方式、深度融入"一带一路"建设的发展平台。

加强基础设施互联互通，率先建成以港口为核心的综合集疏运体系。加快构建以港口为主体的集疏运体系，建成国际集装箱干线港。以港口为核心的综合集疏运交通体系在沿海经济带建设中具有基础性、先导性和战略性地位和作用。围绕连云港港口，有机衔接港口与铁路、公路、内河等交通基础设施，突出海铁、海公、海河等多式联运，加快港口集疏运体系一体化建设和发展，率先建成江苏陆海便捷综合交通通道。申请在东部城区建设国家级集装箱中心站，大力提升集装箱集疏运能力建设。积极争取国家交通部门支持，与国际航运巨头合作，将连云港建设成国际集装箱干线港。以区域性国际枢纽港和江海组合主枢纽港为定位目标，重点建设连云港港和南通港，提升港口码头等级和专业化水平，打造铁路、公路、海运、机场等多式联运综合集疏运体系，形成辐射省内外的综合交通体系，对接全国沿海沿江沿桥互联互通大格局。以港口物流、产业集聚、对外开放三大功能为载体，构建覆盖产业、航运、贸易、金融、信息、调度、承接功能的现代化港口集疏运综合通道体系，打造涉海产业基地和临港产业园区，形成港口和腹地产业功能衔接、经济深度协作的新型陆海统筹发展新格局。

通过加快建设对外开放平台和载体，将沿海经济带打造成为对外开放高地。坚持"引进来"与"走出去"相结合，以港口中心港区、中哈（连云港）国际物流园、上合组织（连云港）物流基地和国家东中西合作示范区为依托，积极申报和培育建设连云港自由贸易港，打造全方位对外开放新高地。以深圳市为学习对象，积极申报和培育建设国家海洋经济开放合作示范城市和国家陆海统筹发展示范城市，努力建设成为海洋经济开放合作新高地和示范城市。充分发挥江苏沿海各级各类开发区、出口加工区、产业园区的产业承载功能，加快发展临海临港产业基地建设。恳请江苏省和国家有关部门，优先申请设立国家级保税港区、保税物流园区和保税区等新的对外开放平台，构筑"一带一路"经济带枢纽和对外开放门户，为江苏沿海地区在更广范围、更深层次参与国际国内合作发展拓展新空间。

这就需要建设大港口，形成分工协作的江苏沿海港口群。港口不仅是发展港口经济的核心，也是实现陆海互动的基础。因此要转变观念、拓宽思路，加快实现江苏沿海港口建设的重大突破。要加快推进连云港港口集团战略重组，引入省内外战略投资者，特别是推动省属大型国企向连云港港口注资；积极争取中亚五国在连云港共建公用码头。采用相互持股，甚至控股的方式，加大沿海港口资源整合力度，建立起以连云港港为龙头，产业港、喂给港相互补充和配合的江苏沿海港口群。统筹推进南通通州湾深水大港建设，实现江海港口联动开发，辐射带动沿江江北地区发展。充分发挥港口的区位和政策优势，以及由此带来的源源不断的人流、物流、资金流、信息流，建立保税区、物流园区和临港工业基地，促进物流、航运服务、船舶制造、海洋工程装备、石化、钢铁等相关产业发展，使产业链迅速向内地延伸，形成沿海产业带，并起到带动、辐射广大腹地和内陆地区经济的作用。

这就需要积极争取设立连云港自由贸易港。上海自由贸易区的设立，"丝绸之路经济带"和"21世纪海上丝绸之路"的建设以及即将建立的中日韩自由贸易区为连云港设立自由贸易港提供了新的竞争优势。连云港应以打造国际陆桥物流中转港和"丝绸之路经济带"东段起点城市和"一带一路"交汇城市为特色，将港口、东部城区、连云新城、开发区、东中西合作示范区纳入自由贸易港区范围，从而将自由港、东中西合作示范区和中日韩自由贸易区先导区的功能叠加，全面带动和提升苏北对外开放水平。

这就需要超常规发展港口经济。没有强大的港口经济，陆海统筹就好比无源之水。江苏沿海经济面临山东、辽宁、浙江和福建的强大压力，因此必须谋求超常规突破。一是大力推进新区建设。以全球视野和国际水准大力推进沿海三市新区建设，适当合并行政区域，扩大新区覆盖范围。二是以新区和园区为载体大力引进临海大产业，如炼化一体化、钢铁及深加工、汽车制造、船舶海工、海洋风电、核电等大项目，快速形成临海产业积聚。三是放大涉海政策效应。采用区港联动，区区联动，建立内陆港等方式将沿海地区的政策延伸至苏北腹地地区。

7.6 坚持科技兴海战略，以加快海洋科技创新培育海洋创新高地

着力增加海洋科技创新要素积累（杜军等，2020），提高涉海科技人力资本积累，前瞻性布局海洋技术物质性基础设施，构建多层次海洋科技创新平台，提高海洋科技创新生态系统开放协同性，形成开放合作、形式多样的海洋科技创新网络平台，构建以企业为主体、市场为导向、产学研深度融合的海洋产业协同创新体系。以海洋产业需求导向为根本、合作开放为手段、深度融合为途径、创新引领为机制，加快建立有序开放、协同并进、高效应用的海洋科技创新体系，推动海洋科技优势转化为海洋产业发展优势，积极围绕构建重大涉海创新平台、实施重大涉海科创工程、强化涉海企业创新主体地位、组建涉海科技成果快捷转化通道、激发高层次涉海人才活力，打造在全国乃至国际上有一定影响力的江苏海洋科技创新中心高地，提升海洋科技对江苏海洋经济增长的贡献率。这就要求必须始终把海洋科技创新摆在海洋经济发展核心位置，全面发挥海洋科技创新引领功能。2002 年 3 月，习近平在福建省海洋经济工作会议上指出，实施科技兴海，推动海洋开发产业化。加快海洋开发进程，振兴海洋经济，关键在科技。这就要求推动海洋科技向创新引领型转变，发挥海洋科技创新在海洋经济强省建设中的先导作用，以陆海统筹为指引，以新产业革命促进海洋生产要素优化组合，提高海洋投入产出效率和海洋全要素生产率，推动海洋经济发展方式从主要依靠涉海要素投入向主要依靠海洋创新驱动转变。

坚持创新驱动发展，强化海洋科技创新和引领。推动海洋经济高质量发展，需要将海洋科技创新作为海洋经济发展第一推动力。一是围绕海洋科技创新，延伸和培养上下游产业链，培育海洋主导产业链和支柱产业链，促进海洋产业向中高端攀升，推动海洋产业产业链集群发展。二是通过海洋功能分区规划引导作用，促进海洋生产要素合理流动和优化组合，发挥科技创新在生产要素中的能动效应和溢出效应，积极推进海洋资源高效开发利用、海洋经济提质增效急需关键技术和核心技术的

产业化和规模化，支持建立专业化、服务化、合作化的涉海科技成果转化机构和涉海专业技术孵化平台，重点加快海洋高精尖工程装备、海洋高端船舶、海洋风电设备、海洋生物医药等领域的科技成果有效转化和规模化生产。

海洋科技创新是加快海洋支柱产业集群发展的关键。政府部门制定海洋科技创新政策，政府和企业加大海洋研发经费支出，加强海洋产业基础性、前瞻性、关键性技术研发，海洋产业关键技术取得新突破，特别是海洋渔业、滩涂农业、海洋工程装备业、海水淡化、海洋风电、海洋生物医药和海洋功能食品等海洋产业关键性技术有重大突破，不断提升海洋资源开发利用能力，明显提高海洋科技对海洋经济的贡献度，构建市场导向的海洋科技成果转移转化机制，加快海洋科技成果产业化，发挥海洋科技对海洋产业和海洋经济的巨大推动作用。重点是制定促进新一代海洋信息、海洋生物、海洋新能源、海洋新材料、海洋智能制造产业发展的财税、信贷政策及中长期发展战略规划，推动海洋产业向数字化、智能化和网络化转型升级，提高涉海产品技术含量、工艺装备质量和能效等级标准。构建智慧海洋产业体系，推进海洋产业与互联网、云计算、大数据等信息技术深度融合，实现海洋产业提质增效，促进先进海洋制造业快速发展。

切实有效提高海洋科技创新水平。重点推进涉海关键核心技术和共性技术突破和科技成果转化，组建江苏海洋装备、海洋生物、智慧海洋三大涉海产业技术合作联盟，入盟企事业单位超过150家；重点加强涉海前沿理论研究和重大涉海创新平台建设，根据《中共自然资源部党组关于深化科技体制改革提升科技创新效能的实施意见》，瞄准远海和深海科学前沿，重点在远海和深海资源勘探、深海能源矿产开发共性核心技术设备及试采技术体系等方面实现突破。发挥江苏涉海高等院校、科研机构职能，积极鼓励涉海企业承担海洋资源开发利用重点实验室、海洋技术创新中心、海洋科技研发中心等平台建设，鼓励和支持国家级科研机构在本省设立海洋科技教研基地，加快推进海洋综合研究机构建设，促进涉海政、产、学、研融合。加快建立和完善以涉海企业技术研发中心为主体的海洋科技创新体系，依托涉海产业技术合作联盟、江苏科技大学海洋装备研究院、江苏省新能源淡化海水工程技术研究中心、江苏海洋大学海洋药物活性分子筛选重点实验室和海洋生物产业技术协同创新中心等海洋科技研发平台和机构，打通创新与产业化应用的通道，积极整合政、产、学、研的智力资本与社会资本，推进省内外高等院校、科研院所、上市公司与重点企业的合作，组织技术攻关，突出开发共性关键技术和核心技术。

海洋经济发展离不开海洋科教支持，通过涉海类人才特别是涉海类产业高端人才引进和培育，有效破解海洋主导产业发展的人才瓶颈问题，不断提高海洋人才对海洋经济的支撑贡献，不断提高涉海类科教机构对江苏海洋经济发展的智力支持。

引进培育涉海类高端人才，发挥海洋人才支撑和引领作用。梯度推移理论认为，创新活动是决定区域发展梯度层次的决定性因素，而创新活动大都发生在高梯度地区。区域经济的发展取决于其产业结构的状况，而产业结构的状况又取决于地区经济部门，特别是其主导产业在工业生命周期中所处的阶段。目前，江苏海洋主导产业基本上属于传统产业，如海洋渔业、海洋交通运输业和滨海旅游业。从长期来看，传统产业难以持续性地推动海陆产业关联度的提高。因此，建议江苏省建设一批海洋科技创新平台，提高海洋科技创新能力，加强涉海院校和人才队伍建设，增强科技教育对海洋经济发展的支撑引领作用。依托江苏海洋大学、中船重工七〇二所、江苏亚星等综合性海洋大学和涉海科研机构，培养和引进涉海科技创新领军人才以及海洋技术研发、海洋金融、海洋管理、海洋新能源等多元化人才。

一是激发涉海人才活力。建立"鼓励创新、包容失败、分类评价"的海洋创新创业人才评价体系，健全海洋科技工作者的培养、考核、选拔及奖励等机制，加强与科技成果转化工作的关联度，突出市场评价和绩效奖励，实现技术转移人才价值与转移转化的绩效匹配，构建海洋科技工作者离岗创业支持保障体系。

二是强化涉海人才引进。围绕海洋支柱产业集群发展要求，实行更积极、更开放、更有效的高层次人才引进政策，不断优化人才引进培育机制，布局人才链，打造创新链，面向全省、全国迅速集聚一批站在行业科技前沿、具有国际视野和能力的海洋领军人才和海洋创新创业团队。制定海洋战略性新兴产业紧缺人才目录，提升招引人才的针对性。鼓励企业建立跨区域研发中心，通过与上海、北京、青岛等地科研机构联合设立研发中心，吸引海洋高端人才。

三是注重涉海人才培养。推进海洋高等教育和职业教育发展，加大海洋专业技术人才培养力度，大规模培养涉海高级技师、技术工人等高技能型人才。支持省内相关高等院校调整优化学科专业布局，加强涉海专业学科建设，适当增加涉海专业和涉海课程，设立海洋通识公共选修课。支持职业学校开展海洋相关在职教育和行业教育。积极扩建江苏海洋大学。支持涉海企业与高校、科研院所共同建立人才合作培养机制，坚持"请进来教、送出去学、实践中练"等举措，广开渠道培养涉海人才。支持建立江苏海洋工程师联盟，强化海洋产业技术、经营管理、商业运作等人才队伍建设。继续向沿海地区派遣科技镇长团，扩大科技镇长团在沿海地区的覆盖面。开展"企业创新岗"试点，推动海洋人才向沿海地区企业集聚。

7.7 坚持市场政府分工，以体制机制创新构建海洋经济保障体系

完善区域合作与协调制度。要想实现江苏省海洋经济的高质量发展，空间布局得到优化，就离不开各地市间的合作与协调。各地市有必要在省政府的统一规划与领导下，形成健全的区域合作与协调制度，避免低效的、无序竞争，实现共同发展。强化综合协调机构，发挥省级海洋行政部门的统筹作用。因为政策高地对发展洼地的崛起具有不可替代的作用，因此要坚持政府引导与市场运作相结合，把政府的引导作用摆在江苏沿海开发方面更加突出的位置。一要进一步统筹沿海办和苏北办的职能，增强其功能。二要设立由省分管领导任组长的重点工作协调推进组，定期召开协调会议，加大工作的推进力度。三要在市一级加强领导督办，对于重点项目主要领导要亲自坐镇指挥，加强对市级主要领导重点工作推进的绩效考核。广东成立海洋工作领导小组，山东组建省委

海洋发展委员会，福建、浙江等沿海省份也相继建立了海洋经济发展统筹协调机构。2019年6月1日正式施行的全国首部促进海洋经济发展的地方性法规《江苏省海洋经济促进条例》明确规定省以及沿海设区市人民政府要建立海洋经济发展议事协调机构，其他设区市、县（市、区）人民政府可以视情况建立协调机制，负责协调涉海政策制定、重要规划编制、重点产业布局、重大基础设施建设等涉海重大决策，统筹推进海洋经济高质量发展。

· 创新与完善投融资制度。资金的流动性能引导海洋产业园区实现快速发展，既能提高资金配置的效率，又能促进海洋产业园区在产业结构和区域分布上更加均衡合理。因此，海洋产业的投融资制度亟须改革与创新，相关扶助政策有待完善。有必要鼓励多元投资主体进入海洋产业，研究制定海洋产业投资指导目录，确定国家鼓励类、限制类和淘汰类海洋产业。整合政府、企业、金融机构、科研机构等资源，共同打造海洋产业投融资公共服务平台。推进建立项目投融资机制，通过政府和社会资本合作，设立产业发展基金、风险补偿基金、贷款贴息等方式，带动社会资本和银行信贷资本投向海洋产业。积极拓展服务海洋经济发展的信托投资、股权投资、产业投资和风险投资等各类投融资模式，为涉海中小微企业提供专业化、个性化服务。

健全综合管理与实施机制。各级政府有关部门要建立规划实施与政策落实责任制，加强对规划实施的指导、检查和监督。沿海地方各级人民政府要根据本规划确定的发展方向和重点，制定本地区海洋经济发展规划，创新机制、明确责任、加强领导，确保规划提出的各项任务落到实处。此外，有关部门亟须建立健全规划评估机制，加强对规划实施情况的评估，对政策落实进行督促检查，研究解决实施过程中出现的新情况、新问题，重大问题及时报告上一级政府机构。

推动海洋信息资源共享。需要建立跨领域、跨行业、跨地区的海洋信息共享机制和军民联动机制，推动涉海部门、行业内部海洋信息整合及部门间核心业务系统的互联互通，开发智能化的海洋综合管控、开发利用公共智慧应用服务，推动海洋信息互联互通，实现国家海洋信息的有效共享。加快建立海洋数据资料的社会化和公开性服务机制，逐步实现政府海洋数据面向社会的安全有效开放，形成与建设海洋强国要求相适应的国家海洋信息保障体系。

建立健全相关地方法律法规。规划立法先行。为了强化对江苏海岸线统一规划和管理，应编制《江苏海岸带保护和利用规划》和《江苏沿海滩涂开发利用规划》，并报省人大审批，通过立法保障相关规划的有效实施，避免出现多头管理、无序竞争、效率低下的状况。目前，海洋经济的空间布局优化引起了国家以及江苏省地方政府的高度重视。在法律政策体系方面，我国已经制定和实施了《中华人民共和国海洋环境保护法》《中华人民共和国涉外海洋科学研究管理规定》等法律和行政法规。虽然这些法律法规和规章涉及范围较广，而且内容与《联合国海洋法公约》的原则和有关规定基本上一致，但涉及有关海域权属管理制度、海域有偿使用制度、海洋功能区划制度以及海洋经济统计制度等方面的法律法规体系尚有待进一步补充和完善。这样既可以维护国家主权和海洋权益，也促进了海洋资源的合理开发和海洋环境的有效保护，使海洋综合管理逐步走上法治化轨道，为国内外企业进入海洋经济领域创造良好的投资环境。另外，还要建立适应海洋经济发展要求的行政协调机制，明确中央和地方、各有关部门在海洋管理中的工作职责，加强海上执法队伍的建设以及相关法律法规的执行力度。

强化政策创新，以政策创新推动跨越发展。如建立海上建（构）筑物和海域使用权证的抵押融资机制，力推海域使用权"直通车"试点和海洋产权交易试点；借鉴曹妃甸开发模式，园区开发采取 BT 或者 BOT 方式，实现融资与园区开发的双赢；借鉴连云港连云新城开发模式，引入国有投融资主体主导开发；借鉴如东沿海园区与外资合作开发模式；借鉴福建在港口建设上广泛借力民资开发模式等，加快构建多元投入机制；创新区域合作新机制，以共建公用，利益共享，或产业跨行政区转移利益分享机制推动与苏南地区、泛长三角地区、中西部地区、中西亚国家及东北亚地区的合作，推动组建沿海发展银行和设立"蓝色硅谷"基金。

加快完善海洋要素市场准入和退出机制。促使高效要素进得去、低效要素退得出，促进生产要素合理流动、优化组合，提高海洋经济的投入产出效率和全要素生产率，推动海洋经济发展方式从主要依靠要素投入向主要依靠创新驱动转变，推动海洋产业结构优化升级，调整优化海洋传统产业，培育壮大海洋新兴产业，拓展提升海洋服务业，促进产业集群化发展。着力培育科技创新人才，为海洋经济发展提供强有力的人才保障。人才是第一资源，创新驱动的实质是人才驱动。要不断创新体制机制，推动线上与线下创新活动、涉海企业与科研院所创新活动深度融合，为人才创新提供有利条件，充分释放各类人才的创新活力。

7.8 建立涉海产权体系，以激励增长机制促进涉海企业扩张规模

市场经济条件下，企业在海洋资源开发、产业布局中居于主体地位，但海洋资源的特殊属性，使得其产权难以有效界定，所以在法律上归国家所有的资源在实践上被公共物品化了，在开发布局过程中引发了各行为主体之间的非合作博弈，导致了海洋资源开发过程中无偿、无度、无序问题的"公地悲剧"，既造成了国有资源的流失，也不利于海洋产业布局的优化。要改变这一现状，关键问题在于建立一套有效的产权制度安排。改革的基本方向是：运用产权、委托代理关系、交易费用、补偿机制等理论方法，建立"资源开发-产业布局-制度结构-行为特征-绩效评估"的制度框架，为海洋产业布局的路径选择提供有效的激励、约束机制，正确处理国有资产专职管理机构与各类海洋主管部门之间的关系，最大限度克服微观主体的负外部性。

以 1993 年《国家海域使用管理暂行规定》为标志，我国开始了对海洋有偿使用制度的探索，2002 年施行的《中华人民共和国海域使用管理法》明确确立了海域有偿使用制度，进而确立了海域资源的产权制度：海域所有权制度和海域使用权制度。海域使用管理法对海域使用权做出了制度安排，但对具体用海形式下的产权制度还要由各部门法做出相应规定。虽然海域的所有权主体是国家，但作为开发布局行为主体的企业仍可以通过招标拍卖或依法转让、继承等方式取得海域使用权，发挥其在海洋经济空间布局优化中的积极性和能动性。

与此同时，加强涉海产业企业家队伍建设。积极培养、引进高层次的涉海企业管理人才，加强培养本土职业化的涉海产业企业家队伍。强化对涉海产业企业家的培训、组织涉海产业企业家学习先进的管理经验和现代化市场经济规律，提高涉海产业企业家、管理人员的经营管理素质和技能，增强参与市场竞争的能力。积极鼓励涉海企业以涉海产业链为导向展开多元化投资或通过产业整合和战略管理以及并购方式扩展规模和产能扩张，充分发挥涉海产业规模经济效益。

支持沿海地市各级各类涉海企业积极参与海洋产业投资、海洋生态修复等重点项目，发挥企业市场优势效应。鼓励沿海地市政府部门设立海洋产业专项基金，重点发挥省级战略性新兴产业、工业和信息产业转型升级、现代服务业、现代农业发展等专项资金引导作用，引导和鼓励涉海企业、科研机构参与并推进海洋制造业、海洋新兴产业、现代海洋服务业规模和结构高质量发展，促进海洋产业创新集聚集群发展。

7.9 强化污染排放监管，以生态保护约束机制实现陆海生态和谐

江苏沿海沿江地区重化工企业较多，海洋生态环境治理任务繁重。2006 年 9 月，时任浙江省委书记的习近平指出，发展海洋经济，绝不能以牺牲海洋生态环境为代价，一定要坚持开发与保护并举的方针，全面促进海洋经济可持续发展。这就要求加强沿海岸线及其近海区域的海洋生态环境保护，打造绿色可持续的海洋生态环境，为海洋经济高质量发展提供保障。这就要求必须加快建立制度严格、发展适度、可持续发展的海洋生态环境保护体系，推动海洋生态环境优势转化为海洋经济发展优势，积极构建海洋生态文明治理体系，严格落实海洋主体功能区规划要求，紧紧围绕海洋生态环境保护重大工程、陆海污染防治重点工程、陆海环境实时监测网络、防灾减灾体系建设等，打造海水水质明显改善、海滩海岸干净绿色的美丽海洋。这就要求必须始终把海洋生态文明建设摆在突出位置，全方位推进海洋生态文明建设。为了海洋可持续开发和利用，构建陆海生态系统协调、促进陆地海洋循环再生产、实现人

海和谐共生发展的海洋生态文明格局是陆海统筹应有之义，有序合理统筹陆海资源开发利用总量规模和结构、时空顺序和布局，实现陆海空间资源保护、陆海要素合理适应、陆海结构优化、陆海效率提升。

陆海生态和谐是陆海统筹的最高境界和追求。海洋生态失衡主要由海洋资源过度开发和陆源污染物过度排放造成。因此，陆海生态统筹一方面的主要任务是严格控制陆源污染物的入海排放，千万不能以牺牲海洋环境和生态为代价盲目发展陆域经济。要严格建设项目环境准入条件，推进建立入海污染物排放总量控制制度；加快沿海城镇和临港工业区污水处理厂及配套管网建设，实现污水集中处理和达标排放；加快主要入海河流水环境整治，强化入境断面、行政交界断面、入海断面水质监测；强化严重环境污染或者生态破坏的责任追究制度等。陆海生态统筹另一方面的主要任务是海洋生态建设。要做好海洋资源保护和生态修复；滨海湿地保护和生态修复；在开发利用海岛时严格保护海岛生态环境；在陆海交接地带和重要园区周围大尺度建设生态隔离带等。

一是加强沿海岸线及其近海区域海洋生态红线管控。沿海岸线及其近海区域海洋生态红线是保护海洋生态安全的"底线"和"生命线"，发展海洋经济必须从严从重执行海洋生态保护红线制度，从制度层面和实践层面突出生态红线的刚性约束，依据海洋功能区划分类标准，实行海洋生态保护红线分类分级管控。沿海县市区必须根据江苏省海洋主体功能区规划定位（薛志华，2020），从陆海统筹发展角度强化陆海开发主体功能对接，加强沿海岸线及其近海区域开发利用功能管控，规范近海区域和海岸带开发时序、规模和强度。

二是加强沿海岸线及其近海区域空间资源开发利用管控。海洋空间资源开发利用必须以沿海岸线及其近海区域的资源环境承载力为上限和饱和线。充分发挥海洋生态环境准入负面清单倒逼机制和激励约束利益导向作用，推动海洋资源开发利用方式向绿色化、生态化、可持续化转变。依据海域使用规划，按照开发类型和开发强度要求，加强对围填海、区域用海等用海类型的总量控制，节约集约利用围填海存量资源，结合不同用海类型的开发过程和开发时序，提高单位岸线和用海面积投资强度，加强海洋生态环境补偿和修复力度及强度。

三是加强沿海岸线及其近海区域污染联防联控行动。以入海排污总量为控制上限和刚性约束，发挥排污治理外部性效应，建立沿海和沿江区域相互衔接的近岸海洋水质考核目标。持续稳步推进工业、城乡生活垃圾等陆源及海岸工程等海上污染源管控。合理控制并逐步降低近海养殖规模，加大深远海网箱养殖，运用现代远程监控技术加大入海河流和入海排污口的监管力度，努力实现污水双达标排放。

四是加强沿海岸线及其近海区域生态环境治理修复。保护与修复四类近岸海域功能区、滨海湿地和自然岸线，严格实行自然岸线保有率不低于35%的规定，持续按照年度计划系统开展海岸线整治和修复。在海洋自然保护区、入海入江入河口、滨海湿地等生态功能区，实施海域及海岸带整治修复示范工程，恢复生态湿地，拓展公众亲水岸线岸滩，切实提高海洋生态环境保障能力。

8　研究结论和展望

8.1　研究结论

本书研究了陆海统筹概念及其与海岸带管理、陆海经济的作用机制，定量分析了江苏海洋经济发展成绩和海洋经济空间布局现状，逻辑论证了海洋经济发展条件有助于促进江苏海洋经济高质量发展，重点分析了陆海统筹加快推进江苏海洋经济空间优化的基本原则和总体思路，并从九个方面提出陆海统筹加快江苏海洋经济高质量发展对策措施，初步取得了一些研究结论，但仍有不足之处。

通过理论分析得出：

（1）陆海统筹是建设海洋强国和各个沿海地区建设海洋强省（区、市）、促进区域协调发展的有效战略。实施陆海统筹战略，加快沿海地区海洋经济与陆域经济融合发展，有助于逐步解决沿海地区发展不平衡不充分问题。

（2）陆海统筹作为陆海协调发展的核心战略，对于统筹陆海发展水平和发展层次、释放海洋经济潜力具有重要的实践价值。陆海带动性、层级性、梯次性、多维性揭示了陆海统筹战略能够加快促进沿海地区海洋经济高质量发展。

（3）陆海统筹是指在区域经济社会发展时空背景下，综合考虑海洋和陆地资源环境特点，系统考察陆海经济功能、生态功能和社会功能，在海洋和陆地资源环境生态系统承载力、社会经济系统发展现状和发展潜力基础上，以陆海两个系统（子系统）协调为目标进行区域发展规划，充分发挥陆海能量互动作用，从而促进区域经济社会全面协调发展。

通过实证研究得出如下结论：

（1）与全球其他海洋强国（地区）相比，中国海洋经济总量占国内生产总值比重仍处于较低水平。江苏海洋经济虽然取得较好成绩，但与海洋经济较强省份山东、广东、福建、浙江、上海等比较，陆海统筹发展存在海洋经济总量小，省域经济贡献率较低、陆海发展不协调，陆海经济关联度不高、苏南苏北一体化不足，产业经济依存度不高、苏北产业同构化，未形成错位竞合格局、海洋优势不明显，未形成产业集聚集群、海洋科教不发达，未发挥技术集聚效应、生态承载力过大，海洋生态环境需改善、岸线利用度不高，海洋功能配置不合理等主要问题，需要发挥陆海统筹、江海联动双重效应，促进江苏海洋经济取得更好成绩。

（2）与广东、山东、上海、浙江、福建等沿海发达省份相比，江苏全域经济与陆域经济高度相关，与海洋经济关联度小于陆域经济，江苏全域经济主要依靠陆域经济做支撑，海洋经济对全省经济贡献还很小，尚未充分发挥区域经济新增长点的地位和作用，以海洋支柱产业和主导产业为主的开放型海洋产业系统能够显著提高江苏海洋经济高质量发展水平。江苏海洋经济高质量发展系统及其五个子系统处于中高位水平，其海洋经济高质量发展耦合度和耦合协调度处于中等水平，部分指标存在不足。

（3）江苏推进海洋经济高质量发展，既有独特优势和自身特点，也存在客观劣势和不足之处，与经济规模全国第二的地位不相称。从海洋资源禀赋来看，江苏有良好条件，陆海统筹、江海联动是江苏海洋经济发展的特色和亮点，初步形成了以沿海地区为纵轴、沿江两岸为横轴的"L"形海洋经济带。江苏海洋经济空间布局优化基本原则是陆海统筹、江海联动，合理分工、协同发展，创新引领、科技兴海，生态保护、高质发展，人海和谐、惠民共享；总体思路是以海洋主导产业提升"一带"、以海洋生态优先培育"三轴"、以战略区域政策协同做强"三核"、以海洋科技创新促进开发"深海"。

（4）坚持江海统筹发展，以提高海洋产业重型化扩大海洋经济规模；坚持区域统筹发展，以强化沿海城市融合打造沿海珍珠带；坚持产业统筹发展，以高关联度涉海产业扩展海洋经济宽度；坚持地区协同发展，以重点功能区为载体重塑区域协调发展；坚持综合交通优先，以建成综合交通通道打造对外开放高地；坚持科技兴海战略，以加快海洋科技创新培育海洋创新高地；坚持市场政府分工，以体制机制创新构建海洋经济保障体系；建立涉海产权体系，以激励增长机制促进涉海企业扩张规模；强化污染排放监管，以生态保护约束机制实现陆海生态和谐。陆海统筹，推进江苏海洋经济高质量发展。

8.2 研究展望

8.2.1 理论研究进一步拓深化

一方面，本书定量分析部分引用的部分统计模型中预设了很多假设条件，有些假设与现实陆海产业活动和海洋经济发展是不符合的。其中，关于陆海统筹作用机制，特别是陆海统筹要素异质性对海洋经济、陆域经济以及涉海程度有差异的不同类型产业（资源、劳动力、资本、技术和知识密集型产业）的区位选择和空间分布具有迥然相异的规律和演变特征。本书关于陆海统筹作用机制仅仅局限于沿海地区海洋经济和陆域经济的二元制考虑，而没有揭示陆海产业融合过程的量化指标以及如何判断陆海产业的影响因素在时空中的阈值。

本书关于陆海统筹对海洋经济空间布局的影响机制的理论模型和定

量实证检验模型尚未构建，更多的是从逻辑角度和经验视角，以产业布局理论为标准，根据江苏海洋经济空间布局主要存在的问题及其主要制约因素进行定性分析，而这需要在今后的深入研究中，逐步放宽一些苛刻的假设条件，从构造产业关联拉动效应模型和陆海统筹对海洋经济空间布局的动力机制两个角度进一步阐释陆海统筹如何促进海洋经济空间布局以及海洋经济增长，从而更加接近真实的陆海产业和陆海经济活动。

另一方面，陆域和海洋要素流动和陆海产业转移在沿海-腹地空间分布的特征、趋势和规律在某种程度上是空间经济规律的一部分，作为特定的空间经济现象，是多种陆海经济要素的空间相对作用的结果，在空间经济结构上存在空间自相关性和空间异质性（James LeSage，2010），也就是说沿海地区之间、陆地与海洋之间、海岸带区域之间具有经济发展空间依赖性、空间不对称性和空间外部性效应（J.Paul Elhorst，2015）。本书在论证陆海统筹促进海洋经济空间布局以及与之对应的海洋产业转移方面，没有引入空间计量经济学中的空间依赖性和空间异质性来理论分析和实证检验陆域经济或海洋经济对陆海经济空间溢出效应的影响作用和影响效应。这为今后的深入扩展研究提供了方向和目标。

8.2.2 经验分析进一步微观化

一方面，陆域经济和海洋经济以及与之相应的陆海产业的微观载体是各种类型的陆域企业、海洋企业或陆海兼备企业，如果能收集到江苏沿海地区、沿海城市以及沿江城市的涉海企业和涉海行业两个层面的微观数据，就可以更好地阐释江苏沿海沿江地区及其腹地区域陆海产业要素流动在陆海企业空间再选择的动机和陆海产业转移的影响因素和动力机制。将海洋经济纳入陆海统筹语境下，需要分离出海洋经济与陆域经济指标数据，具有较强的政策应用性。当前定量研究暂时做到了省级空间尺度和主要海洋产业层面，在对比分析过程中，由于全国53个沿海城市构成的沿海城市带或者224个沿海县（区、县级市）构成的沿海地带两个空间尺度缺乏部分关键性数据（主要有海洋经济生产总值、涉海劳动力、海洋资本存量、海洋科技水平等),对于目前的已有海洋经济和陆域经济实证数据而言,关于海洋和陆域生产要素(特别是劳动力、资本、技术)的数据缺乏统一性和相对完整性,无论是全国宏观层面还是沿海地区、沿海城市中观层面乃至沿海县区的主要海洋产业数据较为鲜见,并且由于每个沿海地区的海洋经济统计口径和测算方法各有换算方法和理由,从而没有分省、分市、分县的海洋经济数据。本书在实证分析过程中,考虑到使用全国沿海省份、江苏地市级数据而非企业级数据,有可能会出现不能精确阐释陆海统筹过程中海洋经济空间布局的实际差异,显然这是不够完整和精确的,需要通过抽样统计等方式获取大样本微观涉海企业相关数据,从微观企业视角揭示陆海统筹发展演化机制及其演变特征。

当然,影响陆域和海洋企业和陆海产业空间布局及其转移的因素是多方面的,海洋经济合理布局虽是经济问题,但也是产业问题或政府政策问题,是一个系统问题,因此,多学科交叉研究是一个比较可行的研究途径,而不仅仅是局限于海洋经济学、产业经济学和区域经济学的研究理论和方法。

另一方面,本书基于海洋经济相关测度数据的真实性、有效性和可获得性进行了研究。海洋生产总值、主要海洋产业增加值等指标数据主要以《中国海洋统计年鉴》和中国海洋统计公报为准,辅以沿海地区的海洋统计公报或海洋经济发展规划报告进行补充,因此没有充分考虑到分省份数据汇总可能与全国数据存在统计误差。

总体而言,陆海统筹推进江苏海洋经济高质量发展涉及很多层面,既需要统筹考虑江苏与上海、浙江、山东等周边沿海地区的利益竞争,也要统筹考虑江苏沿海地区和腹地区域的利益竞争,海洋经济布局仅仅是一个重要手段,涉海企业-涉海产业-主要海洋产业的形成壮大需要中央-沿海地方双重治理主体发挥各自积极作用,需要采取市场-政府-社会多种统筹手段,在法律-规划-政策多种统筹政策框架下,发挥陆海产业链布局在推进陆海统筹发展中的积极作用,并通过正向反馈效应机制促进江苏海洋经济高质量发展。

主要参考文献

［1］　Schlüter A，Assche K V，Hornidge A K，et al.Land-sea interactions and coastal development： An evolutionary governance perspective ［J］. Marine Policy，2020，112：103801.

［2］　Wei B Q，Ying Li，Anning Suo et al. Spatial suitability evaluation of coastal zone，and zoning optimisation in NingBo ［J］. Ocean & Coastal Management，2021，204：105507.

［3］　Liu C H，Sun Y，Han Y.Regional environmental governance of the Yellow Sea and Bohai Sea from the perspective of land and sea coordination： Conference report ［J］. Marine Policy，2021，127：104446.

［4］　Wang C，Chen J X，Li Z W et al. Abouel Nasr，Abdulaziz Mohammed El-Tamimi.An indicator system for evaluating the development of land-sea coordination systems： A case study of Lianyungang port ［J］. Ecological Indicators，2019，98：112-120.

［5］　Liu Y Y，Zhang X L.Research on Coupling Mechanism of Land-Sea Coordination of the Development of Chinese Ocean Economy ［C］. Proceedings of the 2016 International Conference on Economy， Management and Education Technology，2016.

［6］　Wang Z Y，Yuan F，Han Z L.Convergence and management policy of marine resource utilization efficiency in coastal regions of China ［J］. Ocean & Coastal Management，2019，178：104854.

[7]　Xia K，Guo J K，Han Z L，et al.Analysis of the scientific and technological innovation efficiency and regional differences of the land-sea coordination in China's coastal areas ［J］． Ocean & Coastal Management， 172， 2019，172：157-165.

[8]　马仁锋，辛欣，姜文达，等．陆海统筹管理：核心概念、基本理论与国际实践［J］．上海国土资源，2020，41（3）：25-31.

[9]　王业强，魏后凯．"十三五"时期国家区域发展战略调整与应对［J］．中国软科学，2015（5）：83-91.

[10]　王芳．新时代海洋强国建设必须走陆海统筹之路［J］．中国国土资源经济，2021，34（2）：1.

[11]　王丽．陆海统筹发展的成效、问题及展望［J］．宏观经济管理，2013（9）：22-24.

[12]　王泉力，李杨帆．新时代生态环境建设中陆海统筹发展对策研究——以厦门为例［J］．中国环境管理，2018，10（6）：87-91；106.

[13]　王殿昌．陆海统筹促进海洋经济发展［J］．港口经济，2011（12）：19-20.

[14]　杨凤华．陆海统筹与中国海洋经济可持续发展研究：基于循环经济发展视角［J］．科学经济社会，2013，31（1）：82-87.

[15]　付玉，王芳．坚持陆海统筹 建设海洋强国——我国海洋政策发展历程与方向［J］．国土资源，2019（10）：8-12.

[16]　巩固．欧美海洋综合管理立法经验及其启示［J］．郑州大学学报（哲学社会科学版），2015，48（3）：40-46.

[17]　朱宇，李加林，汪海峰，等．海岸带综合管理和陆海统筹的概念内涵研究进展［J］．海洋开发与管理，2020，37（9）：13-21.

[18]　刘中民．中国海洋强国建设的海权战略选择——海权与大国兴衰的经验教训及其启示［J］．太平洋学报，2013，21（8）：74-83.

[19]　刘吉双，成长春．"一带一路"战略下江苏陆海统筹发展路径优化研究［J］．南通大学学报（社会科学版），2016，32（1）：25-30.

[20]　刘明．陆海统筹与中国特色海洋强国之路［D］．北京：中共中央党校，2014.

[21]　安然．浅谈海洋强国建设与海洋意识提升［J］．国际公关，2020（8）：1-2.

[22]　孙才志，李博，郭建科，等．改革开放以来中国海洋经济地理研究进展与展望［J］．经济地理，2021，41（10）：117-126.

[23]　孙月平．以陆海统筹推进江苏沿海开发［J］．唯实，2015（5）：79-80.

[24] 孙世芳. 推进陆海统筹一体化发展 [N]. 经济日报，2021-12-13 (11).

[25] 孙吉亭，赵玉杰. 我国海洋经济发展中的海陆统筹机制 [J]. 广东社会科学，2011 (5)：41-47.

[26] 孙军. 我国沿海经济崛起视阈下的海洋环境污染问题及其治理 [J]. 江苏大学学报（社会科学版），2017，19 (1)：46-50.

[27] 杜军，寇佳丽，赵培阳. 海洋环境规制、海洋科技创新与海洋经济绿色全要素生产率 [J]. 生态经济，2020，36 (1)：144-153；197.

[28] 李汤帆，向枝远，李艺. 海岸带韧性：陆海统筹生态管理的核心机制 [J]. 海洋开发与管理，2019，36 (10)：3-7.

[29] 李修颉，林坚，楚建群，等. 国土空间规划的陆海统筹方法探析 [J]. 中国土地科学，2020，34 (5)：60-68.

[30] 李俊龙，刘方，高锋亮. 中国环境监测陆海统筹机制的分析与建议 [J]. 中国环境监测，2017，33 (2)：27-33.

[31] 李彦平，刘大海，罗添. 国土空间规划中陆海统筹的内在逻辑和深化方向——基于复合系统论视角 [J]. 地理研究，2021，40 (7)：1902-1916.

[32] 李挚萍，程晓娅. "陆海统筹"的法律内涵及法律实现路径 [J]. 华南师范大学学报（社会科学版），2021，(4)：127-137；207.

[33] 李靖宇，李锦鑫，张晨瑶. 推进陆海统筹上升为国家大战略的构想 [J]. 区域经济评论，2016 (3)：29-38.

[34] 杨羽頔，孙才志. 环渤海地区陆海统筹度评价与时空差异分析 [J]. 资源科学，2014，36 (4)：691-701.

[35] 杨荫凯. 陆海统筹发展的理论、实践与对策 [J]. 区域经济评论，2013 (5)：31-34.

[36] 杨荫凯. 推进陆海统筹的重点领域与对策建议 [J]. 海洋经济，2014，4 (1)：1-4；17.

[37] 吴权，聂乾. 陆海统筹 江海联动 丰富完善江苏区域协调发展战略 [J]. 江南论坛，2015 (6)：4-6.

[38] 何一民，关浩淳. 全球视野下陆海经济时代与"一带一路"倡议 [J]. 财经科学，2018 (3)：29-41.

[39] 张晖，孙鹏，余升国. 陆海统筹发展的产业链整合路径研究 [J]. 海洋经济，2019，9 (6)：3-10.

[40] 张海峰，张晨瑶，刘汉斌. 从全面经略国土出发推进中国陆海统筹战略取向——评《中国陆海统筹战略取向》[J]. 区域经济评论，2018 (2)：151-156.

[41] 张海峰. 海陆统筹 兴海强国——实施海陆统筹战略，树立科学的能源观 [J]. 太平洋学报，2005（3）：27-33.

[42] 张震，禚鹏基，霍素霞. 基于陆海统筹的海岸线保护与利用管理 [J]. 海洋开发与管理，2019，36（4）：3-8.

[43] 林建华，祁文涛. 民族复兴视域下海洋强国战略的多维解析 [J]. 理论学刊，2019（4）：109-118.

[44] 尚嫣然，冯雨，崔音. 新时期陆海统筹理论框架与实践探索 [J]. 规划师，2021，37（2）：5-12.

[45] 国家海洋局战略规划与经济司. 加快推动海洋经济高质量发展 [N]. 中国海洋报，2018-02-23（1）.

[46] 金永明. 新时代中国海洋强国战略治理体系论纲 [J]. 中国海洋大学学报（社会科学版），2019（5）：22-30.

[47] 郑义炜. 陆海复合型中国"海洋强国"战略分析 [J]. 东北亚论坛，2018，27（2）：76-90；128.

[48] 郑贵斌. 我国陆海统筹区域发展战略与规划的深化研究 [J]. 区域经济评论，2013（1）：19-23.

[49] 屈家树. 陆海统筹 生态优先 [N]. 中国自然资源报，2021-03-24（3）.

[50] 胡臣友. 坚持陆海统筹 建设海洋强省 [J]. 江苏政协，2021（8）：51-52.

[51] 胡恒，黄潘阳，张蒙蒙. 基于陆海统筹的海岸带"三生空间"分区体系研究 [J]. 海洋开发与管理，2020，37（5）：14-18.

[52] 段志霞，王淼. 山东半岛蓝色经济区海陆产业联动发展研究 [J]. 中国海洋大学学报（社会科学版），2016（4）：9-13.

[53] 娄勤俭. 紧紧围绕高质量发展 加快建设"强富美高"新江苏 [J]. 群众，2018（1）：4-7.

[54] 宣昌勇，翟仁祥. 现代海洋经济视阈下江苏沿海经济带建设的理论依据与路径选择 [J]. 江苏海洋大学学报（人文社会科学版），2020，18（5）：16-24.

[55] 姚瑞华，张晓丽，严冬，等. 基于陆海统筹的海洋生态环境管理体系研究 [J]. 中国环境管理，2021，13（5）：79-84.

[56] 姚鹏，吕佳伦. 陆海统筹战略的理论体系构建与空间优化路径分析 [J]. 江淮论坛，2021（2）：75-85.

[57] 徐玉辉. 坚持陆海统筹 加快沿海开发 [J]. 江苏政协，2015（6）：43.

[58] 徐胜. 中国陆海系统协调度及经济互动效率评价研究 [J]. 山东大学学报（哲学社会科学版），2019（6）：126-134.

[59] 徐静，王泽宇. 中国陆海统筹绩效时空分异及影响因素——基于脆弱性视角的分析 [J]. 地域研究与开发，2019，38（2）：25-30.

[60] 曹忠祥. 对我国陆海统筹发展的战略思考 [J]. 宏观经济管理，2014（12）：30-33.

[61] 栾维新，沈正平. 以江海联动为重点推进陆海统筹 [J]. 群众，2017（22）：33-34.

[62] 栾维新，梁雅惠，田闯. 海洋强国目标下实施陆海统筹的系统思考 [J]. 海洋经济，2021，11（5）：38-48.

[63] 高矛. 海岸带区域性差异与海洋经济潜力分级：陆海统筹视角 [J]. 民主与科学，2020（1）：29-31.

[64] 高国力，曹忠祥. 陆海统筹发展的现状、问题及战略思路 [N]. 中国科学报. 2014-07-11（7）.

[65] 郭夫宾，安雨晴，潘友仙. 海南陆海统筹发展水平与提升路径研究 [J]. 海南大学学报（人文社会科学版），2021，39（6）：113-121.

[66] 郭媛媛. 构建全域陆海统筹发展新格局 [N]. 中国自然资源报，2021-06-30（5）.

[67] 唐泓淏，牟秀娟，余静，等. 实现省级主体功能分区陆海统筹：问题与对策 [J]. 海洋开发与管理，2020，37（5）：3-9.

[68] 曹忠祥，高国力. 我国陆海统筹发展的战略内涵、思路与对策 [J]. 中国软科学，2015（2）：1-12.

[69] 董跃，姜茂增. 国外海岸带综合管理经验对我国实施"陆海统筹"战略的启示 [J]. 中国海洋大学学报（社会科学版），2012（4）：15-20.

[70] 韩增林，狄乾斌，周乐萍. 陆海统筹的内涵与目标解析 [J]. 海洋经济，2012，2（1）：10-15.

[71] 韩增林，夏康，郭建科，等. 基于 Global-Malmquist-Luenberger 指数的沿海地带陆海统筹发展水平测度及区域差异分析 [J]. 自然资源学报，2017，32（8）：1271-1285.

[72] 韩增林，蔡先哲，郭建科. 基于陆海统筹视角的中国沿海地区科技进步贡献率研究 [J]. 地域研究与开发，2019，38（2）：19-24.

[73] 程遥，李渊文，赵民. 陆海统筹视角下的海洋空间规划：欧盟的经验与启示 [J]. 城市规划学刊，2019，（5）：59-67.

[74] 蔡安宁，李婧，鲍捷，等. 基于空间视角的陆海统筹战略思考 [J]. 世界地理研究，2012，21（1）：26-34.

[75] 管松，刘大海. 美国海岸带管理项目制度及对我国的启示 [J]. 环境保护，2019，47（13）：64-67.

［76］ 廖民生，刘洋．新中国成立以来国家海洋战略的发展脉络与理论演变初探
［J］．太平洋学报，2019，27（12）：88-97.

［77］ 翟仁祥，石哲羽．陆海统筹视角下江苏加快海洋经济强省建设的对策研究
［J］．江苏海洋大学学报（人文社会科学版），2021，19（5）：12-20.

［78］ 翟仁祥，李敏瑞．江苏省建设海洋经济强省的测度与评价［J］．江苏农业
科学，2011，39（5）：541-543.

［79］ 翟仁祥，陈品真．陆海统筹战略下中国沿海地区经济转型发展研究［J］．
大陆桥视野，2021（4）：48-51.

［80］ 翟仁祥，宣昌勇．江苏沿海经济带建设存在的问题及对策［J］．淮海工学
院学报（人文社会科学版），2018，16（8）：99-102.

［81］ 潘新春，张继承，薛迎春．"六个衔接"：全面落实陆海统筹的创新思维和
重要举措［J］．太平洋学报，2012，20（1）：1-9.

［82］ 薛婷婷，万元．国外海岸带综合管理经验与启示［J］．海洋经济，2021，
11（3）：103-112.

［83］ 盛朝迅，任继球，徐建伟．构建完善的现代海洋产业体系的思路和对策研
究［J］．经济纵横，2021（4）：71-78.

2001—2020年江苏海洋经济发展基础数据

附表1

单位：亿元

年份	2001	2002	2003	2004	2005	2006	2007	2008	2009	2010	2011	2012	2013	2014	2015	2016	2017	2018	2019	2020
地区生产总值	9 456.8	10 606.9	12 442.9	15 003.6	18 598.7	21 742.1	26 018.5	30 982.0	34 457.3	41 425.5	49 110.3	54 058.2	59 753.4	65 088.3	70 116.4	77 388.3	85 869.8	92 595.4	99 632	102 719
GOP	587.5	672.9	792.2	928.4	1 018.6	1 289.7	1 870.7	2 122.2	2 725.6	3 560.6	4 267.9	4 741.9	4 771.0	5 590.2	6 101.7	6 606.6	6 933.4	7 554.7	8 073.4	7 828.0
主要海洋产业	269.8	309.6	354.3	397.4	422.9	547.4	818.8	924.0	1 135.5	1 486.3	1 792.5	1 971.2	1 962.4	2 264.9	2 402.2	2 528.0	2 673.0	2 885.1	3 163.5	2 921.7
海洋渔业	45.7	54.0	61.4	61.7	70.0	89.5	105.6	132.4	153.8	166.2	180.2	204.5	269.3	303.2	312.9	320.0	336.7	356.0	433.4	330
海洋油气	0	0	0	0	0	0	0	0	0	0	0	0	0	0	0	0	0	0	0	0
海洋矿业	0	0	0	0	0	0	0	0	0	0	0	0	0	0	0	0	0	0	0	0
海洋盐业	3.8	3.8	2.1	3.4	2.0	1.7	1.6	1.1	1.2	2.2	1.4	1.4	1.1	0.9	0.8	1.0	1.0	0.9	0.9	0.8
海洋船舶工业	4.0	0.9	8.7	33.4	47.0	63.8	128.9	163.1	296.4	422.4	500.0	511.3	484.1	624.7	652.8	664.0	584.6	650.3	737.1	710
海洋化工业	4.7	6.2	7.5	8.7	8.5	10.5	9.9	4.5	3.7	5.9	3.8	2.9	1.5	1.8	1.6	1.8	1.8	2.0	2.0	1.7

续表

年份	2001	2002	2003	2004	2005	2006	2007	2008	2009	2010	2011	2012	2013	2014	2015	2016	2017	2018	2019	2020
海洋生物医药业	1.5	4.9	5.7	4.7	5.7	6.0	7.2	8.1	0.6	15.0	19.3	20.3	23.3	23.3	30.0	36.0	42.0	48.9	54.9	61
海洋工程建筑业	0	0	4.6	4.7	6.4	7.3	13.3	10.7	24.6	43.0	53.6	65.7	82.2	100.2	129.8	166.0	188.0	212.1	232.5	236
海洋电力业	0	0	0	0	0	0.5	0.8	1.6	3.4	6.2	8.1	9.8	11.4	13.5	15.6	22.4	24.8	30.3	34.0	50
海水利用业	0.08	0.1	0.2	0.3	0.4	0.6	0.7	0.8	0.8	0.7	0.7	0.9	1.1	1.2	1.3	1.4	1.4	1.5	1.5	3.2
海洋交通运输业	189.1	210.1	241.4	248.8	229.0	286.9	467.0	501.5	530.7	679.3	838.2	946.4	850.3	895.9	907.1	936.4	1 038.6	1 094.8	1 126.2	1 112
海洋滨海旅游业	21.0	29.7	22.8	31.9	53.8	80.7	84.0	100.2	120.4	145.6	187.2	208.0	238.2	300.2	350.4	378.9	454.3	488.5	541.0	417
海洋科研教育管理服务业	121.5	141.3	165.8	196.2	233.7	272.9	312.1	366.3	404.6	476.2	598.8	691.2	784.9	887.2	1 038.3	1 210.8	1 464.7	1 625.5	1 555	1 610
海洋科技产业	196.2	221.9	272.0	334.9	362.0	469.4	739.8	831.9	1 185.5	1 598.1	1 876.5	2 079.6	2 023.8	2 438.2	2 661.3	2 867.9	2 795.6	3 044.2	3 354.9	3 296.3
海洋新兴产业	1.58	5.0	5.9	5.0	6.1	7.1	8.7	10.5	4.8	21.9	28.1	31.0	35.8	38.0	46.9	59.8	68.2	80.7	90.4	103.9
海洋第一产业	33.7	39.5	44.8	45.9	51.9	72.7	84.8	109.3	169.5	162.6	135.6	220.4	264.6	316.2	409.5	434.5	440.7	454.0	524.8	438.4
海洋第二产业	207.4	235.3	296.9	381.5	423.9	542.5	866.7	977.4	1 404.8	1 927.9	2 298.4	2 440.6	2 391.4	2 894.7	3 071.5	3 290.6	3 163.7	3 473.4	3 851	3 773.1
海洋第三产业	346.5	398.1	450.5	501.1	542.8	674.5	919.3	1 035.5	1 151.2	1 470.1	1 833.9	2 080.9	2 115.0	2 379.3	2 620.7	2 881.6	3 329.0	3 627.4	3 697.6	3 616.5

数据来源：历年《中国海洋统计年鉴》《中国海洋经济统计公报》《江苏海洋经济统计公报》以及网络文献资料整理。

附表2　　2001年、2010年、2020年江苏分地市地区生产总值及其三次产业增加值

地区	2001年增加值				2010年增加值				2020年增加值			
	地区生产总值	第一产业	第二产业	第三产业	地区生产总值	第一产业	第二产业	第三产业	地区生产总值	第一产业	第二产业	第三产业
南京	1 164.25	57.57	567.52	538.67	5 078.65	151.46	2 289.62	2 627.57	14 548.74	297.56	5 042.81	9 236.97
无锡	1 376.61	53.07	779.49	548.71	5 734.58	111.71	3 156.07	2 448.89	12 145.74	128.43	5 561.99	6 442.49
徐州	724.39	122.98	339.97	259.31	2 912.32	301.05	1 466.43	1 153.94	7 186.79	720.53	2 835.17	3 641.95
常州	681.06	45.97	395.15	242.43	3 014.03	106.21	1 656.02	1 245.82	7 663.52	164.72	3 497.19	3 994.67
苏州	1 781.63	89.2	1 037.67	661.87	9 135.37	165.83	5 167.49	3 772.05	19 804	196.91	9 076.82	10 509.03
南通	819.12	132.34	407.69	277.84	3 430.54	283.38	1 877.2	1 274.92	9 853.98	459.88	4 609.06	4 775.66
连云港	319.65	76.22	142.18	99.64	1 181.22	194.37	536.11	459.88	3 217.53	387.09	1 327.2	1 507.23
淮安	333.01	91.95	140.83	98.03	1 374	208.6	636.47	538.26	3 952.24	410.75	1 577.32	1 969.8
盐城	610.55	168.99	246.05	190.91	2 309.12	398.33	1 078.53	851.33	5 845.22	662.9	2 301.1	2 890.94
扬州	511.59	65.62	255.38	190.09	2 206.89	171.77	1 209.14	828.4	5 938.45	307.89	2 694.69	2 932.71
镇江	508.76	32.63	288.32	189.37	1 967.49	86.79	1 102.22	775.76	4 143.42	149.88	1 923.21	2 066.34
泰州	455.43	67.35	223.87	163.48	2 027.96	161.43	1 107.35	761.68	5 216.25	307.89	2 457.5	2 446.08
宿迁	225.87	78.54	83.35	61.69	1 053.31	199.15	471.27	392.94	3 203.1	342.28	1 322.37	1 541.97
全省	9 511.91	1 082.43	4 907.46	3 522.02	41 425.48	2 540.10	21 753.93	17 131.45	102 718.98	4 536.72	44 226.43	53 955.83
沿海地区	1 749.31	377.56	795.92	568.39	6 920.88	876.09	3 491.85	2 586.13	18 916.73	1 509.87	8 237.37	9 173.82
非沿海地区	7 762.6	704.87	4 111.54	2 953.63	34 504.60	1 664.01	18 262.08	14 545.32	83 802.25	3 026.85	35 989.06	44 782.01

说明：鉴于分地市合计与全省地区生产总值、三次产业增加值存在统计误差（主要原因在于由于采取分级核算，各地区数据相加不等于全省总计），采用分地市地区生产总值、三次产业增加值之和与全省地区生产总值、三次产业增加值之比值作为统计误差调整系数进行调整。

附表3

2001—2020年江苏全域、海洋、陆域生产总值及其构成

单位：亿元

年份	全域				海洋				陆域			
	第一产业	第二产业	第三产业	GDP	第一产业	第二产业	第三产业	GDP	第一产业	第二产业	第三产业	LGDP
2001	1 094.5	4 907.5	3 454.9	9 456.8	33.7	207.4	346.5	587.5	1 060.8	4 700.1	3 108.4	8 869.2
2002	1 110.4	5 604.5	3 891.9	10 606.9	39.5	235.3	398.1	672.9	1 070.9	5 369.2	3 493.8	9 934.0
2003	1 162.5	6 787.1	4 493.3	12 442.9	44.8	296.9	450.5	792.2	1 117.7	6 490.2	4 042.8	11 650.7
2004	1 300.4	8 325.8	5 197.0	14 823.1	45.9	381.5	501.1	928.4	1 254.5	7 944.3	4 695.9	13 894.6
2005	1 390.2	10 234.1	6 497.1	18 121.3	51.9	423.9	542.8	1 018.6	1 338.3	9 810.2	5 954.3	17 102.7
2006	1 468.3	11 991.1	7 781.4	21 240.8	65.4	547.2	674.5	1 287.0	1 402.9	11 443.9	7 106.9	19 953.7
2007	1 715.6	14 497.4	9 775.4	25 988.4	84.8	869.3	919.4	1 873.5	1 630.8	13 628.1	8 856.0	24 114.9
2008	1 988.2	17 051.1	11 906.2	30 945.5	85.8	968.7	1 060.0	2 114.5	1 902.4	16 082.4	10 846.2	28 831.0
2009	2 143.6	18 667.2	13 660.9	34 471.7	169.5	1 403.5	1 144.5	2 717.4	1 974.1	17 263.7	12 516.4	31 754.2
2010	2 409.2	21 853.6	17 121.0	41 383.9	162.6	1 927.1	1 461.2	3 550.9	2 246.6	19 926.5	15 659.8	37 833.0
2011	2 908.8	25 231.2	20 699.2	48 839.2	135.6	2 298.4	1 833.9	4 267.9	2 773.2	22 932.8	18 865.3	44 571.3

续表

年份	全域				海洋				陆域			
	第一产业	第二产业	第三产业	GDP	第一产业	第二产业	第三产业	GDP	第一产业	第二产业	第三产业	LGDP
2012	3 241.4	27 150.8	23 309.8	53 701.9	220.4	2 439.2	2 063.4	4 722.9	3 021.0	24 711.6	21 246.4	48 978.9
2013	3 447.5	29 149.4	26 752.5	59 349.4	225.6	2 432.2	2 263.5	4 921.2	3 221.9	26 717.2	24 489.0	54 428.1
2014	3 607.4	31 048.8	30 174.3	64 830.5	316.2	2 894.7	2 379.3	5 590.2	3 291.2	28 154.1	27 795.0	59 240.3
2015	3 952.5	33 371.8	33 931.7	71 255.9	409.5	3 071.5	2620.7	6 101.7	3 543.0	30 300.3	31 311.0	65 154.2
2016	4 039.8	35 041.5	38 269.6	77 350.9	434.5	3 290.6	2 881.6	6 606.6	3 605.3	31 750.9	35 388.0	70 744.2
2017	4 045.2	39 124.1	42 700.5	85 869.8	291.8	3 402.4	3 522.8	7 217.0	3 753.4	35 721.7	39 177.7	78 652.8
2018	4 141.7	42 129.4	46 936.5	93 207.6	454.0	3 473.4	3 627.4	7 554.7	3 687.7	38 656.0	43 309.1	85 652.8
2019	4 297.2	43 507.5	50 852.1	98 656.8	524.8	3 851.0	3 697.6	8 073.4	3 772.4	39 656.5	47 154.5	90 583.4
2020	4 536.7	44 226.4	53 955.8	102 719.0	438.4	3 773.1	3 616.5	7 828.0	4 098.3	40 453.3	50 339.3	94 891.0

数据来源：历年《江苏统计年鉴》《中国海洋经济统计年鉴》《中国海洋统计年鉴》《中国海洋经济统计公报》《江苏海洋经济统计公报》以及网络文献资料整理。

附表4　江苏省第一次海洋经济调查分市海洋产业企业分布概况①

海洋产业（个数）		涉海企业数量（个数）
主要海洋产业	海洋渔业（381）	南通（166）、盐城（114）、连云港（101）
	海洋水产品加工业（595）	南通（259）、连云港（218）、盐城（90）、苏州（9）、宿迁（5）、徐州（4）、南京（3）、淮安（3）、常州（3）、扬州（1）
	海洋盐业（15）	盐城（7）、连云港（4）、南通（4）
	海洋船舶工业（1 189）	南通（330）、泰州（179）、盐城（155）、无锡（103）、南京（93）、扬州（75）、苏州（57）、镇江（55）、连云港（44）、常州（40）、宿迁（31）、徐州（16）、淮安（11）
	海洋工程装备制造业（2 123）	南通（862）、盐城（445）、无锡（179）、苏州（157）、泰州（142）、南京（95）、镇江（80）、常州（71）、扬州（35）、淮安（23）、徐州（17）、连云港（11）、宿迁（6）
	海洋化工业（185）	盐城（82）、连云港（81）、南通（22）
	海洋药物和生物制品业（216）	盐城（81）、南通（59）、连云港（27）、南京（13）、苏州（11）、徐州（8）、泰州（6）、常州（6）、镇江（3）、无锡（1）、宿迁（1）
	海洋工程建筑业（80）	南京（21）、连云港（13）、南通（12）、无锡（9）、盐城（9）、泰州（6）、苏州（4）、镇江（3）、徐州（1）、扬州（1）、宿迁（1）
	海洋可再生能源利用业（41）	盐城（25）、南通（15）、连云港（1）
	海水利用业（24）	盐城（15）、连云港（5）、南通（4）
	海洋交通运输业（2 451）	苏州（612）、南通（392）、连云港（345）、南京（317）、盐城（218）、镇江（215）、无锡（169）、泰州（123）、扬州（60）
	海洋旅游业（1 213）	南通（445）、盐城（435）、连云港（306）、南京（9）、苏州（5）、无锡（4）、扬州（3）、常州（2）、泰州（2）、镇江（1）、淮安（1）

---

① 全国海洋经济调查是一项重大国情国力调查，第一次全国海洋经济调查通过摸清海洋经济"家底"，实现海洋经济基础数据在全国和全行业的全覆盖和一致性，有效满足海洋经济统计分析、监测预警和评估决策等需求，对于提高海洋经济宏观调控能力、科学谋划海洋经济健康发展、维护海洋经济安全、保障海洋强国建设具有重要意义。2019 年 6 月 25 日，自然资源部第一次全国海洋经济调查领导小组办公室组织专家对江苏省海洋经济调查工作进行验收。江苏是本次全国海洋经济调查第一个通过国家级验收的沿海省份。

续表

海洋产业（个数）		涉海企业数量（个数）
海洋科研教育管理服务业	海洋科学研究（140）	南通（36）、南京（29）、盐城（27）、苏州（20）、无锡（11）、泰州（7）、常州（5）、连云港（4）、镇江（1）
	海洋教育（65）	南京（18）、南通（16）、盐城（9）、连云港（7）、苏州（4）、常州（4）、徐州（3）、镇江（2）、淮安（1）、扬州（1）
	海洋管理（477）	盐城市（139）、连云港市（125）、南京市（87）、南通市（77）、苏州市（14）、泰州市（10）、淮安市（7）、无锡市（5）、镇江市（5）、常州市（2）、宿迁市（2）、徐州市（2）、扬州市（2）
	海洋技术服务业（404）	南通（164）、盐城（89）、连云港（62）、南京（35）、苏州（16）、镇江（11）、泰州（9）、常州（7）、无锡（5）、扬州（2）、徐州（2）、淮安（2）
	海洋信息服务业（299）	南京（100）、南通（65）、盐城（58）、苏州（24）、无锡（19）、连云港（16）、镇江（10）、泰州（2）、常州（2）、扬州（2）、徐州（1）
	涉海金融服务业（193）	南通（60）、盐城（45）、连云港（44）、南京（19）、泰州（8）、镇江（6）、苏州（4）、无锡（2）、常州（2）、扬州（1）、宿迁（1）、徐州（1）
	海洋地质勘查业（10）	南京（6）、盐城（2）、南通（1）、连云港（1）
	海洋环境监测预报减灾服务（28）	南通市（10）、盐城市（9）、南京市（5）、连云港市（4）
	海洋生态环境保护（31）	南通（14）、盐城（13）、南京（3）、连云港（1）
	海洋社会团体与国际组织（63）	南通市（18）、盐城市（17）、连云港市（12）、南京市（10）、镇江市（2）、苏州市（1）、泰州市（1）、常州市（1）、扬州市（1）
合计		10 223（不含海洋相关产业单位）